本书为国家社科基金一般项目"非洲宗教的传统形态与现代变迁研究"（12BZJ043）最终成果

非洲宗教的
传统形态
与现代变迁研究

周海金／著

中国社会科学出版社

图书在版编目（CIP）数据

非洲宗教的传统形态与现代变迁研究／周海金著 . —北京：
中国社会科学出版社，2017.12
ISBN 978 - 7 - 5203 - 0181 - 7

Ⅰ.①非…　Ⅱ.①周…　Ⅲ.①宗教—研究—非洲　Ⅳ.①B928.4

中国版本图书馆 CIP 数据核字 (2017) 第 244791 号

出 版 人	赵剑英
责任编辑	张　林
特约编辑	宋英杰
责任校对	韩海超
责任印制	戴　宽

出　　版	中国社会科学出版社
社　　址	北京鼓楼西大街甲 158 号
邮　　编	100720
网　　址	http://www.csspw.cn
发 行 部	010 - 84083685
门 市 部	010 - 84029450
经　　销	新华书店及其他书店

印　　刷	北京明恒达印务有限公司
装　　订	廊坊市广阳区广增装订厂
版　　次	2017 年 12 月第 1 版
印　　次	2017 年 12 月第 1 次印刷

开　　本	710 × 1000　1/16
印　　张	18
插　　页	2
字　　数	272 千字
定　　价	86.00 元

埃及的科普特教堂

埃塞俄比亚的三一教堂

喀麦隆传统宗教仪式上的乐师

拉各斯天主教堂礼拜场景（郭冬冬摄）

南非斯坦林布什教堂

南非约翰内斯堡清真寺

尼日利亚大清真寺（郭冬冬摄）

作者在喀麦隆参加传统宗教仪式

目　　录

第 一 章

非洲的民族性与宗教性

第一节 非洲的民族性

所谓民族性是指一个国家或一个民族所特有的，具有本民族特性与民族精神的生活方式与价值观念。民族性是该民族生活状态、风俗习惯、价值信仰、道德原则等民族文化的集中体现与显性表达。为了适应生存环境，人类各个不同的民族从一开始就形成发展了自己独特的一套生活方式和价值体系，正如印第安人的箴言所言："从一开始，上帝就给了每个民族一只陶杯，从这个杯中，人们饮入了他们的生活。"不管是文化还是信仰，都是人类在漫长的历史过程中基于自身经历在内心建立起来的一种相对难以颠覆的秩序，而每一种民族的文化与特性则都是在特定的自然和历史环境下，由很多代人无意识的集体选择而形成、积淀起来的结果。因此，不同的民族具有不同的特质，这种差异性在人类早期各民族的相互交往和斗争中就已经被关注。《左传·成公四年》中的"非我族类，其心必异"就是民族差异性的最好诠释。

非洲是早期人类生活的摇篮，在这块具有独特地理环境与人文精神的大陆，非洲各民族培养了自己的人格特质，而作为共同生活在非洲大陆的一个整体，非洲民族又具有一些共同的文化个性与气质特征。

与现当代外部世界对非洲的消极了解不同，在希腊与罗马时期的古典世界，非洲就曾被视为智慧的源头。① 非洲不但有灿烂的埃及文化，还有很多伟大而有活力的王国曾经在这里蓬勃发展。尽管非洲南部和中部的历史发展长期处于一个与外部世界相对隔绝的状态，但是撒哈拉以南非洲一直与地中海北部、东北非、中东，以及印度有着贸易往来。然而，欧洲列强的进入改变了非洲正常的历史发展轨道，非洲也从此被贴上了黑暗、异教徒的宗教活动等标签。1454 年和 1483 年，教皇将大部分非洲国家让与西班牙、葡萄牙等新兴的海上殖民列强。19 世纪，北欧殖民势力内部瓜分了非洲剩余领土，从此开始对非洲大陆大肆进行财富与人力的开发。20 世纪的非殖民化进程中有了民族国家的出现，但这些国家都是西方殖民势力无视非洲种族、文化、宗教、习俗等客观处境，人为划定的界限。20 世纪下半叶，大多数非洲国家处于政治动荡与经济危机的处境，国家深陷贫困之苦，对西方的金融债务也与日俱增。21 世纪初，欧洲国家开始接受，在由于几个世纪的被剥削而导致的非洲国家的欠发达困境中，他们所应负的部分道德责任。对于很多人来说，非洲是人类的一个道德挑战，也是对人类承诺创造一个更公平、公正世界的检验。

在非洲的历史与文化发展中，非洲的古老王国、传统习俗，以及被殖民的屈辱和历史，与非洲的地理位置、山川河流、沙漠峡谷一道孕育并造就了非洲的民族特征。大致而言，非洲的文化个性与民族特征主要表现在以下几个方面：

第一，积极乐观、外向开朗。非洲的民族特征首先表现为非洲人积极乐观、外向开朗的性格特征。与中国人含蓄、内敛的传统个性不同，"非洲人生性乐观、憨厚、淳朴，不知忧愁为何物。非洲人爱好舞蹈和音乐，只要听到音乐就会起舞；即便是丧事，他们也是载歌载舞"②。这是去过三分之一非洲国家的前驻津巴布韦大使黄桂芳对非洲人最深刻的印象。非洲人性格乐天，无忧无虑，他们喜欢唱歌跳舞，来自社会底层的音乐和舞蹈如同非洲人的性格一样，原始、热情、奔放，既是即兴性的，

---

① Rt. Rev. Daniel W Kasomo, *Africa is the Cradle of Christian Religion*: *The Cradle of Christian Religion*. VDM Verlag Dr. Muller, 2011, pp. 9 – 10.

② 无端：《中国·非洲：两种文明的对话》，《民族论坛》2007 年第 1 期。

又随意无固定章法。舞蹈随着拍子的变化扭摆胸膛，动作随意、自然、毫无拘束，没有基本或固定动作与步法。非洲人对生活总是保持着乐观的态度，尤其是在广大乡村地区，那些种地的农民、摆摊的小贩或者闲赋的人们，只要一听到鼓声或者音乐，就会扭动身子跳舞，往往是边跳边唱，边跳边吃，逢年过节更是通宵达旦，连续狂歌热舞三四天甚至七八天都是很正常的事情。这种豁达乐观的精神还表现在他们的金钱观上，尽管很多非洲人的生活并不富裕，但他们对金钱和财富的观念相对淡薄。大多数非洲人没有勤俭节约的意识，今天有钱今天潇洒，明天的日子怎么过明天再说，只要口袋里有钱，不仅尽情消费，而且还会毫不吝啬地接济他人。

第二，浓郁的集体主义观念和家族观念。非洲人有很强的集体意识，他们认为，人只有生活在集体中，生活才更有意义，正如一个古老的祖鲁谚语所说的"如果没有其他人，人就不能称其为人"。津巴布韦大学宗教学教授安布罗斯·莫友（Ambrose Moyo）写道："传统的非洲社会是集体的，和西方的相比，个人的需要和成就与多数人的相比是第二位的。"[①]肯尼亚著名学者约翰·姆比蒂（John Mbiti）对此描述为"个体发生什么事情也就是团体发生什么事情，团体发生什么事情也就是个体发生什么事情。个体可以说'我的存在是因为有我们的存在，因为有我们，所以有我'"。南非广播公司（SABC）的约翰·麦克汉尼（John Makhene）也表达了相同的观点："非洲（黑人）文化是建立在集体主义和集体经验基础上的'我们'的文化……"

非洲的世界观强调集体观念与公共团体的一致。人们愿意分享他们自己的财富与服务，并且也希望他人能与自己共享。在属于他们的大集体中，所有的成员互相帮助、互相照顾，分享一切，也正因为如此，非洲人有强烈的集体归属感。在非洲，一个人拿出自己的食物和大家分享；一个村子凑钱资助一个聪明的男孩读书，那是一点也不稀奇的事情。非洲传统的观念认为，财富是上帝的恩赐，晚辈有赡养长辈责任，兄长有

---

① ［美］耶鲁·瑞奇蒙德、菲莉斯·耶斯特林：《解读非洲人》，桑雷译，中国水利水电出版社 2004 年版，第 5—6 页。

帮助弟妹的义务，富人也应当接济穷人。因此在非洲，一个普遍的现象是，一个人当了官或者发了财，兄弟姐妹甚至亲戚朋友会经常来到他家白吃白住。有的人甚至长年待在他家，而且主人还要热情款待，不可怠慢。① 在整个非洲社会团体中，精神的力量也源于团体成员间所存在的信任感与安全感。②

第三，注重人与大自然的和谐相处。非洲人民对大自然的热爱和环保意识由来已久。建立在部族基础上的非洲古老的习惯法就认为，自然资源属于部落种族所共有，因此，管理者要对保护环境负责，并对环境的使用权加以限制。这充分表现了自然资源共同拥有、持续利用自然资源的基本理念。③

第四，理性与法律之外，更注重情谊。理性主义是西方哲学一个非常重要的传统。西方著名的社会学家马克斯·韦伯就认为，理性是西方特有的，理性主义文化造就了西方社会的一切成就。特别是近代以来，理性主义文化不仅催生了全新的工业文明，而且几乎无可争议地占据了西方正统思想资源独一无二的地位。西方理性主义文化是一种普适之光，各种其他文化的微弱灵光和这种普适之光简直无法相提并论。④ 理性成为真理之源、价值之源，从而也就成为现代性的安身立命之地。⑤ 在这种理性主义占据思维方式主导地位的情况下，科技与法律备受重视。科技的发展使得西方建立了一种优越于以往任何生产方式的资本主义经济体制，大大促进了资本主义工业文明的发展，而法律的不断规范为这种发展提供了保障。但是对理性和科技的过度追捧往往会导致对价值理性的忽视，从而混淆了对价值理性和工具理性的认知，而这种混淆带来的直接的危机就是对价值和信仰的漠视：价值的失落、道德的沦丧、信仰的丢失、人际的冷漠和物欲的横行。

---

① 黄泽全：《非洲人的性格》，《人民日报》1999 年 11 月 28 日第 3 版。

② See John S. Mbiti, *African religion and Philosophy*, New York: Anchor, 1970.

③ 引自 2010 年 6 月 6 日，中国社科院西亚非洲所李新烽研究员在第 149 讲首都科学讲堂的科普报告。

④ 刘开会：《哈贝马斯对现代西方理性主义文化的反思》，《兰州大学学报》2006 年第 2 期。

⑤ 陈嘉明：《现代性与后现代性十五讲》，北京大学出版社 2006 年版，第 4—5 页。

相比而言，非洲文化的特点是于理性和法律之外重情义，注重人与人之间的脉脉温情。非洲的人际关系受部族经济模式的影响很大，同一部落的人要齐心协力，共同斗争，才能抗击贫困，有效对抗自然灾害。在非洲很多部族，大家同吃同住，因此对于他们来说，人与人之间的关系是简单而友善的。如同中国一样，在非洲，和谐友爱的人际关系是家庭和睦，社会安定的基础。

第五，国家观念与国家情感相对薄弱。中央集权制度指的是一个国家，权力高度集中于中央，地方自治权较少。与中华民族长期的大一统思想不同的是，非洲国家由于没有中央集权的传统，他们虽然有很强的家族和族群观念，但是国家观念和国家感情相对薄弱。在西方殖民者入侵之前，非洲的社会结构主要是基于共同的语言、宗教、习俗，并且在经济生活和政治结构方面已经形成大体一致的族群。[1] 后来西方在划分各殖民地时，由于根本不顾及原有的政治经济基础和已有的民族文化格局，从而将原有共同体的民族肢解，而将原本没有太多经济文化联系和共通性的部族划在一起。

这些外加的撮合在肢解原有民族文化共同体的同时，并没有培育非洲人的国家情怀，国家的观念对他们来说远没有家庭、部族观念来得重要。[2] 由于部族社会成员具有比民族社会成员更强烈的族属意识和内聚力，并表现出其封闭型和排他性。[3] 因此当代非洲政治的一个重要任务就是如何整合国家内部分割严重、破碎的传统部族和部族组织，从而推进其国家一体化进程。[4]

第六，精英文化欠缺，部族文化和乡土文化发达；文献文化欠缺，口传文化和形象符号发达。非洲是一块有着众多国家的大陆，历史、文化和语言的多样性是其最显著的特征，但同时也是非洲无以构建其精英

---

① C. Young, *Ideology and Development in Africa*, New Haven, 1982, p. 93.

② 参见刘鸿武《从部族社会到民族国家：尼日利亚国家发展史纲》，云南大学出版社 2000 年版。

③ 张宏明：《多维视野下的非洲政治发展》，社会科学文献出版社 2007 年版，第 37 页。

④ S. N. Eisenstadt ed, *Building States and Nations：Models, Analyses and Data across Three World*, Beverly Hills, 1973, p. 186.

文化的主要原因之一。非洲的社会结构主要是基于具有文化、宗教、习俗、政治和经济共通性的部族，因此在大多数非洲人中间，部族观念浓厚，而国家观念显然相对要淡薄得多。而自古至今，非洲部族互相排斥、互相冲突的一个重要原因也就是双方文化、宗教和习俗上的不认同，这种状况造成的直接结果就是部族文化的不断延续和统一国民文化的难以构建。而部族文化是一种在相对较小范围内认可的乡土文化和大众文化，最终不可能冲破众多其他文化的藩篱，成为国家的精英文化。自非洲独立后，大多数国家意识到构建统一国民文化体系对于国家民族一体化和民族团结的重要性，因而都加强了对自己历史文化的研究和对部族文化的整合与融汇。① 只是时至今日，依然任重道远。

不像中国有四书五经等大量的文化经典，非洲主要是口传文化，但是也正因为文字和经典的缺失，造成了非洲形象符号的发达。非洲传统文化的一个主要特征就是口传文化，非洲大多数部族到 19 世纪仍未创造出本族的文字。语言成为传统社会传播信息和分享文化主要的或唯一的媒介。非洲历史上只有少数几种语言有相应的文字，但其使用区域非常有限，根本不足以改变整个非洲文化整体上的非文字特征和口传特征。非洲传统文化的遗产主要还是由人们口耳相传、口授心记而保留和继承下来的。② 文字记载的缺失一定程度上促成了非洲现象符号的发展，非洲的音乐、舞蹈内容丰富、形式多样，非洲人都是天生的歌唱家和舞者，音乐舞蹈充斥着他们的日常生活。非洲艺术是世界艺术文化中的一朵耀眼奇葩，并且对当代西方艺术产生了深刻的影响。非洲艺术不仅为一百多年来的西方艺术带来了活力，从不同方面激励了毕加索、马蒂斯等大批西方现代艺术家的创造力与想象力，还拓展了现代西方艺术的发展空间与表现形式，加速了西方现代艺术形态与范式的变革进程。

第七，民族自尊心敏感，期待获得尊重。这是与非洲的历史和经历息息相关的，在近代历史上，非洲国家基本都受到了西方列强的入侵。

---

① 刘鸿武：《从部族社会到民族国家：尼日利亚国家发展史纲》，云南大学出版社 2000 年版，第 203—204 页；参见刘鸿武《黑非洲文化的现代复兴与统一民族国家文化重构》，《历史教学》1993 年第 10 期。

② Asebisi Afolayan, *African Languages and literature in Today's World*, lagos, 1982, p. 162.

在痛苦的殖民统治时期，西方列强在经济和资源上进行掠夺，在文化上不顾被殖民地人们传统的文化习俗和风土人情，强行推行西化教育，实行文化高压政策和同化政策，以巩固其殖民统治。1884—1885 年的柏林大会，西方列强更是在不考虑非洲种族、文化、宗教、语言的具体情况下，将非洲人为划分边界，这种划分把具有相似语言的人群分开，又将不同宗教、文化的人组合在一起，因而打断了非洲文化的正常发展轨迹。① 西方文化的强行推行和拓展也大大挤压了非洲传统文化的发展空间。② 长期的殖民奴役，使非洲人非常注重民族感情，十分看重人格尊严。殖民统治结束后，虽然非洲人民在文化和思想上重新获得了自主和自由，但是殖民主义对人民心灵和情感的伤害却是客观并深远存在的，它造成了非洲人们自尊心的敏感，渴望尊重、渴望自由，反对来自外部力量的干预。

第二节　非洲民族的宗教性

宗教是打在非洲各民族身上的最深烙印。尽管衍生于口传文化和符号文化中的非洲传统宗教不像其他宗教一样有自己的文字记载和经典，也没有自己的庙宇和神职人员，但是非洲传统宗教以其自己独特的方式和载体留下了他们的信仰和生活印记。不管是在撒哈拉沙漠和南部非洲发现的公元前 9000 年的大陆原始岩画，还是诺克时期的赤陶雕像、依博格－库克的铜雕、津巴布韦的石雕，这些造型艺术和非洲的音乐、舞蹈一样，最初都是为非洲人的信仰服务，是非洲宗教生活的重要载体。

对于非洲人来说，宗教就是生活本身，它贯彻非洲人每天的吃、穿、住、行。千百年来，非洲人的政治、文化、生活、社会、习俗等无不与宗教有密切关联，宗教总是浸透在非洲人的一切思维方式和行为习惯中，并塑造出这个民族特有的气质与个性。

---

① A. Adu Boahen, *African Perspectives on Colonialism*, Baltimore: Johns Hopkins University Press, 1987, p. 126.

② Blaine Harden ed, *Africa: Dispatches from a Fragile Continent*, Boston: Houghton Mifflin, 1990, p. 69.

一　非洲——具有强烈宗教性的民族

从人类文明伊始的一万多年前，宗教就作为文明最早的形态伴随并塑造着人类发展的历史，自始至今，不曾中断。今天，全世界总人口中的半数以上依然在信奉世界主要宗教或是本土的宗教传统。包括美国在内的很多21世纪社会团体中，宗教依然影响着人们的生活，并且在社会文化和政治生活中扮演着重要的角色。世界范围内种族和文化的日益多元化导致了宗教的多样性，这就使得我们对世界宗教的理解变得意义重大。非洲宗教是世界宗教信仰体系的组成部分，但是，在相当漫长的一段时间内，非洲本土的信仰被淹没在外部世界的各种偏见与歧视中，甚至被妖魔化和否定化。

除了理性，社会性与宗教性也是人类的天性。非洲是世界上最具宗教性的民族之一，宗教对非洲人的影响是巨大的。杰弗里·帕林德（Geoffrey Parrinder）写道，很多殖民管理者将非洲人描述为"无可救药的宗教人"。西非尼日利亚约鲁巴人中有一句非常古老的谚语"灵魂上的印记是宗教"，这一谚语对非洲人热爱宗教的特质做出了最充分最真实的诠释。非洲的成年人挑选年长者作为他们的宗教领袖与圣人，这些领袖和圣人是社区居民宗教需要的管理者和咨询者。当他们在无助的时候，会转向超自然的力量求助，他们通过直接、间接的方式向上帝、祖先或其他神灵祈祷。

肯尼亚的吉库尤人在向上帝——他们的祖先祷告时，全村的人会排队聚集到一棵圣树下。排好的队伍前头是一男一女两个小孩，男孩拿装满牛奶的葫芦，女孩拿装满蜂蜜啤酒的葫芦，后面跟着一只羔羊，他们最终要走到年长者跟前。当队伍到达指定的圣树下时，为头的长者从孩子们手中接过葫芦。面对肯尼亚山，举起葫芦，并向上帝祷告：

> 住在光明山上的尊敬的祖先啊！你使山峰颤抖，河流咆哮；我们今天供奉你祭品，希望你能带给我们雨水。大人和小孩都在哭泣；绵羊、山羊和家养牲畜都在哭泣。光明的持有者（吉库尤人对上帝的称呼）啊！我们以这头奉献给你的羊羔的血、以这些精制的牛奶

和蜂蜜恳求你。我们的祖先也是在这棵树下赞美你，你听到了，给他们送来了雨水，今天，我们在同一棵树下，以同样的方式赞美你。我们恳求你接受我们的赞美和祭品，赐予我们繁荣的雨水。树下的其他人回应道"和平，我们祈求你，Ngai，和平与我们同在"。

喀麦隆的"波提"（Booti）宗教作为该国传统宗教的一种也充分彰显了喀麦隆人对宗教的激情、狂热和虔诚。每个星期六晚上，所有的男人、女人和孩子们都会穿上最漂亮的礼服来参加仪式，很多在城里工作的本族人也都会专程赶回来参加。波提宗教仪式气氛非常庄严肃穆，有很多严格的规定和禁忌，比如，严格遵循男左女右的原则、严禁交谈等。在长达 12 小时的仪式中，他们深情吟唱宗教歌曲、大声呼唤神的名字、围着神圣的宗教场所热烈奔跑、在教堂内为神尽情献舞，他们不停地尖叫、呐喊、鼓掌，以自己的虔诚和敬畏祈求神灵和祖先的庇佑，以使它的信民和平安康。①

非洲是一个宗教氛围浓厚、宗教传统悠久、宗教影响广泛的大陆，同时也是当代宗教实践最为活跃的大陆之一，在这里，生活着众多万物有灵论、基督教、伊斯兰教等宗教的虔诚信众。非洲人是十分笃信宗教信仰的民族，他们整个民族的身份、自信和尊严也都是围绕其信仰和崇拜得以保存下来，宗教势力一直是非洲社会的中坚力量。从非洲各大宗教的具体分布来看，伊斯兰教在北部非洲国家的发展基本处于饱和状态，北非各国的穆斯林人口比例基本都在 90% 以上，基督教影响甚微；东部和西部非洲三大宗教并存，其中基督教和伊斯兰教处于势均力敌的状态，因此，这两个地区的非洲国家更容易受宗教冲突的困扰；中部和南部非洲近年来基督教势力发展强劲，信徒所占比例及社会影响皆不容小觑。②

作为人类古老文明的发源地，非洲有着自己历史悠久、根深蒂固的本土宗教传统，公元 1 世纪以后基督教和伊斯兰教的陆续传入从内容与

---

① 2012 年本人赴喀麦隆进行了为期 1 个月的关于传统宗教的实地调研，全程参与了喀麦隆"波提"宗教的仪式。

② Aloysius M. Lugira, *African Traditional Religion*, Chelsea House Publishers, 2009, p. 10.

形式上丰富了非洲人的信仰体系与宗教实践。当代非洲，传统宗教、基督教和伊斯兰教三足鼎立，构成非洲最主要的宗教信仰格局。但事实上，至少从表面数据来看，自 21 世纪以来，基督教和伊斯兰教在非洲不同地区均得以快速发展，并且呈现出愈演愈烈的发展态势，而传统宗教由于自身的原因，加上外来宗教的挤压，生存空间日益萎缩。

关于非洲传统宗教的研究，主要成果最初是在人类学研究领域。早期人类学家对传统宗教的了解主要集中在人种志研究，具有一定的可信度。在这些研究成果中，宗教往往作为其中的一章内容，或是作为一种文化因素。各人类学期刊上的文章往往也是基于田野调查而成，尽管这些文章都局限于非洲人的宗教信仰和宗教实践，但对于我们了解早期非洲传统宗教的历史具有重要的意义。

至于研究非洲传统宗教的理由，很多非洲的基督徒或穆斯林或许会问："为什么要研究非洲传统宗教？我们已经抛弃了我们的古老宗教，投身于基督信仰/伊斯兰信仰，现在耶稣基督/真主才是我们的上帝和救主。我们还有进一步研究非洲传统宗教的必要吗？"很多基督教会或是清真寺的工作人员也许会问："研究非洲传统宗教有什么用？我们需要立足现在并与时俱进，非洲传统宗教只是一种正在消亡的事物。如果你对历史感兴趣的话，那研究传统宗教确实可以帮助你了解非洲的过去。但是传统宗教对了解非洲的现在以及年轻一代已毫无用处。"

对传统宗教的研究与非洲现代生活还有关系吗？传统宗教知识的最大用处就只是了解历史，知道古人如何生活吗？大致说来，今日我们研究非洲传统宗教主要有以下理由：

第一，非洲传统宗教自身的原因。我们研究非洲传统宗教，首先是因为它是世界诸多宗教的一种。传统宗教曾经被整个非洲大陆所信仰，拥有众多的信徒与辉煌的过去。即使今日，在伊斯兰教和基督宗教传入非洲的数百年后，传统宗教依然存在，并继续塑造着诸多非洲人的生活态度与行为方式，对传统宗教的好奇促使我们去追问与深究其中的奥秘。

第二，很多自称基督徒或穆斯林的非洲人依然依靠传统宗教渡过危机时刻。巫术和魔法对非洲人是极大的诱惑。在危难时刻，依靠祖先是非洲人的情感需求，即使对很多基督徒和穆斯林来说同样如此。在强大的需求面前，非洲人向巫医求助的传统方式变得异常有吸引力，且在非洲当代社会普遍存在。

第三，非洲复兴传统文化的要求。20世纪60年代，随着非洲国家在政治上的纷纷独立，越来越多的非洲有识之士意识到，非洲的发展必须摆脱殖民文化体系，从自己的文化传统中寻找根基与活力。当代西方普世文化的"祛魅"更加深了非洲人对自己传统宗教和文化习俗的怀念与追溯，认识到这才是他们祖祖辈辈生活与智慧的结晶，并希望从这种传统的智慧中寻找国家和民族振兴的精神动力与智力支持。为此，很多非洲国家倡导振兴民族文化与传统信仰，在很多非洲大学和中小学的课堂，老师们教导学生要抛弃殖民主义者留下的西方文化传统，重新维护他们过去的宗教与文化传统。

二 非洲民族的宗教性与世界观

非洲人的世界观塑造了他们的信仰，相信一个单一创造神的观念通常又强化了非洲人的世界观。这种世界观是全面的，它淡化了生活中世俗与神圣的区别。非洲人的世界观与其宗教和文化紧密相连，而文化与宗教的界限往往很难区分，因此，这种世界观本质上是宗教的，但它同时又是以人类为中心的。它专注于神灵、精神与幽灵，又将自然和超自然统一在一个复杂的混合体中，将时间和空间、物质世界与精神世界集成在一个统一的系统中。

总体而言，非洲人的世界观具有以下五个方面的特点：

第一，宇宙是由上帝创造的。在很多非洲语言中，上帝的名字就是指创造者，所有关于创造的神话都是解释上帝如何创造世界。世界上所有的一切都不过是宇宙这个整体的组成部分。

第二，世界分为有形（地球）和无形（天堂/地狱）。其中无形世界是上帝与神灵的家园，有形世界则包含了生物和非生物。

第三，人类是宇宙的中心，是联系上帝与宇宙之间的纽带。上帝控制宇宙，并创造秩序与和谐；人类虽是宇宙的中心，但不是宇宙的主宰，因此只能与宇宙和谐相处，遵守自然法则，维护道德与神秘秩序。

第四，宇宙在时间和空间上是永恒的。各种人物、事件，或者是季节来了又去，但是宇宙尚存。在很多非洲国家，人民将圆圈或是嘴里叼着自己尾巴的蛇视为永恒的象征。既然宇宙是上帝创造的，那么宇宙的连续性也必然要依赖上帝。

第五，宇宙中的秩序与力量。宇宙中的道德秩序能产生社会习俗以及控制社会的机构。道德秩序能使人们制定出处理人与人、人与自然，人与神灵，人与上帝之间关系的价值观念与法则，还能帮助人们辨别美丑、明辨是非。宇宙中还存在神秘秩序，神秘秩序往往在法术、巫术、占卜和预言等实践中表现，这些神秘力量既有友善的也有邪恶的。

从上述关于非洲人世界观的描述中，我们可以看出宗教对非洲人世界观产生的影响是强大的。在非洲，宗教不是人们在特定的时间和特定的地点去做的事情，而是人们日常生活的核心和非洲文化遗产中最丰富的组成部分。宗教充斥着人们生活的各个方面，统治着人们的思维方式，因此也在很大程度上塑造了他们的文化、社会生活、政治组织，以及经济活动。宗教是一种生活，而不仅仅只是一个概念。非洲人的宗教实践从没记录在圣书中，非洲宗教没有固定的文本，同时也没有历史初创者和领袖，但是非洲人将他们的宗教经验刻入记忆，并通过信仰系统、符号和意识的反复表达，从而得以代代相传。

三　现代化语境下非洲宗教性之镜像

作为人类文化的重要组成部分，宗教在人类文明的发展史上经历了三个重要的阶段，恩格斯在 1882 年的《布鲁诺·鲍威尔和早期基督教》中将之划分为"部落宗教"—"民族宗教"—"世界宗教"的三阶段模式。第一阶段是人类长达几十万年的原始宗教与部族宗教时期，部族宗教具有自发性与平等性；第二阶段是人类进入阶级社会后出现的民族宗教。民族宗教由部族宗教发展而来，是民族成员共同信奉的宗教，与民族意识紧密结合。当民族上升为国家的主体民族或统治民族后，民族宗教也会相应地转化为国家宗教。民族宗教具有人为性与阶级性，代表统治阶级的意识形态；第三阶段是超越了民族和国家的范围而发展的世界宗教。佛教、基督教和伊斯兰教三大世界性宗教的出现，使人类第一次有了超越语言、种族和国界的信仰力量，并将宗教带入普世阶段。

冷战结束以后，研究发展的学者们对宗教给予了更大的关注。20 世纪 50 年代以来的现代化理论认为，随着西方现代化教育在第三世界贫困国家的推广以及理性价值的建构，传统的文化体系和宗教信仰将变得不再重要，随着时间的推移，更多的人将生活在世俗世界当中，而宗教，如果还能继续存在的话，也将退缩到私人领域。[1] 然而统计显示，这种状况并未发生。事实是，由于基督教和伊斯兰教在全球范围内，尤其是非洲和拉美地区的增长，世界范围内无宗教归属群体的比重将呈下降趋势。1970 年，全球人口有 19% 是无神论者和无宗教信仰者，到 2025 年，这一比例预计将下降至 13%。[2] 美国"皮尤研究中心"[3] 的调查显示：从 2010 年到 2050 年，预计无宗教归属群体将新增 1 亿多人，但是由于世界总人口的快速增长，无宗教归属群体在世界人口中所占的比例将下降。2010 年的人口普查和调查表明，无神论者、不可知论者以及没有特定宗教归属者大约有 11 亿人。到 2050 年，无宗教归属群体预计将超 12 亿人。不过尽管其绝对人数增长，但无宗教归属群体在全球总人口中的比重预计将从 2010 年的 16% 降低到 21 世纪中叶的 13%。[4]

其次，现代化理论认为世俗政府会主导国家的发展进程。但是在非洲，政府的驱动和发展并没有迎合人们的需求与期望。很多国家面临高额的债务，荒废的抑或是名存实亡的公共服务，低效的治理，以及普遍的贫困。20 世纪 70 年代，在非洲多国出现的军人政权和一党专治，以及与这些政权相伴而来的大规模腐败、人权侵害，使得现代化理论的倡导者们开始重新估量政府机构的引擎作用。

再次，现代化理论推崇资本主义。但是许多非洲国家确信 20 世纪 80

---

[1]　Harvey Cox, *The Secular City*, Harmondsworth, UK: Harper, 1968, p. 34.

[2]　David Barrett and Todd Johnson, *World Christian Trends AD 30 to AD* 2200. Pasadena, CA: William Careley Library, 2001, p. 4.

[3]　皮尤研究中心（The Pew Research Center, 以下简称"皮尤中心"）是美国的一间独立性民调机构，该中心对那些影响美国乃至世界的问题、态度和潮流提供信息资料。皮尤全球民调项目包括"皮尤宗教信仰与公共生活论坛"，每年对全世界各大宗教都有最新的调查研究，并提供年度的统计数据，具有较强的权威性与参考价值。详情请参照网页 www. pewforum. org。

[4]　*The Future of World Religions*: *Population Growth Projections*, 2010 – 2050, April 2015, Pew Research Center. 皮尤研究中心：《世界宗教的未来》，《国际研究参考》2016 年第 5 期。

年代新自由主义的结构调整政策在非洲产生了消极后果。贸易自由化、私有化、政府紧缩并削减教育和医疗服务已经导致了农村向城市移民、跨国移民、失业、孤独、生活艰难、悲观主义等社会问题的加剧，同时这些政策也没有解决社会不平等、贫穷和饥饿的问题。结构调整政策的失败使得非洲人在质疑那些源自西方发展经验、过分关注宏观经济和新自由主义的政策之余，开始为这些国家寻找新的选择以获得服务与帮助，其中，宗教组织就是重要的关注对象。[①]

现代化理论的局限使得很多当初的倡导者改变了观念，到 20 世纪 80 年代，他们开始向公民社会组织注入更多的资金，因为这些独立机构在政治经济变革方面具有更大的积极性。20 世纪 90 年代，他们发现被定义为公民社会组成部分的宗教机构具有极大的利用潜力。结构调整政策的困难实施使得倡导者们日益意识到，发展过程还必须包括文化规范、道德、族群问题，以及当地对政治权力和精神权利的概念等。1998 年，世界银行与圣公会发起了世界信仰与发展对话的大会，自那时起该对话已经建立了小型组织，成为一个有关项目设计和服务支付的规范平台。

当代非洲，随着基督教和伊斯兰教的迅速发展，无数非洲人由传统宗教的信仰者转变成为基督徒或穆斯林，尽管如此，在整个非洲，尤其是撒哈拉地区中心地带，很多人仍然不同程度地信奉那些传承了数千年的非洲传统生活方式，依然信守着他们古老的文化和习俗，并且将这种旧的传统文化因素带入他们的新信仰，从而改变了基督教和伊斯兰教传入之初的样式，使它们在一定程度上以非洲地方特色表现出来。尽管传统宗教在信仰的范畴内空间日益缩小，但是，其包含的元素及影响力却以各种不同的方式，在新的载体内活跃，并将于未来继续长存。

在当代，宗教也依然行使着很大的权力，不管众神，还是多种精神力都颇有势力：大多数婴儿和许多成年人佩戴的吉祥符、危急关头为神灵举行的灌祭、受精神约束的誓言、经常发生又令人痛苦的猎巫，都证

---

① Philip Jenkins, *The Next Christendom: The Coming of Global Christianity*, New York: Oxford University Press, 2007, p. 121.

明了这一点。①

　　在现代化语境下，非洲的宗教性依然长存，并且以更加多样化的形式表现出来。皮尤中心 2010 年发布的《宗教与公民生活》报告指出：非洲是继中东之后世界上最有宗教信仰的地区。"非洲撒哈拉沙漠南部边缘地区和南非北端是全球对宗教最虔诚的地区。……逾 75% 撒哈拉沙漠南部国家的人口认为宗教'非常重要'，相反，最虔诚的工业大国美国则只有 57% 人口认为宗教非常重要。研究员认为，非洲人民在道德上保守，在宗教上虔诚。"②

　　2006 年，英国广播公司（BBC）在不同非洲国家五万多人中进行了一项民意调查，调查显示，在各类人物中，宗教领袖和宗教人士是最受非洲人尊敬和信任的。为此，曾经常年在塞拉利昂从事传教工作的沙勿略会传教士朱塞佩·贝通神父表示："这则消息使我们感到十分欣慰。也就是说，我们宗教人士与非洲人民之间有着一种默契。"贝通神父接着表示："从某种意义上来讲，这一调查结果也并不奇怪，人们的这种信任也是合情合理的。事实上，我们的任务就是接近人们，分担他们的喜怒哀乐。""为此，非洲人对宗教领导人充满信心也是一种鼓舞，鼓舞我们忠实于自己的职守，鼓舞我们继续我们的传教事业，并且有责任让非洲人对宗教人士的信心，永远也不会落空。"

　　英国广播公司的调查显示，宗教依然是充分体现当代非洲人本性的一个重要方面，正如贝通神父强调的那样，"这再次说明了非洲人根深蒂固的宗教性"。身在塞拉利昂多年的贝通神父，亲眼看见和经历了非洲的痛苦灾难，特别是塞拉利昂童子军的悲惨遭遇。为此，这位沙勿略会传教士指出，"这是只有通过信仰才能改变的状况"。

---

① ［美］帕林德：《非洲传统宗教》，张治强译，商务印书馆 2004 年版，第 4 页。
② 《美国：非洲人宗教上最虔诚》，《中国天主教》2010 年第 3 期。

第 二 章

非洲传统宗教的起源、产生与发展

任何宗教的构成背景无疑将决定该宗教的活动特征，而宗教的背景因素往往与特定的自然和人文环境结合共同作用，并且在一定的环境下影响该宗教的氛围。同世界上所有宗教一样，非洲传统宗教的产生有其特定的自然环境和对应的社会历史背景，在非洲宗教的漫长演变进程中，非洲的自然环境从诸多方面深刻地影响了非洲传统宗教和文化的生成与发展，赋予了传统宗教以强烈的地域属性和环境特征。因此，对非洲传统宗教产生的自然与历史文化背景的分析将有助于更客观深刻地了解非洲传统宗教的个性特征与基本内涵。

第一节　非洲传统宗教产生的自然环境

要理解非洲传统宗教，就不得不将之与非洲大陆独特的自然环境与生态条件联系起来。相比世界其他地区，非洲的宗教与文化都"表现出对其生存环境的更为直接紧密的依存关系"[1]。千百年来，这块大陆以其区别于世界其他地区的环境特点和生态力量，强烈而深刻地影响着非洲人的文化形态及其历史发展。

不管是在殖民时期的欧洲，还是在时至今日的很多国家和地区，提到"非洲"，人们自然而然地就会将之与"炎热""疾病""落后""封

---

[1]　E. O. Ayisi, *An Instruction to the Study of African Culture*, Heinemann Educational Books Ltd, Ibadan, 1972, p. 8. 转引自刘鸿武《非洲文化与当代发展》，人民出版社 2014 年版，第 39 页。

闭"等诸如此类的字眼联系起来。诚然，相比其他大陆，非洲有其地理位置方面的局限与历史文化上的短板，但是，这只是部分，而非非洲大陆的整体图景。从自然环境来看，非洲确实有近 60 万平方米炎热潮湿，容易产生传染病的热带雨林气候，但也有大面积夏天不热，冬天不冷，特别适合人类居住的热带草原气候。既有寸草不生、广袤无垠的撒哈拉沙漠，同时也有丰富的水资源和肥沃的土地。非洲的宗教与文化正是产生发展于这种看似复杂矛盾的自然环境之中。

非洲是世界上仅次于亚洲的第二大大陆。在地理上习惯分为北非、东非、西非、中非和南非五个地区。非洲拥有 1170 万平方英里的土地，南北长约 8000 千米，东西长约 7403 千米。整个非洲大陆的面积约占世界陆地总面积的 20.2%，相当于欧洲和斯堪的纳维亚（Scandinavia）面积之和的 3 倍，是包括阿拉斯加在内的美国的两倍，大约是美国、印度和中国的面积的总和。非洲北部接壤欧洲，与西班牙、意大利和希腊共享地中海水域。一条狭长的红海将其与中东分开。非洲西部海岸沿大西洋延伸，东海岸则是整个印度洋的全长。

非洲大陆几乎囊括了人类至今所知的全部地形地貌。非洲的沙漠面积约占全洲面积的 1/3，是沙漠面积最大的洲。一南一北的卡拉哈里沙漠（Kalahari Desert）和撒哈拉沙漠（Sahara Desert）是地球上最大的无人居住区，那里的气候条件非常恶劣，是地球上最不适合生物生存的地方之一，总面积相当于整个美国本土。世界上最大的沙漠——撒哈拉沙漠横贯非洲，将整个非洲南北分开，撒哈拉以南非洲正因为被撒哈拉沙漠隔绝在北部非洲与欧亚大陆以外，在漫长的历史发展过程中，其与外界几乎处于完全隔绝状态，由此也造成了此地区宗教文化长期的隔绝与封闭。

非洲拥有丰富的水资源。有世界上最长的河流——尼罗河，尼罗河全长 6650 公里，由于是从维多利亚湖流来，又称为维多利亚尼罗河。尼罗河和刚果河（中非）流域一道成为非洲流域的主体，灌溉着非洲近 25% 的土地面积。非洲最大的湖泊维多利亚湖，面积达 69400 平方公里，是仅次于北美洲的苏必利尔湖的世界第二大淡水湖。刚果湖全长约 4700 公里，是世界上唯一干流两次穿越赤道的河流。从河流流量来看，刚果河是仅次于亚马逊河的世界第二长河。此外，非洲还拥有著名的尼日尔河、赞比西河、乍得河。尽管非洲水利资源丰富，但是由于海岸线短，相对整个非洲3000万平方公里的大陆面积，海岸线长度仅为3万公里，再加上水流湍急，急流险滩遍布，不利于航运。海湾和半岛的稀缺使得非洲大部分地区身处非洲内陆，远离海洋。这种独特的地形构造是继撒哈拉沙漠这一最大的陆路交通障碍后，阻止非洲通过海上途径与外部世界交往的又一障碍。

在气候方面，非洲素有"热带大陆"之称。非洲以热带气候为主，气候带以赤道为中心，呈南北对称性分布。热带气候造成的高温、少雨和干燥，加上农田被风沙侵蚀，非洲粮食危机日益凸显。1970年，撒哈拉以南非洲出现了食品长时间无保障现象，且持续发展恶化。1999年至2001年，该地区营养不良的人数由8800万上升到两亿，这是当今世界自1990年以来饥饿程度持续恶化的唯一一个地区。[①] 热带雨林气候还给非洲人带来了各种各样的疾病，疟疾、昏睡病、登革热等各种流行病肆虐，严重危害了非洲人们的健康与生命安全。但是在东部和南部非洲，由于森林覆盖率高、工业化程度低，生态环境得到了很好的保护，大部分国家全年最高气温不超过30℃，气候宜人。

从乞力马扎罗大雪山到东非大裂谷，从一望无际开放的草原再到郁郁葱葱的热带雨林，从成群结队的野生动物到形形色色的热带植被，非洲大陆有着壮阔神奇的自然之美。非洲宗教与文化的独特魅力正源于其在这一广阔的天地间成长起来，在这里，人类创造了宗教、文化与历史，所有这些创造本身及其创造的方法与特点都与这块大陆广袤无限和辽阔壮观的基本品性自成一体，同时也与这片大陆封闭隔绝的特征浑然天成。大自然天造地设的巨大力量赋予了非洲宗教文化强烈而鲜明的"自我属性与天然品质"，赋予其独特的热带大陆文化的个性精神。[②] 非洲传统宗教作为非洲人们千百年来的生命体验，它的存在是与非洲人每天的衣食住行，与种植、农耕、畜牧、狩猎，与日积月累的日常生活经验一起作

---

① 《克服贫困障碍：撒哈拉以南非洲青年所面临的挑战》，黄艳萍、袁石川译：《广西青年干部学院学报》2013年第4期。

② 刘鸿武：《非洲文化与当代发展》，人民出版社2014年版，第4页。

为一个天然整体而并存的。非洲传统宗教是非洲大陆各族人们以他们本真的生命活力对大自然的独特适应能力、生存的基础上延续和发展起来的，是"天造地化之果，赤道骄阳之子"[①]。

第二节　非洲传统宗教产生的社会历史背景

从地质学的角度看，非洲是一块非常古老的大陆，在地球发展史上，恐怕没有任何其他大陆比之更具有研究价值。从人类历史的进化来看，非洲又是人类社会最古老的家园，其对人类历史发展所作出的无可替代的贡献，正越来越多地被考古学家、人类学家和历史学家的研究所佐证。

多少个世纪以来，不管是那些逐水草而居的游牧民族，还是定居陆地以农业为生的民族，生活在非洲大陆的人们与土地保持着非常密切的关系。非洲地大物博，人们居住得很分散，他们开发自己的语言和习俗，并为满足自己特殊的生活与需要发展宗教信仰。

非洲并非一块荒无人烟的大陆。尽管辽阔空旷的沙漠将撒哈拉以南非洲与已知的文明隔开，使得这块大陆在几个世纪内都没有被外界世界所打扰。但事实上，正如我们所知道的，人类的祖先正是由非洲大陆的深处走出。尽管具体的地点存在争议，但非洲是人类起源地这一论断基本已获得共识，近年来在肯尼亚及非洲其他地区进行的考古与科学研究也越来越强烈地对之加以了证明。1959 年，英国考古学家玛丽·利基（Mary Leakey）在坦桑尼亚找到了 175 万年前的原始人头骨，他们称为"东非人"头骨。1960 年，玛丽的丈夫，同为考古学家的路易斯（Louis）发掘出迄今为止最古老的人类头骨。1974 年，唐纳德·约翰逊（Donald Johansor）发掘出 325 万年前的埃塞俄比亚人的一副女性骨架露西（Lucy）。1998 年 12 月，考古学家又在南非发掘出与前者同时代的原始人的残骸。这些考古学家的发现证明：原始人的足迹不仅局限于非洲东海岸，而且遍布整个非洲大陆。[②] 越来越多的考古研究证明，不管是亚洲人、美

---

① 刘鸿武：《黑非洲文化研究》，华东师范大学出版社 1977 年版，第 2 页。
② 《祖先的声音：非洲神话》，李汉平译，中国青年出版社 2003 年版，第 3 页。

洲人，还是欧洲人，所有这些人不是来自不同的人种，而是源自同一"人类"。尽管今日来自不同大陆的人在外表上看起来是多么的千差万别，但是很可能，所有人从源头上来说都是非洲人，非洲是我们共同的家园。

现有的考古学和人类学研究表明，非洲不仅是人类最主要的起源地，同时还是人类文明最先获得发展并且在整个旧石器时代一直处于世界领先水平的大陆。① 非洲沿海地区在早期就发展了重要的文化，撒哈拉以北非洲国家也早已拥有一些古老的传统，古埃及曾经是世界上实力最强的国家之一。罗马帝国之前，迦太基（现在的突尼斯）是一个强大的城邦国家。东部非洲与希腊、罗马，甚至亚洲都有贸易往来，并且发展了自己的普世文化。它们建立大城市，发展书面语言，崇拜自己的古老上帝。

早在公元前 3400 年，埃及就已经是一个高度繁荣的帝国，拥有高度发达的宗教和文化。关于这一点，金字塔就是最明显最持久的证明。埃及的金字塔不仅仅是世界历史上的伟大奇迹，更是埃及时代科技胜利的标志。金字塔作为宗教建筑，不仅是祭祀的对象，更反映了王权与非洲宗教的古老联系。

埃及的宗教还不是古代非洲唯一的宗教。犹太教是发源于中东的宗教，但早在公元前 1300 年前，就已经有犹太人生活在非洲大陆。从圣经时代开始，埃塞俄比亚境内就已经居住了几千名非洲犹太人，他们有一个专门的称呼"法拉沙人"。埃塞俄比亚这些所谓的"黑色犹太人"信奉一种宗教，这种宗教完全基于《希伯来圣经》，但是却又包含了埃塞俄比亚宗教的一些因素。像其他埃塞俄比亚人一样，他们也相信并且使用护身符、符咒以及一些神秘的宗教仪式与祷告。②

尽管除去沿海地区的大部分，非洲孤立于世界其他地区，但是即使不计古埃及、努比亚和埃塞俄比亚的文化，在黑非洲内部，文化的发展其实也是由来已久，非洲诸民族为自己发展了一种远远超过澳洲土著居民，在某些方面甚至可以与欧洲相比较的文化。非洲的农业种植、畜牧，

---

① 刘鸿武：《非洲文化与当代发展》，人民出版社 2014 年版，第 45 页。

② Aloysius M. Lugira, *African Traditional Religion*, Chelsea House Publishers, 2009, pp. 19 – 20.

以及由此形成的定居的村社文明在万千年前的新石器时代就已经开始建立。彼时的非洲，不但有了打磨石器、弓箭的使用和陶器的制作，还出现了以农作物种植和畜牧业蓄养为主要内容的社会生产，以及以牲畜、种子和原料为形式的资本的出现。生产和原始"资本"的出现促成了早期私有制的形成，人们开始追求财产的私有化，但随之而来的是权力和战争的产生。小规模的村社也逐渐开始发展为更大规模的城邦，文化景观超越自然景观开始出现。在"新时期革命"后的五千年，即公元前第四千纪和第三千纪之交，在世界上一些重要的大河流域出现了与书写文字的发明紧密相连，与城市及国家的创建息息相关的完整的上古高级文明和高级宗教。而这些高级文明和宗教最早就是出现在幼发拉底河边，然后才在印度河流域和黄河流域出现。①

对于非洲文化的创造者是否为黑人本身，围绕这一问题的论争和验证已长达数百年之久。欧洲人认为即便非洲有古文明，如1986年被联合国教科文组织定为世界文化遗产的大津巴布韦遗址、古埃及的金字塔、埃塞俄比亚的拉利贝拉岩石教堂，那这些文明的创造者也绝非非洲黑人所为。这些欧洲的探索者们将非洲的文化和遗址与圣经中的示巴女王、阿拉伯人、闪米特人联系起来以支持他们的论调，这种偏见一直持续了数百年。1950年，英国职业考古学家大卫·兰达尔·麦克华（David Randall Mclver）以无可辩驳的证据证明：大津巴布韦遗址正是卡兰噶（Karanga）索那部族（Shona-Stamm）的杰作，其建造者正是土生土长的非洲黑人。

在欧洲中世纪的高峰阶段，非洲文化也正处于上升时期。15世纪葡萄牙人进入之前，非洲就已经建立了自己诸多的黑人王国，如马里王国、豪萨王国、贝宁王国、刚果王国、莫诺莫塔巴王国等。在这些王国里面，井然有序、权力平衡的中央集权得以推行，文化和艺术创作令人肃然起敬。

非洲独特的自然环境与历史文化背景造就了非洲文化的发展，在这

---

① ［德］汉斯·昆：《世界宗教寻踪》，杨旭生、李雪涛等译，生活·读书·新知三联书店2007年版，第33页。

种自然与人文的浸润中，非洲传统宗教以及非洲人的宗教性得以产生并发展。非洲传统宗教不是今日非洲唯一的宗教，但是却是唯一起源于非洲的宗教，而其他宗教都源于非洲以外的世界其他地方。非洲传统宗教始于史前时代，当时的非洲人以家庭或共同需要为纽带聚集成群，这些群体创造他们自己的语言、文化和宗教。

事实证明，非洲传统宗教赖以产生发展的大陆并非西方人口口声声的"黑暗大陆"，非洲人也不是黑格尔眼中的愚昧、无知，没有能力思考，无法创造哲学与宗教的人。恰恰相反，非洲文化自上古开始，就已经对阿拉伯半岛、小亚细亚和地中海地区产生了影响，并对人类古代文明的发展做出了自己的贡献。中古时期，非洲也与中东、南亚、欧洲、中国等地进行过形式多样的文化交往。

第三节　非洲传统宗教的发展历程

以历史发展线索来划分，非洲传统宗教的发展历程可以分为前殖民时期、殖民时期和后殖民时期。

在非洲大陆，尤其是在北非，一些本土宗教因为不再被人们信奉而被淘汰，成为历史的名词。埃及人的古埃及宗教、非洲北部和埃及西部柏柏尔人的宗教、埃及南部库希特族人的宗教，以及埃塞俄比亚东南部的艾库苏米特（aksumite）宗教。这些宗教在几个世纪前已遭废弃，如今早已销声匿迹。[①]

在殖民者占领非洲前的很长一段时间内，撒哈拉以南非洲的人们都有着他们自己的宗教信仰。这些宗教的存在可以在非洲古代艺术如石雕、绘画、雕塑、建筑，以及非洲民间传说中得到验证。所有这些艺术作品和口头传说都反映了当时非洲人民的宗教生活和宗教结构，对撒哈拉以南非洲不同区域艺术文化的考察有助于我们了解整个非洲传统宗教。

古代东部非洲并不以石雕等艺术品出名，但因为是尼罗河的源头，故被广泛知晓。从布隆迪到埃及，人们都将尼罗河视为河神的化身，他

---

① Aloysius M. Lugira, *African Traditional Religion*, Chelsea House Publishers, 2009, p. 120.

们以宗教般的情感和尊敬来看待这条河流。当代东非古人类学家理查德·E. F. 利基博士（Richard E. F. Leakey）就宣扬东非是"东非人"（East African Man）的故乡。利基博士在东非发现的重要化石使得很多人将东非视为人类的起源地。

古代南部非洲的传统宗教主要是通过口头传统和艺术表现出来的。南部非洲以建筑和器具等古老的艺术形式为记录，这些物品与南部非洲人们的信仰体系和思维模式有着很大的相关性。南部非洲的桑人（San）擅长在石头上以雕刻和绘画来记录反映他们长期以来的生活。考古学家、人类学家以及艺术历史学家通过分析认为，桑人的岩石艺术大约创作于25000 年前。[①]

西部非洲很多的艺术形式——尤其是古代雕刻——充分展示了古代人们丰富的宗教表达。西非雕刻艺术中展示出来的宗教虔诚与笃信深深地震撼着参观者的心灵。2002 年，纽约大都会艺术博物馆（the Metropolitan Museum of Art）开展了题为"创世纪：非洲雕刻中的起源思想"的展览，并且将展览描述为："这些艺术品与包含了神话、历史、宗教等诸因素交织在一起的非洲传统有着密切的关联，并且提出了现代社会依然在讨论的一些本体论问题：世界是如何开始的？我们的祖先是什么？农业、王权以及其他社会组织的源是什么？"

在南部非洲，也保留着很多以雕刻来铭记人们灵性与虔诚的传统，在这些传统中，最显著的是约鲁巴人。历史上，约鲁巴人曾经拥有过共同的语言和文化，建立过大大小小的王国，在前殖民时期就已经成为最都市化的非洲人。约鲁巴王国的首都伊莱-伊费（Ile Ife）是一座宗教气息浓厚的城镇，大约存在于公元前 350 年，这里被认为是当时世界的中心。在非洲各民族中，约鲁巴人心灵手巧，其生产的手工艺品和艺术品之美轮美奂在西非无人能出其右。约鲁巴人的艺术创作既融合了地中海和东方艺术的特点，同时又带有浓郁的民族特色，主要有雕刻、玻璃制品、皮革和纺织制品等，其中雕刻最为有名。约鲁巴人的木雕多以象征的手法表现创作对象，主要特点在于人与动物形象的配合，色彩鲜艳、

---

① Aloysius M. Lugira, *African Traditional Religion*, Chelsea House Publishers, 2009, p. 121.

装饰丰富，大多数木雕和面具都与宗教相关。约鲁巴人每个人都有自己的面具，不同的宗教仪式佩戴不同的面具。

在非洲中部，找到切入口的早期基督教证实了自古代起非洲传统宗教就一直存在。1491 年，中部非洲刚果国的恩济加·尼库武（Nzinga Nkuwu）国王在与葡萄牙人的接触中改变信仰，皈依基督教，同时他还鼓励刚果贵族及普通百姓以他为榜样，改宗基督教。由此非洲基督教在刚果持续了两百多年，非洲传统宗教的实力保证了基督教在刚果王国得到了人们的迅速信奉。在非洲传统宗教中，国王不仅是一位统治者，同时还是宗教领袖，如果他们的国王已经改信基督教，他的臣民自然也会随之改宗。社会结构的高度集中与等级分明有助于整个王国内部信息的流通。基督教的信条轻易地被翻译成刚果语，与"上帝""灵性""圣洁"等意义相当的概念出现在刚果本土宗教中。

殖民时期，葡萄牙人在非洲西部和东部海岸展示了其强大的航海威力。他们在海岸地区所看到的非洲宗教使得他们认定非洲人崇拜物神。但是非洲内部对于欧洲人来说依然是一块神秘的未知地，欧洲人决定对非洲内部继续探索。从 1768 年到 1892 年，共有十名欧洲探险家来过非洲。其中七个英国人，一个法国人，一个德国人（为英国政府工作的），一个祖籍英国的美国人。①

欧洲人从探险家那里了解了关于非洲的知识，而这些知识又导致了欧洲殖民主义思想的产生。1884—1885 年柏林会议将非洲武断地瓜分给欧洲各殖民势力，至此欧洲人对非洲的争夺暂时告一段落。殖民主义留给包括宗教在内的各非洲本土文化的是断裂与伤痕。

殖民时代，非洲传统宗教更多地被视为"Less-Than"宗教——异教信仰、拜物主义、原始宗教、万物有灵论。很多非洲传统宗教的仪式被认为与基督教的宗教信仰与道德规范相违背，此外，欧洲传教士还认为，非洲人的宗教不但助长了巫术信仰，还鼓励人们以祖先崇拜取代上帝崇拜。非洲人的传统医术也被视为是不科学的，很多治疗方法被认为是反

① Aloysius M. Lugira, *African Traditional Religion*, Chelsea House Publishers, 2009, pp. 122 – 123.

基督教的，因此，传统的巫医被视为异教徒。而对于那些皈依了基督教的非洲人，教会会阻止他们参加传统的宗教仪式，并禁止他们找传统的医治者诊治。但是，这种试图消灭非洲传统宗教和传统医术的做法并没有成功，很多非洲基督徒在教会中扮演着双重角色，一方面，他们参加教会活动；另一方面，他们想方设法秘密参加传统的宗教仪式，继续找传统的医生治病。[①] 因此，在前殖民时代和殖民时代，非洲传统宗教都因为被认为对现代社会的发展无关紧要而被拒绝，甚至遭遣散。即使在后来，更多的也是一种容忍，而不是真正的接受。[②] 欧洲人用各种不同的术语来命名非洲人们的宗教结构与宗教实践，非洲宗教被称为多神教、万物有灵论、祖先崇拜、原始主义、物力论、图腾崇拜、拜物教、自然主义等。这些术语不但是荒谬可笑的，同时也是错误的，不可接受的。[③]

第二次世界大战时，非洲大陆80%的领土处于欧洲殖民主义者的统治下。第二次世界大战中，很多非洲人被招募到殖民宗主国的军队中服役。非洲士兵在世界各地长时间的服役以及他们获取的经验使得他们在回归祖国后开始思考本国的未来，这些在战争中成长起来的老兵拥有了为结束非洲殖民主义而战斗的知识与经验。

1945 年，联合国开始倡导促进世界和平、安全与合作。1948 年，《世界人权宣言》发表。非洲开始要求摆脱欧洲殖民主义者的管理，争取国家独立，在此过程中，非洲人要求归还那些已经被送到欧洲的宗教物品。例如，乌干达的巴干达人要求大不列颠王国归还基布卡遗物（the relic of Kibuuka），这是乌干达的战神，遗物最终回归。1957 年，加纳首先摆脱英国伊丽莎白二世女皇的王权，成为第一个取得政治上独立的非洲国家。

随着非洲国家纷纷独立，越来越多的非洲人对他们传统宗教的价值有了新的审视与认识，他们不再对自己的宗教遗产忧心忡忡，充满危机

---

① Gordon L. Chavunduka, Christianity, Africa Religion and African Medicine, http://wcc-coe. org/wcc/what/interreligious/cd33-02. html.

② Aloysius M. Lugira, *African Traditional Religion*, Chelsea House Publishers, 2009, p. 123.

③ Rt. Rev. Daniel W Kasomo, *History of Christianity in Africa Made Simple: History of the Church in Africa*, LAP LAMBERT Academic Publishing, 2011, p. 34.

感。这种危机感的产生是外来宗教以及将非洲传统宗教视为劣等宗教的殖民统治者长期作用的结果。

为了应对非洲传统宗教面临的挑战与怀疑，非洲领导人将求助的目光转向教育。宗教学系最先在撒哈拉以南非洲的一些顶级高校开设，这其中包括尼日利亚的伊巴丹大学（the University of Ibadan）、加纳大学（the University of Ghana）、塞拉利昂大学（the University of Sierra Leone）、乌干达的马凯累累大学（the University of Makerere），以及肯尼亚的内罗毕大学（the University of Nairobi），这些学术机构为非洲传统宗教的教学与复苏铺平了道路。[①]

第四节　非洲传统宗教的名与实

对于非洲传统宗教，外界一直存在很多误解，尤其是在称谓方面，长期以来存在两个明显的误区，那就是将非洲传统宗教等同于"物神崇拜"或"原始宗教"。

"物神崇拜"又称为"拜物教"，最早于 1760 年出现在法国学者布罗塞斯的小册子《神之偶像崇拜，或埃及古代宗教与尼格罗人现存宗教的相似性》中。在其中，布罗塞斯对物神崇拜的描述是：

> 或者有赖于对天体的崇拜，称为星辰崇拜；或者有赖于一种同样古老的对某种世俗事物和物质对象的崇拜，它可称为"神物"，如在非洲黑人中间，因此我称之为"物神崇拜"。我想习惯地运用这个词，虽然在其本来意义上它专指非洲黑人的宗教，但我事先指出我在运用它时，还指其他崇拜动物或无生命事物的民族。[②]

从布罗塞斯对"物神崇拜"的概念性描述来看，这个词最初就是指

---

① Aloysius M. Lugira, *African Traditional Religion*, Chelsea House Publishers, 2009, pp. 125 – 126.

② ［英］麦克斯·缪勒：《宗教的起源与发展》，金泽译，上海人民出版社 2010 年版，第 37 页。

非洲黑人传统宗教。之所以一提到"拜物教"就让很多西方人自然而然地想到非洲，是因为早在 15 世纪葡萄牙水手就已经开始在非洲发现了物神崇拜的现象。荷兰旅行家威廉·博斯曼在其 1705 年的《几内亚纪行》中也指出，黑人语言中的"博苏姆"（Bossum）就是物神的意思，来自他们对其崇拜偶像的称呼。此后，欧洲的发现者和探索者们将非洲诸民族的宗教全部视为拜物教，欧洲的学者们也随之操同样的论调。这种观念熏陶了一代又一代西方人的成长，非洲宗教即为拜物教的观念深入人心。然而翻开近百年来有关宗教史的书籍，我们可以发现大多数著作几乎持同样的观点：拜物教是宗教的最低形式，因此以单纯的"物神崇拜"来指代多元的非洲传统宗教是偏颇的。事实上，从人类文化的发展历史来看，任何宗教的发展都与拜物教存在着或多或少的关系，一方面，没有任何宗教完全只是拜物教；另一方面，没有任何宗教完全与拜物教无关。而且在非洲，拜物教的信仰和仪式大多见诸西非，在其他地区，尤其是北部非洲和南部非洲，很多民族已经摆脱西方人眼中的那种不开化状态进入了阶级社会，拜物教痕迹寥寥。关于欧洲人对非洲传统宗教的这种武断的定性，英国著名学者韦兹在他的经典著作《人类学》中做出了批判与反驳：

　　尼格罗①黑人的宗教通常被认为是多神教的特别粗糙的形式，并且用拜物教这样一个专门术语作为标志。然而较严密的观察清楚地说明，除了尼格罗人的品性产生出的过分和奇异的特点（这影响到他们的一切行为）之外，他们的宗教（与其他未开化民族的宗教比较）既不非常独特，也不特别粗糙。……某些尼格罗人的部落（不可能受到过较高文明民族的影响），其宗教观念之复杂，远远超过了几乎所有其他未开化民族。如果我们不愿称他们是一神论者，至少也应说他们和真正一神教的边界已经非常接近了，尽管他们的宗教

────────────

　　① 在缪勒和韦兹那里，尼格罗人（Negroes）一般泛指所有黑人，但更科学地运用这个词时，尼格罗人就仅限于塞内加尔和尼日尔之间的非洲西海岸、内陆延伸到乍得湖及其以东区域内的种族。当以尼格罗人作为最低阶段的种族时，一般来说就是指上面提到的那个西海岸区域内的黑人，从他们那里，欧洲人首先得到物神崇拜的观念。

混淆着大量的通俗迷信，而这些粗俗的迷信在其他人看来，几乎窒息了所有纯粹的宗教观念。①

"原始宗教"则是一种带有很强主观评判性的称谓，蕴含了两层意思：一是指人类历史上最早出现的、存在于无成文历史之原始社会的宗教。由于其在西方殖民运动中已经几乎被消失殆尽，因此是一种历史的、过时的宗教；二是认为这种宗教层次低，是未开化的宗教。因此，将非洲传统宗教简单成为"原始宗教"这不仅是亵渎非洲人的文化，漠视非洲的现实，更是对学术的不负责任。② 尽管非洲各族在很长时间内没有创造出自己的文字，也没有发展出现代科学与技术，但是他们有适合自己的生活方式，有合乎逻辑的思维。他们并非没有宗教、没有文化的所谓"原始人类"，其社会组织与文化形态也并非西方人想象的那么原始，而是更为本真、更为淳朴，其保留的或许恰恰是文明时代那些已被抛弃而现代文明正努力寻求的东西。因此，以蕴含"低级的""粗劣的""未发展的"等诸如此类贬义的"原始"一词概括整个非洲大陆的宗教实为对非洲文化的无知与不敬。

相比而言，"传统宗教"作为一个中性词，能更客观地描述非洲人对其本土宗教的信仰，也能显示出非洲宗教文化的动态发展与历史流变。"非洲传统宗教"既包括非洲那些已经消亡，不再存活的宗教，也包括那些现今依然活跃的宗教，同时还是非洲大陆五大区域本土宗教的统称。非洲五大区域的差异导致了非洲种族划分的多样性，这里谈到的非洲传统宗教既是单一的也是群体的，单一意义上的非洲传统宗教是指与传统宗教精神相关的所有非洲宗教的统一；群体意义上的非洲传统宗教则是指众多非洲部族所包含的形形色色的宗教。

在漫长的历史长河中，西方殖民者因为偏见与傲慢，将传统宗教视为异教徒的习俗和封建迷信活动。非洲社会被视为没有上帝观念，并对

---

① ［英］麦克斯·缪勒：《宗教的起源与发展》，金泽译，上海人民出版社1989年版，第74页。

② 《原始宗教与非洲法》，载《全国外国法制史研究会第23届年会论文汇编》，2010年。

世界毫无贡献的存在。早期基督教传教士的著作中几乎无一例外地都对非洲人信奉的传统宗教持批评态度，传统宗教往往被视为邪恶的象征。[1] 即使在近代，非洲传统宗教还是被排除在世界宗教的范围之外，不被视为"真正的"宗教。关于非洲人，亨利·莫顿·史丹利（henry morton stanley）将其描述为野蛮的、唯物主义的、幼稚的、笨口拙舌的生物，"难以想象的无知，有人的直觉，但过着动物的生活"。达尔文则试图以生物进化学说证明，欧洲人种优于黑色人种。在达尔文看来，在物种之间的相互竞争中，优越的种族（欧洲）自然应该统治弱小的种族（非洲）。[2] 欧洲学者在描述与研究非洲时很少使用来自欧洲大陆以外的资料，这样的研究结果势必导致非洲人民的形象被严重扭曲。之所以如此是因为中世纪以来，欧洲人习惯了以自己为唯一的参考标准来审视外界的生产方式、社会关系和政治结构，他们拒绝承认非洲人是原始文化的创造者。但事实上，非洲人已经在自己创造的文化模式中生活了数个世纪，他们的世界观与价值观决定了他们的社会习俗与宗教信仰。

　　自 8 世纪穆斯林从阿拉伯半岛南部进入东部非洲开始，直至 15 世纪到达撒哈拉以南非洲时，也没有将非洲传统信仰定义为一种宗教，他们认为非洲人是没有宗教信仰的人，并将非洲人称为"喀菲尔人"（Kf-firs），意思就是异教徒、没有信仰的人。15 世纪，基督徒到达非洲后沿袭了穆斯林对非洲人的这个称谓，并且将所有的非洲人称为"卡弗拉里亚"（Kaffraria）。非洲人是没有宗教信仰的民族这种观念被广泛接受，非洲人的宗教活动也被视为迷信和巫术。[3] 文化是人民在处理生存问题的过程中发展起来的生活方式之反映，因此真正的文化必然包含传统信仰与

---

[1]　Richard J. Gehman, *African Traditional Religion in Biblical Perspective*, Kijabe：Kesho Publications, 1989, p. 8.

[2]　Rt. Rev. Daniel W Kasomo, *History of Christianity in Africa Made Simple：History of the Church in Africa*, LAP LAMBERT Academic Publishing, 2011, p. 33.

[3]　Aloysius M. Lugira, *African Traditional Religion.* New York：Chelsea House Publishers, 2009, p. 104. 约翰·玻尔（John Baur）在其著作《非洲基督教2000年》中认为这一观念的形成"缘于两个误解，首先是欧洲人的偏见，认为非洲人是没有宗教的原始人；其次是在欧洲，人们已经普遍接受一种观念，那就是：巫术和其他神灵都是邪恶的"。John Baur, 2000*Years of Christianity in Africa：An African Church History*, Nairobi：Paulines, 1998, p. 225.

唯灵论。欧洲基督教的传入，将土生土长的非洲人与他们古老的精神根基，以及传统属灵的身份认同剥离开来。[1]

1964 年，第二次梵蒂冈会议召开，来自世界各地的天主教主教齐聚罗马。他们接受非洲传统宗教作为世界宗教的一个组成部分。梵二会议在天主教以外的世界范围内同样取得了很好的影响，如此，非洲传统宗教作为世界宗教的组成部分很快被广泛接受。[2] 同样直到近代，非洲传统宗教才成为专门的研究对象和研究学科。对非洲传统宗教最初的正式的研究始于欧洲人进入非洲大陆的殖民时期，主要在 19 世纪末 20 世纪初。[3]

20 世纪 50 年代末期，随着非洲国家纷纷获得独立，非洲人对其自身的宗教有了一种强烈的觉醒意识，并且对之进行了前所未有的研究，涌现出一批相关的著作和教科书。大量在海外接受进一步培训和深造的非洲人返回非洲，他们中的一些人回国后开始研究传统宗教，并且为之辩护。他们极力挖掘传统宗教中积极有利的成分，而不是着眼于那些消极不利的方面，并且在自己的著作中提出了很多不同于西方传教士的解释与观点。1977 年，美国哈佛大学开始非洲宗教的教学，从此，非洲传统宗教课程成为很多大学和学院广受欢迎的课程。[4]

第五节　非洲传统宗教的特点

在非洲，有多少个民族几乎就有多少种宗教，由于物质条件和社会制度的差异，非洲各民族盛行的宗教形态各不相同，因此，非洲传统宗教从来都不是铁板一块，而是多种宗教的统称。然而，尽管非洲宗教形

---

[1]　Rev. Peter E. Adotev Addo, "The Loss of African Religion in Contemporary Africa", http://www.afrikaworld.net/afrel/lossrelg.htm.

[2]　Aloysius M. Lugira, *African Traditional Religion*, New York: Chelsea House Publishers, 2009, p.106.

[3]　Richard J. Gehman, *African Traditional Religion in Biblical Perspectiv*, Kijabe: Kesho Publications, 1989, p.22.

[4]　Aloysius M. Lugira, *African Traditional Religion*, New York: Chelsea House Publishers, 2009, p.114.

态各异，但它们又是一个整体。与其他宗教，尤其是世界性宗教相比，非洲传统宗教拥有自己作为整体所具有的一些共同信仰特征：

第一，非洲传统宗教不像佛教、基督教和伊斯兰教等世界性宗教一样拥有大量的经典著作、众多庙宇和僧侣，也没有书写的历史、经典和信条。非洲传统宗教是一种"生活在非洲大陆"的宗教，而不是经过深思熟虑而产生的。[①] 尽管非洲人笃信宗教，但是没有一种统一的非洲宗教或哲学发展为整个非洲大陆的宗教或思想。中国的儒学经过几千年的发展，形成了系统化、体制化的精英文化，也就是中国的"国学"；而非洲没有国学，他们有的是部族文化和乡土文化，精英文化欠缺。这种情况的出现与中国文献文化发达，而非洲主要是口传文化的传统密切相关。

非洲从文化信仰到生活规则都是代代口耳相传而来，他们以神话、仪式、节日、艺术和符号的形式加以表达，形成了自己独具特色的口头传统。很多非洲民族没有自己的书面语言，因此也没有相应的历史与文献记载，不像佛教有《大藏经》《金刚经》，基督教有《旧约》《新约》，伊斯兰教有《古兰经》那样拥有自己的"圣书"。非洲人的宗教生活并没有记入圣书。[②] 除了信奉科普特基督教的埃塞俄比亚，非洲没有任何有关思辨的或概念的思想文献或论文。[③] 非洲从文化信仰到生活规则都是一代代口耳相传而来，这里的人从小训练默记，背诵本民族的整个历史，以传承下代。[④] 因此，非洲传统宗教不是一种靠分析其信仰体系来加以简单理解的宗教，严格来讲，传统宗教不是一套教条，而是一种生活与经验。[⑤] 由于各个部族的生活环境和风俗习惯各不相同，因此非洲传统宗教的各形式也差异很大，很难找到一种所谓统一的模式与结构，由此，非

---

① *Religion in Africa*, Thomas D. Blakely ed.，London：James Currey，1994，p. 17.

② Rt. Rev. Daniel W Kasomo，*History of Christianity in Africa Made Simple：History of the Church in Africa*，LAP LAMBERT Academic Publishing，2011，p. 35.

③ ［美］菲利普·李·拉尔夫、罗伯特·E. 勒纳等：《世界文明史》，赵丰等译，商务印书馆1998年版，第1046页。

④ Aloysius M. Lugira，*African Traditional Religion*，Chelsea House Publishers，2009，p. 16.

⑤ Richard J. Gehman，*African Traditional Religion in Biblical Perspective*，Kijabe：Kesho Publications，1989，p. 50.

洲传统宗教不是一种有机的信仰体系。①

第二，非洲传统宗教没有单一的创始人和核心人物。非洲传统宗教与犹太教、基督教和伊斯兰教一个很大的不同在于，我们可以从这些宗教的历史中去了解它们的传奇人物，例如犹太教的摩西、基督教的耶稣、伊斯兰教的穆罕默德和佛教中的佛陀，但是非洲传统宗教没有单一的创始人，或是核心的历史人物。正如美国的本土宗教和亚洲的神道教和道教，非洲传统宗教源于人们本身，它是千百年来人们与土地亲密关系的体现，也是千百年来人们对生命奥秘的不断思考与探索：为什么我们在这里？我们怎样才能生活得更好？为什么我们会死？传统宗教不像基督教和伊斯兰教一样有固定的教堂或清真寺，而是根据各地方的传统设立不同的神殿或是圣地。例如，人们会根据地理或自然的因素，将一座山、一棵树作为崇拜和祭祀的中心。

第三，非洲传统宗教是一种具有较强行动导向性的宗教，包含很多的仪式与活动，如占卜、献酒、祈祷、献祭、推选宗教领袖等。这些活动有明确的目标：解决问题、医治病人、带来有利的天气，安抚愤怒的情绪、祈求祖先的祝福等。因此，传统宗教作为非洲人的一种生活方式构成了非洲大多数基督徒、穆斯林和传统宗教追随者的宗教背景。我们今天使用"传统宗教"，对于非洲学者来说是一个公认的描述性术语，但是对于那些宗教追随者来说，非洲传统宗教绝不仅仅是一个称谓，更是一种贯穿并渗透到人类生活各个方面的生活方式，从摇篮直至坟墓。

此外，非洲传统宗教中不存在单一的受戒神职，宗教的职能是由各种不同的宗教领袖来执行。这些宗教领袖包括牧师、女祭司、医治师、占卜者、媒介、预言家、祈雨法师、长老、统治者，这些人在维持社会和人们的精神生活中都发挥着特定的作用与功能。而作为宗教领袖，他们很多时候同时也就是部族族长、长老等德高望重的人物。

从内部来看，非洲传统宗教内容多样，形式不一。每一种文化都拥有一种集体智慧，一套原则或信仰，并以此指导不同人的社会行为与生

---

① Rt. Rev. Daniel W Kasomo, *Africa is the Cradle of Christian Religion: The Cradle of Christian Religion*, VDM Verlag Dr. Muller, 2011, pp. 87 – 88.

活。非洲人对善恶的判断，对美丑的标准各不相同，不同的社会有着不同的道德伦理体系。尽管如此，非洲传统宗教在思想上依然有很多的共通性。第一，几乎非洲所有的传统宗教都承认宇宙中的任何事物都是整体中的一部分，没有神圣与世俗的严格区分；第二，很多非洲传统中都有一个超自然的存在——造物主。造物主不仅是宇宙万物的创造者，同时也是万物的支撑者、供养者和管理者；第三，都认为造物主之下还有各种次要的和中介的神以及守护神灵。这些次要的神经常管理人间事物，人们主要是通过宗教仪式、祭品和祈祷与这些神灵相通；第四，人类现有的处境有诸多的不完美，而且未来也将如此。疾病、苦难、死亡构成了人生的基本组成部分，而苦难是由上帝或祖先赋予的罪与恶引起的；第五，人类生活的苦难可以通过宗教仪式与活动得以减轻，也可以通过取悦已被人类冒犯的上帝，或是解决社会矛盾来达成。宗教仪式有助于人们保留一些传统的价值，强化他们对灵性生活的责任与担当；第六，人类社会是一个共同体。不管是先祖、活人、植物人，还是那些尚未出生的婴儿，他们都是社会的重要组成部分。世俗与神圣之间的关系有助于指导和平衡人类万物，人类需要与围绕他们周围的灵性世界产生互动。①

因此，不管是中部非洲的宗教，还是西部非洲、北部非洲，南部非洲的宗教，它们最重要的一个共同点就是对至上神的信仰和对祖先的崇拜，它们指向的其实是一个相同的理解。它们之间相互分享着一些共同的信条，以保证个体在人生的道路上顺利前行。从出生、青春期、结婚、成熟到死亡，非洲宗教不仅表记了人生的意义、责任、义务以及时间的轮回，还回答了世界上为什么会有苦难和死亡的问题，并为人类追随上帝，触摸自身及宇宙灵魂提供了一条途径。

在传统宗教信仰者那里，宗教与生活的其他方面并没有区别，他们的宗教与文化结合得如此紧密，以至于宗教就是生活本身。宗教不仅渗透到生活的方方面面，成为生活的天然组成部分，同时还是非洲文化遗产中最丰富的组成部分。宗教充斥着人们生活的各个方面，统治着人们

---

① Aloysius M. Lugira, *African Traditional Religion*, Chelsea House Publishers, 2009, p. 16.

的思维方式，因此也在很大程度上塑造了他们的文化、社会生活、政治组织，以及经济活动。① 虽然有一个超自然的造物主高于那些活着的人们以及那些次要的神与祖先，但是造物主与活着的人们同在，并指导他们朝着正确的方向前行。人们与神灵的相互交通尽管经常是以宗教仪式、祷告以及祭品为媒介，但主要还是通过日常生活中的事务来实现。对于非洲人来说，"宗教"这一术语是个后来者，并且至今在他们的词汇中缺席，对他们而言，宗教就是生活，而绝不仅仅只是概念和术语。②

---

① Rt. Rev. Daniel W Kasomo, *History of Christianity in Africa Made Simple*: *History of the Church in Africa*, Lap Lambert Academic Publishing, 2011, p. 39.

② Ibid. , p. 35.

第 三 章

非洲传统宗教的主要内容与活动

非洲不同的国家、民族和部族在其历史发展过程中都形成了自己独特的传统宗教。在这些成百上千种宗教类型中,它们的称谓、所信奉的神祇、崇拜的对象以及举行的仪式纷繁复杂,各不相同,但是作为非洲传统宗教这一整体范畴,它们之间又有着一些共同的内容与相通的属性。

非洲传统宗教包含三大基本的要素:至上神信仰、神灵世界(从属于至上神的神灵们)、神秘力量,非洲各民族至少会强调这三种元素中的一种。[1] 例如,苏丹的穆尔勒人(Murle)重视至上神;赞德人(Zande)[2] 看重巫术和神秘力量[3];很多班图人,如坎巴人(kamba)[4] 注重祖先神灵;约鲁巴人则对神非常痴迷。不同地区的人们有他们各自不同的宗教特色,但是在内容上都属于以上范畴。

因此,不同的学者在划分非洲传统宗教的主要内容时是相似的,英国学者杰弗里·帕林德(E. Geoffrey Parrinder)在他1961年的著作《西非宗教》(*West African Religion*)中将传统宗教的主要内容划分为四部分:

---

① Richard J. Gehman, *African Traditional Religion in Biblical Perspective*, Kesho Publications: Kijabe, Kenya, 1989, p. 8.

② 赞德人(Zande)主要生活在刚果、中非共和国、南苏丹等地区。他们自称为阿赞德(Azande),周边的其他部落称他们为赞德,亦称尼安 - 尼安人(Niam-Niam),属尼格罗人种,用阿赞德语,属尼日尔—科尔多凡语系尼日尔—刚果语族。

③ 赞德人用巫术和神谕对嫌疑犯断案在非洲广为人知。

④ 坎巴人(Kamba,复数 Akamba)是班图人的一支,居住在肯尼亚东部省,向西延伸到内罗毕、查沃,向北延伸到恩布。据2009年的人口统计,坎巴人口达3893000人。根据来源不同,坎巴人被认为是肯尼亚的第三、第四或第五大民族,他们讲坎巴语。

（1）至上神；（2）主要的神灵；（3）神化的祖先；（4）咒语和护身符。伊多乌（E. Bolaji Idowu）基本沿用了帕林德的划分，只是将神与精灵区分开来对待。① 姆比蒂（John Mbiti）在著作《非洲宗教与哲学》中划分为：（1）至上神；（2）有灵存在物、神灵、活死人；（3）人类，包括生命轮回；（4）专家；（5）神秘力量、巫术、魔法；（6）邪恶、道德与正义。

综合非洲传统宗教主要内容的各种分类，我们将至上神崇拜、祖先崇拜、物神崇拜、占卜、法术和巫术视为非洲传统宗教的五大主要内容。

第一节　至上神崇拜

与犹太教、基督教以及伊斯兰教等一神宗教不同，非洲传统宗教是多神信仰的泛神论宗教。非洲黑人民族往往信奉众多的神祇，并且相信在这些众多神祇与幽灵之上，起主导作用的是一个至上神。非洲人都相信至上神的存在，并认为他是万物的创造者，是全能、全知的超自然存在。② 在幽灵和神祇之上起主导作用的是一个天帝，这个神不是被视为超然离群，而是作为社会上一个有机的成员发挥作用。③ 这种观点在皮尤中心 2010 年发布的调查报告中也得到了证明："从总体上看，非洲传统宗教相信创造并管理世界的至上神之存在。"④ 至上神的存在是几乎所有非洲文化在其信仰体系中所共同拥有的一个根基。事实上，相信至上神的存在，在古希腊和古印度等多神论文化中也非常普遍。在古希腊神话中，命运女神是统领天帝宙斯、太阳神阿波罗以及其他一切神灵的至上神。

---

① E. Bolaji Idowu, *African Traditional Religion: A Definition*, Maryknoll, N. Y: Orbis Books, 1973, p. 139.

② Richard J. Gehman, *African Traditional Religion in Biblical Perspective*, Kesho Publications: Kijabe, Kenya, 1989, p. 10; Rev. Peter E. Adotev Addo, "The Loss of African Religion in Contemporary Africa", http://www.afrikaworld.net/afrel/lossrelg.htm.

③ ［美］菲利普·李·拉尔夫、罗伯特·E. 勒纳等：《世界文明史》，赵丰等译，商务印书馆1998年版，第1047页。

④ "Tolerance and Tension: Islam and Christianity in Sub—Saharan Africa", http://www.pewforum.org/2010/04/15/executive-summary-islam-and-christianity-in-sub-saharan-africa/.

在古印度，所有的神灵、人类以及世界万物则不得不臣服于代表着整个宇宙之灵魂和本质的"梵"。

至上神被非洲人认为是万能的创造力量，是最伟大的供应者和最终的审判者，他全知全能、无处不在、无所不知，能给人们提供同情、怜悯、友善、保佑和恩惠，是天地万物及人类的创造者和主宰。非洲各民族的神祇观念驳杂烦冗，很难系统化，不同的文化对至上神有不同的理解与称呼：西非的阿肯人将至上神尼亚美称为"伟大的化身"，巴卢巴族称至上神为"伟大的神"，恩戈尼族称为"伟大的祖国"，通加族称作"超级神灵"，祖鲁族称作"极其古老者""天上的酋长"。这些称谓昭示了至上神在各族黑人心目中的绝对权威和至高无上的地位。[①] 每个民族都有其至上神，并有各自不同的传说。在非洲诸民族的神话传说中，神话中的核心人物通常都以创始者以及万物创造者的形象出现。

不同的部族对至上神的称谓也各不相同。例如，在津巴布韦，人们将独一无二的神与造物主称为"穆瓦里"。在刚果河流域南部地区，至上神被称为"卡伦伽"。东非各民族则称为"穆伦谷""莱扎""恩伽依""基乌姆贝"。班图语各支派对至上神的称呼大同小异，分别为"恩扎姆贝""恩雅姆比""扎姆贝""雅姆贝""恩佳姆贝"等。在很多非洲部族，即使信奉的是同一至上神，但称谓可能也会不同，同一至上神同时会有多种名称。除了称谓上的差异，各至上神的特质也各有差异，在创世者这一共同属性前提下，有的以风雨雷电等气象属性为主，有的以农业或狩猎特质为主，这种特质上的差异与部落的现实需求密切相关。

佛教有寺庙、犹太教有会堂、基督教有教堂、伊斯兰教有清真寺，但是非洲的至上神没有固定的宗教场所。非洲人不给至上神修建庙宇，是认为至上神全知、全能的伟大能量不应该被局限在某一有限空间，而应该充盈于天地万物之间。在非洲很多地方，人们相信至上神无处不在，个体可以在任何时间、任何地点通过祈祷或是媒介或直接或间接地与至上神交流。约鲁巴人和阿散蒂人都相信每个人都可以与至上神天帝直接相通。

---

① 孙晓萌：《非洲传统宗教有三大崇拜》，《非洲》2011 年 9 月。

　　但事实上，大部分人却持相反意见。他们认为至上神远居遥远的天空或是山脉等重要地方，它们都高高在上，因此虽然它们参与人类的历史活动，干预人间事务，但是一般情况下，人们不能直接与至高神发生联系，而需要在指定的时间和特定的地点，通过祷告和祭奠的方式，以祖先或其他神灵为媒介才能与上帝相通，这也正是"非洲一神教与基督教或伊斯兰教的区别所在"[①]。因此，在非洲人不同力量组成的等级体系之宇宙观中，至上神的观念并不否认其他诸神的存在，至上神以最高神的形象成为天地万物的主宰，诸神则是其下属和执行者。[②] 在约鲁巴人的信仰体系中，至上神之下就有大批次要神，后者源于前者，并完全依附前者处于被支配地位。至上神之下的次级神灵和人类的社会生产生活密切相关，他们分别负责一项人间事务并保护本部落，被认为是联系至上神与世人之间的媒介。人们的祷告、忏悔、祈求，以及所供奉的祭品都可以通过众神传递给作为万物之源的至上神。[③]

　　正因为如此，非洲大多数民族其实并没有向至上神敬拜、献祭的习惯。尽管他们承认有至上神的存在，甚至了解这些至上神的主要属性，但是都认为至上神高高在上，与人们的生活相距太远，因此对其并不行敬拜之礼，也不会在日常生活中过多关注。只有在敬拜的祖灵对其不予相助，或是对氏族护佑神的庇佑不满，万不得已的情况下才会求助于至上神。"几乎非洲各个地区，均盛行这样一种观念，即：神既已创造土地，并使人类得以安居，便全然不再干扰人间之事——既不佑助，也不降厄。这样一来，自然无须以祈祝相扰。"[④] 只有在一些部落联盟和部落际联盟已经固定形成的民族，至上神才会成为他们特别重视的崇拜对象。究其原因，主要是因为这些部落之间征战频繁，因此，他们崇拜的至上神也就成了他们希望赖以取胜的战神。东非的马赛人尚武，所以他们将

---

　　① 参见张宏明《多维视野中的非洲政治发展》，社会科学文献出版社 2007 年版，第 139 页。

　　② Charles Nyamiti, "Ancestor Veneration in Africa", http://www.africaworld.net/afrel/nyamiti.htm.

　　③ See Benjamin C. Ray, *African Religions: Symbol, Ritual, and Community*, PRENTICE-HALL, INC., 1999.

　　④ ［苏］谢·亚·托卡列夫：《世界宗教简史》，魏征庆编译，中央编译出版社 2009 年版，第 140 页。

其至上神奉为战神，每次征战或是得胜而归都会敬拜该神。

正因为没有祭拜的习惯，非洲大部分部族也没有专门向至上神献祭的祭祀场所和仪式。但是也有例外，一些部族不但会在家里设立简单的祭坛，还会设有一些供全体村民祭拜至上神的公共祭坛。马里的多根人和加纳的阿散蒂人都设有专门祭祀至上神上帝的祭坛。肯尼亚的吉库尤人也会在他们认定的神圣场所参拜上帝。总体而言，平时人们向小神和祖先祈祷，在遭遇不幸时，则可不通过任何媒介直接向上帝祈祷，这种直接祈祷是自发的和短暂的。[①]

关于非洲至上神的起源问题有各种不同的观点，詹姆斯·弗雷泽在《自然崇拜》中认为非洲人对至上神上帝的崇拜是其自然崇拜的反映与提升。一些西方传教士则认为，至上神的存在意味着非洲在多神崇拜之前经历过一神崇拜，甚至有人将非洲人对上帝的崇拜追溯到一神教的创始民族犹太人身上，理由是犹太人曾经大量地流散在非洲各地。不管怎样，相对于各种纷繁复杂的至上神起源学说理论，对非洲至上神在精神上的作用及社会角色扮演等现实与具体的关注更引人入胜，也无疑更有意义，因为它们不仅是各族人们现实生活的写照，还是非洲人人生观与宇宙观的折射。

第二节　祖先崇拜

斯宾塞在 1876 年提出的宗教起源论"祖灵论"中认为对于死去祖先灵魂（祖灵、鬼魂）的崇拜乃是一切宗教的出发点，祖先崇拜是一切宗教的基础。持同样观点的还有恩格斯和英国著名的人类学家、宗教学家泰勒。尽管斯宾塞的观点存在争议，但是毋庸置疑的是，祖先崇拜在古代部落宗教中已经占据了非常重要的位置。

而在以部落为主要社会结构的非洲，祖先观念在人们的日常生活和灵性世界中均处于非常重要的地位。相对于其他神而言，远古的祖先与非洲黑人的日常生活联系最为紧密，因此人们对祖先的尊崇也最为持久

[①] 参见［英］帕林德《非洲传统宗教》，张治强译，商务印书馆 2004 年版，第 36—38 页。

和热烈，祖先崇拜思想在他们的精神世界根深蒂固。"祖先观念在非洲人的精神世界中占据着十分显要的地位。祖先崇拜是非洲黑人传统宗教中最典型和最引人注目的内容。"① 几乎所有的非洲文化都尊崇祖先，将他们视为哲学和精神的向导。在大多数非洲国家，不管是传统宗教，还是现代宗教，祖先崇拜都是宗教崇拜最核心最传统的内容之一。② 与高高在上，遥不可及的至上神相比，逝去的祖先更贴近非洲人的日常生活与灵魂世界。

非洲人对宗教问题甚少关心，因为对于他们来说，宗教不过是自己祖先习俗的一部分。塞内加尔著名诗人和政治家桑戈尔在评论非洲人与祖先的关系时说："没有生者与死者的界限，没有现实与虚幻的界限，也没有过去、现在和未来的界限。当童年的我和小伙伴们一道牧羊、玩耍时，我们与活着的人讲话，同时也同祖先交谈，就像他们在我们眼前一样。"③ 加纳学者 C. 贝塔也指出："我们非洲人与我们的祖先生活在一起。"另一学者 C. 邵耶指出："非洲所有各个部落群体都有向祖先奉献祭品的习惯。"④ 不管是农业部落，还是畜牧部落，莫不盛行祖先崇拜。

非洲的祖先崇拜根植于宗法氏族制，并且与母系氏族的遗存紧密相关。随着个体家庭的分离，祖先崇拜由单纯的氏族形态被赋予家庭形态。在非洲传统社会，祖先被赋予了神秘力量，祖先死后仍以各种方式时时刻刻关心着后人，他们以特定的方式参与到人们的日常生活，如出生、成年、结婚、死亡等。他过问后人的健康、家族的繁衍、农牧业生产和家庭财产情况，保护后人免遭灾祸，为后人占卜未来。但是，祖先并非总是慈眉善目，如果遗忘或是怠慢了祖先，祖先就很容易发怒、不满，只有向先祖献祭、礼拜，经常保持联系并与之沟通，才能使祖先心满意足，保佑后代健康、平安、幸福，否则就会施加惩罚。在一些非洲部落，人们会将疾病，或是其他灾难的发生归咎于其家族祖灵或是本部族祖灵

---

① 李保平：《论非洲黑人的祖先崇拜》，《西亚非洲》1997 年第 5 期。

② Charles Nyamiti, "Ancestor Veneration in Africa", http: //www. afrilaworld. net/afrel/nyamiti. htm.

③ 引自孙晓萌《非洲传统宗教有三大崇拜》，《非洲》2011 年 9 月。

④ J. O. 卡约德：《了解非洲宗教》，伊费大学出版社 1984 年版，第 70 页。转引自李保平《论非洲黑人的祖先崇拜》，《西亚非洲》1997 年第 5 期。

身上，由此，非洲人对那些死去的祖先是既敬畏又恐惧。①

　　非洲人大多相信祖先可以超越现世的死亡，生活在永恒的精神世界，那些逝去的祖先似乎从来不曾离开过他们，依然在不远的地方守护着他们的亲人与家庭，依然是家庭的成员。在津巴布韦，祖先神灵（瓦德滋木，Vadzimu）是家庭特别是儿童的保护神。东非的阿巴卢亚人、巴尼亚卢旺达人，西非的伊博人、埃维人、加纳南部的噶人，南部非洲的布须曼人、赞比亚人、南非的班图人，以及中部非洲的曼武—芒古图人等，也无不深信祖先的灵魂会影响到现世子孙的福祉祸害，认为他们是联系神与人类之间的中介，并在特定时间或重大事件时对他们祭祀。在很多非洲地区，人们相信以祖先的名字为子孙后裔取名可以使祖先继续生活在他们的家族中，因为后代以祈祷、献祭的方式对其加以纪念、取悦，所以祖先能保佑子孙后裔身体健康、生活美满、繁衍众多。② 16 世纪的非洲社会，很多具有象征意义的名字会指定给个人，如约鲁巴人常给男孩取名奥卢古纳，意为"天帝理直道路"。③

　　为了求助或是安抚祖先的亡灵，非洲人会采取各种祭祀祖先的仪式。曾经让欧洲人目瞪口呆的人祭在古代一些非洲部族的王室葬礼或王位庆典中时有出现，但现在都早已用牛、羊等牲畜代替。祭祀的祖先一般都是有血缘关系的亲属，因此，很少出现大规模的公共的祭祖仪式。相对而言，以家庭为单位的家祭更普遍，因为规模较小，因而更方便灵活，只有在家庭遇到结婚、生子等大事时才会加以隆重祭祀。但是小规模的家祭也需要遵循特定的规则：这些祭祀大多由家里的男性主持，来自外族的媳妇或其他女人不得参与祭祀仪式。

　　祭祀祖先的地点各不相同。西非的班巴拉族认为祖先之灵通常居住在某棵大树上，因此他们在树前用泥土垒成一个圆锥形的祭坛，上面安放一只土质器皿，以供祭祀；西非丰人每家要在屋前辟出一块空坪，建

---

① 参见［英］帕林德《非洲传统宗教》，张治强译，商务印书馆 2004 年版，第 61—63 页。

② Charles Nyamiti, "Ancestor Veneration in Africa", http：//www. afrikaworld. net/afrel/ny-amiti. htm.

③ ［美］利普·李·拉尔夫、罗伯特·E. 勒纳等：《世界文明史》，赵丰等译，商务印书馆 1998 年版，第 1047 页。

上四方形的小房子，设置祭坛。祭祀的时间和频率也有很大差异，大多数都有对祖先每年一度的公共祭奠仪式，如西非的丰人、阿桑蒂人，东非的阿肯巴人和南非的斯威士人。即使不举行大规模的年祭，祖先也会在各种场合接受人们的献祭，如东非的吉库尤人就没有对祖先的年祭，他们通常的做法是，老人在吃饭前先在地上给祖先之灵放些食物，喝酒前也先洒些在地上，妇女在煮饭前要向地上泼一勺粥给亡灵喝。祭奠的贡品多为面食、肉食和果品等食品，或者水、牛奶、酒、茶或咖啡等饮品。在很多非洲部族，收获季节要先将新收获的果品或粮食供奉给祖先品尝，这种祭祖仪式被称为尝鲜仪式。①

关于祖先的归宿，看法也不尽相同。西非的伊格博人认为，祖先的灵魂可能是在地府之中；而西非的埃维人认为祖先应该是居住在天堂里；南部非洲的布须曼人则认为祖先住在太阳、星星或月亮里，或者在东方，大部分非洲民族认为他们的祖先起源于东方，即太阳升起的地方。② 但更多的黑人群体认为祖先就居住在不远的地方，如附近的树上、森林里、河流或山岳旁，与活着的人一样有自己的栖息之地。南部非洲游牧的聪加人就认为祖灵就居住在坟地旁边的树林里，并且会化身为动物或以托梦的形式显示于人。

祖先崇拜在非洲黑人的宗教信仰和思维传统中有着根深蒂固的影响，它在一定程度上反映了非洲的社会结构特征和文化传统。祖先们塑造了后人的行为模式，并提供了一种至关重要的连续性，适应了非洲部族内部身份认同、群体内聚和社会规范的需要，对非洲传统文化和传统社会结构的延续与整合发挥了重要作用。在非洲，割断与祖先的联系也就意味着割断生命本身。对于祖先崇拜在非洲社会的意义与作用，帕林德认为"对那些住在偏僻村庄的非洲老年男女来说，没有祖先的存在和祖先的能力，他们每天每日的生活，或许我们可以不过分地说，他们每时每刻的生活就毫无意义了"。③ 非洲宗教学者 J. O. 卡约德也指出"不细致地

---

① 孙晓萌：《非洲传统宗教有三大崇拜》，《非洲》2011 年 9 月。

② John S. Mbiti, *African Religions & Philosophy*, Heinemann, 1990, p. 80.

③ ［英］帕林德：《非洲传统宗教》，张治强译，商务印书馆 2004 年版，第 59 页。

了解祖先崇拜，就无法了解他们的宗教信条，也就无法了解他们的生活、他们的经济、他们的历史或他们的政治——这些都是广义文化的内容"①。

非洲的祖先崇拜深深植根于非洲传统的世界观。② 因此，如果不能将之与世界观紧密地联系起来加以思考，那显然不能对非洲的祖先崇拜有准确的理解。

物力论与活力论是非洲人世界观中的重要特点。这一学说包含了一个有关存在的、具体的和富有情感的接近途径，真实的事物更容易从与其生活紧密相关的动力因方面来看到并加以判断。进一步说，任何存在都是由这些因素而来，越是设想出来的东西就越是不真实的和无价值的，因此，才更会有对生殖能力和生命的强调，对存在与力量以及生命力之间关系的认同。的确，非洲文化的理想就是宇宙间各生命力的不断稳固与共存，上帝高于所有的力量，他给予了所有其他生物存在不断增加的力量。人的存在差异在于他们参与上帝与其他神圣力量的方式与程度不同。

对力量、安全、保护和生命的渴望是非洲宗教的动力。这种渴望很大程度上不是出于逻辑上的思考，而是源于一种对自身无能但渴望去战胜的感受与情感。很多个体的需要都被认为可以从人的活力与招魂术中得到满足。护身符和驱邪物是维持生命活力的媒介与手段。这种伦理规范给人一种信仰，那就是任何打击生命力或是人的成长与等级制度的作为与习俗都是不好的。班图人的文化体系中也有"本体"和"生命力"的概念，并且形成了一套由不同等级的生命力构成的体系。这套体系自上而下分别为："蒙图"（人、祖先、至上神）——"金图"（植物、动物、岩石之类的东西）——"罕图"（时间、空间）——"空图"（方式或形式）。③ 非洲人相信任何物种都有一定数量的生命力，关键在于如何

---

① J. O. 卡约德：《了解非洲传统宗教》，伊费大学出版社 1984 年版，第 70 页。转引自李保平《论非洲黑人的祖先崇拜》，《西亚非洲》1997 年第 5 期。

② Charles Nyamiti, "Ancestor Veneration in Africa", http: //www. afrikaworld. net/afrel/ny-amiti. htm.

③ ［美］菲利普・李・拉尔夫、罗伯特・E. 勒纳等：《世界文明史》，赵丰等译，商务印书馆 1998 年版，第 1048 页。

将其释放出来，加以控制从而达到为人类造福的目的。力量、灵魂、生命、言辞，这些都是紧密相连的。言辞是生命的规范，生命力则是最本质的内容（名字、仪式、言辞和神话的力量）。从一定程度上来说，它们都是参与者，因为它们一起赋予了整个宇宙以活力，因此，活力论与宇宙事物论构成了非洲传统世界观的主要特征。

第三节　物神崇拜

物神崇拜在非洲传统宗教中包含两方面的主要内容：实物崇拜和图腾崇拜。

1. 实物崇拜

在非洲传统社会，受低下的社会生产力及人类认识水平的限制，自然力量作为影响和支配人们日常生活的最重要因素，成为非洲各族人民最初的宗教崇拜形态。自然崇拜主要是对自然现象的崇拜，如日月星辰崇拜、山川河流崇拜、土地崇拜、动植物崇拜、水火崇拜等，这些简单的自然现象由于人类尚不能科学地认识自然而被赋予神性。原始社会的非洲人认为某些自然物和自然现象具有生命、意志、灵性和神奇的能力并能影响人类自身的命运，因而将其作为崇拜的对象，求其庇佑和降福。这种自然崇拜从认识论的角度来看，是对自然物象人格化的力即精灵的崇拜。[①]

布须曼人的崇拜与祈祷与其作为狩猎民族的需求紧密相关，人们为了获取更多的猎物，通常向日、月、星辰等种种自然现象祈祷：

"噢，月亮啊！你高高在上，明天帮我杀死一只羚羊吧！让我吃一顿羚羊肉！

保佑我用这支箭射死羚羊，就用这支箭！让我饱饱吃一顿羚羊肉。让我今晚就饱饱吃一顿。让我把胃填得饱饱的。噢，月亮啊！

---

① 张宏明：《多维视野中的非洲政治发展》，社会科学文献出版社 2007 年版，第 133 页。

你高高在上！我挖开地皮，找啊，找啊，找蚂蚁，让我吃一顿……"①

在东非，一些民族尤其是从事畜牧业的半定居民族还会将山峰作为整个部落的崇拜对象，例如坦桑尼亚的贾加人就以乞力马扎罗山作为敬奉对象，对之加以顶礼膜拜。苏丹西部的富尔人则崇拜石头和树木，一些与岩石和树木有关的特定地点，被当作圣地。② 还有一些人们日常生活中随处可见的物品也陆续被证明曾不同程度地出现在非洲人的崇拜活动和仪式中。"葡萄牙人在西非洲的黑人中发现他们崇拜某些非生命的实物，如牙、爪、尾、角、羽毛、甲壳、铁片、衣物之类，黑人向这些东西祈祷、祭礼和敬礼，以期获得需要的保护和帮助。但进一步的调查研究却证明黑人并不是崇拜这些物体本身，而是把它们视为祖先神或其他神灵的代表或象征。"③ 詹姆斯·弗雷泽在《自然崇拜》一书中谈到非洲人对至高神的信仰时，他得出的结论是：在非洲，信仰上帝是自然崇拜的反映，绝非来源于祖先崇拜。④

2. 图腾崇拜

非洲物神崇拜的另一个重要组成部分是图腾崇拜。图腾崇拜是一种将某动物或植物等特定物体视为与本氏族有亲属或其他特殊关系的崇拜行为，在世界各民族中都曾经是非常普遍的宗教崇拜形式。"图腾"（Totem）一词，源自北美印第安人鄂吉布瓦氏族的方言，意思是"他的亲族"。最早关于图腾的报道和描述出现在 18 世纪末约翰·布朗的《一个印第安译员兼商人的航海与旅行》中："野蛮人的宗教性的迷信之一就是：他们每个人都有自己的 totem（图腾），即自己所钟爱的精灵，他们相信这精灵守护着自己。他们设想图腾采取了这种或那种兽类的形态，

---

① ［苏］谢·亚·托卡列夫：《世界宗教简史》，魏征庆编译，中央编译出版社 2009 年版，第 120 页。

② 刘鸿武、姜恒昆：《苏丹》，社会科学文献出版社 2008 年版，第 57 页。

③ 吕大吉：《宗教学通论新编》，中国社会科学出版社 1998 年版，第 453 页。

④ ［英］帕林德：《非洲传统宗教》，张治强译，商务印书馆 2004 年版，第 30 页。

因此，他们从不杀害、捕猎或食用他们以为图腾采取了其形态的那种动物。"① 1914 年，当时著名的图腾制度理论家里弗斯（Rivers）就曾把图腾制度定义为三个因素的结合体：（1）社会因素。一种动物、植物，或一种无生命物体与由社会确定的群体之间的关联；（2）心理因素。群体成员相信他们与动物、植物或物品之间有一种亲属关系，这种信念通常可以表达为这样的观念：人类群体是它们的后代；（3）仪式因素。对动物、植物或物品的遵从，主要反映为：除特殊情况外，禁止食用某类动物或植物、禁止食用某类物品。②

图腾崇拜存在于人类宗教的初级阶段，在认识力低下的情况下，人们希望了解身边的世界，但是周围的一切却神秘莫测，似乎具有超凡力量，于是，人们在敬畏之余转而希望依靠这种神秘力量护佑自己的生活。在绝大多数情况下，作为图腾的对象要么属于动物界，要么属于植物界，而且尤以前者居多；非生命体则十分罕见。③ 在非洲，图腾可以是任何动物，也可以是植物或任何一种物品，④ 但是，在大多数非洲国家，图腾对象以动物居多。它们被视为族群、部落或家庭的守护者与保护神，任何部族都会崇拜代表本部族的动物或植物，部族首领则往往被视为本部落崇拜的图腾之化身。图腾往往与血统谱系的认同相连，很多非洲族群与部落宣称他们源于动物，如豹、狮子、蟒蛇、黑猩猩、羚羊、猴子、马、狗、鹰等，而这些与他们自身攸关的动物也就成为相应部落的图腾。在图腾崇拜根深蒂固的班布蒂人⑤那里，图腾还被视为近亲，被称为"祖父""父亲"，班布蒂人还笃信，人在死亡后，灵魂还会转生为其所崇拜

---

① 斯韦茨编辑：《早期西方人的旅行，1748—1846》第 2 卷（1904），转引自吕大吉《宗教学通论新编》，中国社会科学出版社 1998 年版，第 123 页。

② Rivers, *The History of Melanesian Society*, Vol. 2, 1914, p. 75.

③ ［法］爱弥儿·涂尔干：《宗教生活的基本形式》，渠东译，上海人民出版社 2006 年版，第 99 页。

④ 包茂宏教授在其《试析非洲黑人的图腾崇拜》（1993）中将非洲的图腾崇拜分为三类：动物类、植物类、器物及其他。尤其详细列出了非洲众多部族的动物图腾。

⑤ 班布蒂人是中非俾格米人中的一支。

的图腾之动物。①

　　图腾是一个氏族的神圣标志，同时也是氏族的禁忌。因此，只有对图腾心怀虔诚，顶礼膜拜，才能从图腾那里获得庇佑和幸福，相反如果对图腾存有冒犯，则会受到严厉的惩罚。禁忌在很多非洲国家后来成为人们行为的准则和国家立法的依据。禁忌通常包括讳名、禁止接触、禁止诅咒侮辱、禁止伤害食用、禁止同一图腾的人结婚等，对违反禁忌的人的处置方法通常有献祭、忏悔、罚款，严重的还会施以酷刑。东非万尼卡人的图腾是椰子树，因此，在万尼卡人中"每毁坏一棵椰子树，就等于杀害了自己的母亲，因为椰子树赋予他们生命和营养，正如母亲对孩子一样"。在相信万物有灵论的加纳阿山蒂人看来，神灵无处不在——树林、河流、大山，因此发生于某些特定地方的行为不仅是对神灵的亵渎，还是一种严重的犯罪。例如，使用引诱或强迫的手段在灌木丛中与已婚妇女发生性行为。阿山蒂人对这种禁忌的惩罚与强奸行为本身的关系不大，也并不是因为该妇女的已婚状况，而是因为灌木丛是阿山蒂人大地之神阿萨瑟亚（Asaase Yaa）的栖息地，因此在这种地方发生的性行为是对神灵的极大不敬和亵渎，必将受到严厉的处罚，有的甚至要处以死刑。如果该性行为得到了妇女的默许或明确同意，那么该男子除了向该妇女的丈夫支付赔偿金外，还要被罚将一只羊献祭于性行为发生地。②

　　非洲图腾观念的产生与非洲当时的社会经济状况以及非洲人的生活方式密切相连，在一定程度上是后两者的直接反映。从经济基础来看，图腾产生于狩猎—采集经济的鼎盛时期，因此崇拜的对象主要是某种动植物；随着非洲黑人各族社会转入畜牧—农耕时代，生产门类不断增加，于是图腾的种类也不断扩大。③ 从另一方面来看，图腾崇拜是人们对周围动植物和其他自然现象感到迷惑、敬畏，甚至是羡慕的结果。与高度发达的基督教和伊斯兰文明追求理念与逻辑不同，图腾崇拜反映的是人类早期单纯的思维与天真的想象。从布须曼人比比皆是的图腾崇拜遗址中，

----

① ［苏］谢·亚·托卡列夫：《世界宗教简史》，魏征庆编译，中央编译出版社 2009 年版，第 123 页。

② 《传统宗教与非洲法》，《全国外国法制史研究会第 23 届年会论文汇编》，2010 年。

③ 包茂宏：《试析非洲黑人的图腾崇拜》，《西亚非洲》1993 年第 3 期。

我们可以看到以动物冠名的氏族称谓、半兽半人内容的绘画，以及关于动物的各种传说。在古埃及人那里，狮子、鳄鱼、尼罗河河马和巨蛇体现了令人惧怕的威力，母牛和母羊代表不同寻常的生殖力，太阳、月亮、天地、洪水等也因具有使人敬畏、羡慕的特性而受到崇拜。在苏丹，丁卡、努尔等部落认为，牛是世上万物中最神圣的，是他们与祖先灵魂相见的媒介，是力量和财富的象征。[①]

　　尽管非洲的图腾崇拜在殖民时期成为西方人攻击非洲宗教和文化的素材，但是这种古老的信仰却为不同时期的非洲人提供了心灵的慰藉，满足了人们的需求。在埃及的新王朝后期，图腾崇拜再次盛行，尤其是在下埃及，很多地方都有自己崇拜的动物，牛、蛇、鳄鱼等很多动物被奉为神圣。图腾崇拜在经历了史前之后，在新王朝后期死灰复燃的原因与宗教感情有关。古代埃及人越是了解自己在世界中的地位，就越是觉得孤单，无所依靠，宗教信仰能使他们的精神有所寄托。当精神性的阿蒙神和其他神祇因国家混乱而地位下降，不能给信仰者以安慰时，埃及人也许从动物身上重新找到了那种超人的力量和旺盛的生命力，并从对它们的崇拜中获得了宗教感情上的满足。[②]

　　一些学者认为非洲的图腾观念反映了非洲人以分类系统解释和处理物理环境的思维方式，也有人认为图腾观念在非洲是一种隐喻，但是非洲人更倾向于将图腾视为家族或族群在精神世界的祖先。因此，图腾不但是保护者还是被保护者，一般而言，一个人可以吃别的族群的图腾，但是绝不可以食用自己本族的图腾，甚至严禁触摸图腾的某一部位。但也有例外，在班布蒂人中，许多人不仅要信奉本氏族的图腾，而且敬奉妻方的氏族图腾以及共同履行加入仪式者的图腾。[③] 非洲人对先祖的这些古老表述与土著美洲人、古尼罗河的非洲人以及一些土著澳洲人有着相同的模式，反映了非洲人对人与自然，人与动物关系的基本看法，也是非洲人对自我及宇宙的来源等本体论问题提供的另一种诠释。

---

① 刘鸿武、姜恒昆：《苏丹》，社会科学文献出版社 2008 年版，第 57 页。

② 金寿福：《永恒的辉煌——古代埃及文明》，复旦大学出版社 2003 年版，第 114 页。

③ ［苏］谢·亚·托卡列夫：《世界宗教简史》，魏征庆编译，中央编译出版社 2009 年版，第 122 页。

第四节　占卜

"占卜"的英文单词 Divination 源于拉丁文 Divinare，意为"预知，受上帝启示"，其探究的其实是人类亘古以来一直好奇和追问的问题，那就是"未来会怎样？未来将带给我们的是什么？"。占卜是试图通过一种神秘的、标准化的过程或仪式来洞察问题或处境何以发生。[①] 它指的是一种艺术或实践，这种实践旨在预测或预知未来、揭示疾病产生的背后原因，或揭示其他形式的痛苦。占卜还是借助超自然力量及对预兆的复杂解释了解神的旨意的一种有效途径，因此还属于预言、智慧，和治疗技术领域。[②] 埃文思·普里查德（E. E. Evans-Pritchard）认为：有些事物是未知的或者往往不能通过实验和逻辑推理来感知，占卜术则是发现这些事物的方法。[③] 尽管对占卜的定义各不相同，但是几乎所有的观点都将占卜看作一种神秘力量，核心内容也大同小异。在整个人类历史不同的发展时期，各种不同形式的占卜普遍应用，占卜师通过解读各种符号、事件、预兆，或是通过与所谓的超自然力量的沟通来解释事件发生的原因。

占卜可被视为对那些看似杂乱无章的随机事件进行组织、分析，从而洞察未来事件的一套系统方法。如果要在占卜与算命之间进行区分，那么在宗教背景下，占卜有着更多正式或仪式的因素，并且往往包含更多的社会特征，比如非洲占卜中所包含的非洲传统医学，而算命更多的是基于个人目的之上的日常实践。特定的宗教文化有特定的占卜方法。

1. 占卜在非洲的社会角色

尽管被科学界和怀疑论者指责为非科学、非逻辑、非理性的迷信和错误认知，占卜依然被人类宗教中的数百万信徒视为可靠的知识与信息来源。在几乎所有的国家与文化中，从史前历史到今日的数字时代，众

---

① P. M. Peek, *African Divination Systems*: *Ways of Knowing*, Indiana University Press. 1991. p. 2.

② *Encyclopedia of African Religion*, Molefi Kete Asante & Ama Mazama ed, A SAGE Reference Publication, 2009, p. 206.

③ ［英］E. E. 埃文思－普里查德：《阿赞德人的巫术、神谕和魔法》，覃俐俐译，商务印书馆 2010 年版，第 34 页。

多不同教育背景和宗教信念的人依然在通过咨询与请教占卜师、巫师、有特异功能的人、灵媒或先知来探究占卜的智慧与奥妙。尽管很多西方人将占卜视为无知"巫医"的武断与古怪行为，然而，占卜却几乎存在于世界上所有国家与任何时代。在各种攻击中幸存下来的占卜，如今不仅活跃在非洲、欧洲、美洲的农村地区，也繁荣于众多的中心城市。尽管基督教和伊斯兰教长期以来反对偶像崇拜和占卜，但是时至今日，在非洲和其他地方，还有一些基督徒和穆斯林在碰到困难时会去咨询传统的占卜师。

　　人类漫长的发展历史表明，普通的知识与祷告并不能解释与解决人们在生活中所遇到的所有问题。在这样的背景下，人们开始转向非凡的途径，从占卜师那里寻求可以获得的知识与信息。远非虚幻的器具与毫无意义的哄骗，占卜在非洲人的灵性世界及其潜在的认识论中扮演着非常关键的角色，而实施占卜术的占卜师是非洲社会最繁忙和最受人尊敬的角色之一。他们被鼓励、被期待去探索自然的秘密，寻求一切有助于人与自然相处的知识，研究可以减轻人们的痛苦并延长其生命的奥秘，以及药物的特性、矿物的成分、日月盈亏、季节更迭、生老病死等一切宇宙法则，他们是沟通神灵世界与尘世的媒介，他们用神秘的手法诠释神灵的预兆与旨意，指导人们如何驱凶辟邪，摆脱厄运，重返幸福恬静的生活。占卜师能够对自然迹象加以合理的解释正是非洲占卜算命的基础。①

　　在非洲，占卜扮演着重要的社会角色。不是形而上学的建构，占卜就是一个个咨询神或是祖先的社会活动，是与人们密切相关的生活。② 作为与祖先交通的一种方式，占卜在现实中强化了对灵性与祖先的信仰。占卜与祖先崇拜都是非洲传统宗教信仰中最基本的内容，这种宗教实践与人类历史一样古老。殖民时期，占卜被殖民者极端地怀疑为对信徒有害的非理性活动。在基督教、西方启蒙运动，以及现代科学世界观的影

---

① 《占卜算命在非洲》，张华旺译，《世界文化》2009 年第 10 期。

② J. Abbink，"Reading the Entrails: Analysis of an African Divination Discourse"，*Man*，28，4，p. 706.

响下，占卜成为有害的迷信与无知之代名词，占卜师被视为利用人们的轻信与苦难行骗的骗子。

但事实上，在非洲各地，占卜在人们的决策过程中起着举足轻重的参考作用，并被视为获取重要信息的基本来源。作为支撑和验明的手段与前提，占卜甚至在非洲法律制度的制定和确认（批准）方面也发挥着不可忽视的作用，它还经常用于一些政权或是政治角色合法化。占卜的基本价值源于其整体的认知论，它能够结合自然和超自然的认知模式，以自身的力量治愈身体与心灵，个人与社区。在西方，笛卡尔的二元论导致了直觉与分析的二元对立，而非洲的占卜系统是"逻辑分析"与"直觉综合"两大思维模式的结合。[①] 占卜在一定程度上造就了约鲁巴人的宗教以及多种流行于西方的非洲宗教。

非洲的占卜有着复杂的过程与仪式。尽管占卜师通常被认为能领会上帝与祖先的旨意，但是要拥有灵性并达到精神恍惚的状态，他们也需要复杂的知识体系，而这需要多年的严格训练。占卜系统是一个基于广泛知识体系之上的严格训练过程，这些知识广泛运用于对神谕的解释中，很多的占卜系统要求占卜师能运用自我解释的机制对神秘的隐喻信息作出解释，揭示答案。

尽管不同的部族与文化各有不同的占卜方式，但一般的占卜仪式通常都会借用某些类型的器具，从简单的契形物品到占卜师篮子里摇晃的各种象征性道具。要知晓祖先或其他神灵的答案，必须要通过一个艰难而冗长的占卜过程，在这个过程中，占卜师通过观察葫芦或篮子里的物品来进行判断、解释。圣物葫芦中是各类天然和人工物品的组合，如贝壳、风干的甲壳虫的外壳、种子、树枝、鸟喙、爪子、粉笔、羚羊角、人的牙齿，或者小雕像等。占卜师依据需要解决的问题进行物品的组合，在咨询过程中，占卜师会讲述一段叙事情节以引导问卜者回答一些具体的问题。然后，占卜师摇动葫芦，打开盖子，并解释物品最终形态所表

---

① *Encyclopedia of African Religion*, Molefi Kete Asante & Ama Mazama ed, A SAGE Reference Publication, 2009, p. 207.

达的意思。① 摇葫芦的过程可以一次次重复。葫芦中的物品所构成的形状包含了某些神秘的意义。人们相信，占卜师只有在神灵附体的帮助下，才能解释并揭示葫芦里物品排列形状所蕴含的意义。一旦问题得以诊断，占卜者就会结束活动，并给问卜者提出解决问题的方案，如果问卜者不遵照这些建议就容易招致厄运的重来。

据统计，非洲大陆的占卜法多达 60 余种。从星占术、鸟占术到投掷各种东西，如掷木棍、掷骨棍、掷骰子等。② 形式的多样意味着占卜的过程也是五花八门，在非洲中部的巴鲁巴人（Baluba）中，占卜师通过咒语、唱歌、敲打乐器、舞蹈、精神恍惚等方式与神灵沟通。③ 在南非和津巴布韦大遗址，人们用盛满水的碗来占卜。一些班图人则把一把面粉洒在地上，并从洒出来的形状推测吉凶。如果洒下的面粉堆成锥形，表明是个吉兆；如果面粉滑开摊成一片，则表明是个凶兆。④ 莫桑比克的聪加人用六个半块的果壳占卜，占卜师把果壳往席子上扔，果壳落在席子上的情形表示成功或失败。果壳凸面朝上主吉，凹面朝上兆凶。西非复杂的占卜方法有水占法、抛掷骨头串和干果串等。⑤ 在其他非洲国家占卜还可以通过以下方式进行，比如：观察老鼠在一堆骨头上的活动，观察狐狸在野外草地上留下的脚印，观察蜘蛛织网时的动作等等。⑥

2. 约鲁巴人的占卜系统

约鲁巴人的艾法（Ifa）⑦ 占卜体系是被学者广泛且系统研究过的占卜形式之一。艾法占卜系统的结构体系显示，非洲的占卜系统首先是基于基本的宇宙观，只有认识了世界的本质、人体的结构和人性的特点，占

---

① *Encyclopedia of African Religion*, Molefi Kete Asante & Ama Mazama Editors, A SAGE Reference Publication, 2009, p. 208.

② 《祖先的声音：非洲神话》，李汉平译，中国青年出版社 2003 年版，第 58 页。

③ S David, "Divining bowls, their uses and origin: Some African examples and Parallels from the Ancient World", *Man*, 1955, No. 143.

④ 《祖先的声音：非洲神话》，李汉平译，中国青年出版社 2003 年版，第 58 页。

⑤ ［英］帕林德：《非洲传统宗教》，商务印书馆 2004 年版，第 128 页。

⑥ 张华旺：《占卜算命在非洲》，《世界文化》2009 年第 10 期。

⑦ 艾法（Ifa），又叫欧伦米拉（Orunmila），是约鲁巴人神话中总管一切的至上神。

卜师才能预知未来的事件，或是对个体不幸的原因作出诊断。①

根据艾法的宇宙观，世界是两大精神力量对峙的竞技场，善恶两大力量为争夺对宇宙和人类的控制权而战。约鲁巴人认为，有 400 种对人友好的神灵，可称为奥里沙（Orisha），还有 200 种邪恶的神灵，可称为阿究嘎（Ajogun）。这 200 种邪恶力量包括八个臭名昭著的恶神，其中伊库（Iku）代表死亡、阿伦（Arun）代表疾病、厄格巴（egba）代表瘫痪、厄毗（epe）代表诅咒、欧弗（ofo）代表失败、欧兰（oran）代表大麻烦、伊万（ewon）代表监禁、厄瑟（ese）则是人类其他所有苦难的统称。一帆风顺的生活要求要有与这些精神力量和谐相处的能力与艺术。

艾法占卜师预测事件的一个很大参照是个体与宇宙精神力量的是否和谐。因此，占卜的结果是建立在一种信仰之上，那就是未来是由特定的能量平衡以及个体当下的行为所决定。尽管奥里沙对人类友好，但是阿究嘎总想法设法毁灭它们。约鲁巴宗教强调个体在其自身幸福中所应担当的责任，因此总是教导人们，良好的品质是宗教的实质所在，同时也是防御邪恶势力的最好盾牌，这就是艾法占卜系统不仅要求人们祭祀，也倡导人们过一种德性生活的理由。

艾法占卜体系通常由那些非常熟练的占卜师来实施，占卜师被称为巴巴拉沃（Babalawos），这个词释义为"神秘之父"。② 相传，艾法占卜是至上神欧伦米拉（Orunmila）赐予人类的智慧。艾法占卜系统有大量的文集，共有 256 卷欧度（Odu），每一欧度又包含了 600—800 首不等的诗歌，因此，大约 204800 首诗歌被收集成卷，形成了一个庞大的艾法文学体系。③ 这些诗歌与文集反映了约鲁巴人的语言、历史、习俗、信仰和当代社会面临的问题，其中所包含的知识与智慧也被占卜师和约鲁巴社会继承保留了下来。占卜师相信当至上神欧伦米拉离开尘世去天堂时，它

---

① R. William. Bascom, *Sixteen Cowries: Yoruba Divination from Africa to the New World*, Bloomington: Indiana University Press, 1980, p. 121.

② Benjamin C. Ray, *African Religion: Symbol, Ritual, and Community*. New Jersey: PRENTICE-HALL, INC., Englewood Cliffs, 1976, p. 106.

③ Wande Abimbola, *Ifa Divination Poetry*, New York: Nok Publishers Ltd, 1977, p. 52. also see Wande Abimbola, "Ifa Divination Poetry and the coming if Islam to Yorubaland: A Preliminary Investigation", *Pan-African Journal*, 1971, No. 4.

会以特定的方式留下它的精神与智慧。占卜师巴巴拉沃在使用占卜术为问卜者诊断问题后，通常会给出适当的补救办法，提出一个导向治愈和心灵宁静的行动计划。由于占卜能提供给人们控制其自身生活的知识，因此也被认为是人类追求和谐与幸福的有力工具。

值得强调的是占卜的伦理向度。尽管占卜被一些统治者在谋取权力与私利中滥用，但是，占卜一般都基于和谐、诚实、正义、幸福等一系列道德准则之上，因此，占卜师往往要求问卜者在献祭的同时要坚持正直与美德。同时，在整个非洲，人们要求占卜师不仅要有广泛的知识，还要有高尚的情操，并被要求必须遵守一系列社会公认的行为准则，严禁有杀戮、撒谎、邪念、恶毒的言谈等其他各种邪恶的行为。这也是为什么在非洲，占卜被奉为神圣和圣洁的活动，是上帝赐予人类的高尚礼物，而不是魔鬼的邪恶工具。换句话说，占卜不仅仅是一种治愈技巧和获取神秘知识的途径，其实质更是一个引导个体走向圣洁和仁慈之灵性道路的智慧体。① 而在整个过程中，占卜师起着重要的作用，帕林德对此评价认为："很难相信，靠掷骰子或干果能揭示过去、卜卦未来……真正的智慧并非来自占卜术，而是来自占卜师自己丰富的阅历、敏锐的洞察力和深刻的直觉。"②

第五节　法术与巫术

在非洲大陆，人们普遍相信，宇宙间充斥着某些神秘力量，这些神秘力量在村庄和城市每天都不断上演，不管是老年人还是年轻人总有无数的故事来述说着这些神秘力量的存在与魔力。用姆比蒂的话说，"非洲村庄生活的整个心理氛围都浸染在对神秘力量的信仰中。非洲人相信，宇宙中有些力量，特定的人可以召唤……"这些神秘力量如法术、巫术给非洲人们带来或好或坏的影响。

---

① W Abimbola, "Ifa as a Body of Knowledge and as an Academic Discipline", *Lagos Notes and Records*, 1986, No. 2.

② ［英］帕林德：《非洲传统宗教》，张治强译，商务印书馆2004年版，第131页。

从法术和巫术的英文词汇来看，这两个词没有明显的区别。在英国著名的人类学家和民俗学家 J. G. 弗雷泽（James George Frazer）那里，法术与巫术也没有清晰的界限。但是帕林德认为必须对非洲的法术和巫术作出明确的区分，因为两者在非洲传统宗教体系中有着完全不同的主体和仪式。法术的实施主体是巫医和法师，巫术的实施主体是巫师，又称妖巫。从性质上看，巫术是完全邪恶的，是人们憎恨并害怕的，这一点毋庸置疑；而法术可分为"白法术"和"黑法术"，"白法术"是向善的，"黑法术"才是向恶的。"非洲人相信法术是中性的，它既可以用来行善，也可以用来作恶。"① 此外，不管是白法术还是黑法术都需要借助一定的物质材料或设备，而巫术并不需要，只是一种纯粹的精神活动。

1. 法术

法术没有标准的定义，但有不同的解释。《非洲传统宗教百科全书》认为：当某人能使某事发生，而这种发生超出了正常人的感知范围，那就是法术。② 例如，重力失衡、一个人莫名的生病或死亡，非洲人通常都认为那是因为法术。法术是对已知世界中某些隐藏规律的理解，在早期非洲，人们经常用这种方式向人们展示神对尘世生活的干预。伊多乌（Idowu）认为："法术是某些人为了自己的利益而试图对宇宙超自然力量进行控制的一种尝试……法术以人的自我为中心，是个体获取精神喜悦的捷径。"③ 世界宗教研究专家诺斯（Noss）则指出，"法术是指通过一套话语体系的表达，或是系列固有行为的执行，也或者两者兼有，从而控制或强迫某种力量来达成人的意志的行为。"④ 法术是对非人格力量的操控和使用，是法术师为达到人类个体的目的而寻求控制与使用自然力量。

从不同的角度看，法术的分类不同。根据性质的不同，法术可分为"白法术"与"黑法术"。白法术必须与黑法术区分开来是因为白法术是

① Aloysius M. Lugira, *African Traditional Religion*, Chelsea House Publishers, 2009, p. 98.

② *Encyclopedia of African Religion*, Molefi Kete Asante & Ama Mazama ed, A SAGE Reference Publication, 2009, p. 399.

③ Bolaji Idowu, *African Traditional Religion: Definition*, London: SCM Press LTD., 1973, pp. 189 – 202.

④ John Noss, *Man's religions*, NY: Macmillan Co., 1963, p. 20.

一种好的、积极的、向善的法术，而黑法术是一种坏的、消极的、向恶的法术。白法术通常用来保护，防御无处不在的邪恶力量。在这种法术中，不管是符咒、护身符、草药、种子、粉末、皮囊、羽毛的运用，还是念咒、割伤身体等神奇措施的实施往往都是为了保护个人、牲畜、房屋或财产免受邪恶力量的侵害。这些物品和方案往往都是由巫医给出的，巫医在非洲大多数社会中属于很受尊敬的人。除了保护生命和财产安全，白法术通常还用于法师的祈雨、占卜师对未来的预测等积极的社会活动。在巫医的帮助下，法术还可以用来赢得爱人、盛产作物、获得更多的孩子和牲畜，总的来说，可以帮助人们在生活中获得更多的个人财富。

白法术是对社会开放的，其目的是维护和保障个人的正当利益。但是黑法术没有得到社会的认可和批准，是一种秘密的活动，其动机是为了达到某种邪恶的目的。黑法术因为没有得到社会的认可，往往都是在黑夜进行。与白法术保护人们的生命财产安全相反，黑法术的主要目的是伤害或剥夺人们的生命和财产安全。[①] 因此，这种活动严重扰乱了社会正常秩序，给人们的生产和生活带来了极大困扰，人们对黑法术充满了恐惧，社会也对之加以严厉谴责。姆比蒂指出："非洲村庄里存在的那些恐惧、猜忌、戒备、无知、诬告都基于甚至直接来源于黑法术。"[②]

从操作手法来看，法术还可以分为"模仿法术"和"接触法术"。而这正是弗雷泽对巫术的分类。但是本文基本赞同帕林德的观点，认为应该将非洲的巫术和法术分开来，因为从两者实施的手段差异来看，弗雷泽的"模仿巫术"和"接触巫术"中的巫术其实是法术，因此将其对巫术的分类借用到法术的分类中来。弗雷泽创造了一个很流行的术语，那就是"交感法术"，意思是法术取决于事物之间明显的关联性与一致性。交感法术之一就是"模仿法术"（也叫"顺势法术"）。弗雷泽认为这种法术依据的是"同类相生""果必同因"的原则，也就是说事物能对其相似物发挥效应。他能够仅仅通过模仿就能实现任何他想做的事。[③] 世界范

---

① Aloysius M. Lugira, *African Traditional Religion*, Chelsea House Publishers, 2009, p. 101.

② John Mbiti, *African Religions and Philosophy*, London: SPCK, 1969, p. 199.

③ ［英］J. G. 弗雷泽：《金枝——巫术与宗教之研究》，汪培基等译，商务印书馆 2012 年版，第 26 页。

围内运用最广泛的害人法术，就是依照仇人的模样用泥巴、木头或是其他材料做一个小木偶，然后用针、小刀、荆棘等利器戳其头部、心脏、眼睛或其他身体部位，他们相信在这个小木偶眼睛被扎的同时，木偶所代表的仇人的眼睛就会瞎；在刺木偶头部的同时，仇人的头就会痛，也就是说，对木偶的伤害会让仇人相应的身体部位也会受到同样的伤害。模仿法术的另一些例子也可以在非洲被发现，比如，猎人为想要捕猎的动物制造雕像，祈雨法师在祈雨时模仿下雨的场景，将水喷到空中，巫医在皮疹病患的身上贴上斑点，然后洗掉，意味着将皮疹除掉。①

　　交感法术的第二种类型是"接触法术"。接触法术基于的原理是：事物一经接触后可以相互作用，即使实体的接触已经结束，但是相互的影响在相当远的距离内依然存在。为此，很多人不敢乱扔自己的头发、指甲、衣服、排泄物等其他与之有直接接触的物品，因为他们害怕这些物品被黑法术师利用来加害自己。因为与泥土的直接接触，因此甚至一个脚印都有可能被用来害人。在非洲，妇女生产后留下的脐带和胎盘也被普遍认为保留了与身体的交感联系而必须妥善处理。很多妇女拒绝去医院生产，因为害怕产后留下的脐带和胎盘被人拿走会伤害到自己与孩子，为此很多医院在产后将胎盘和脐带返还给母亲，以便她们自己掩埋。在西非，酋长外出时，总有随从手拿痰盂不离左右，这不是出于卫生的目的，而是以免黑法术师有机可乘。② 在东非，猎象者们相信：若他们的妻子趁他们不在家时行为不端，就会导致捕象的丈夫力量弱于大象，而被大象杀死或重伤。如果一个瓦戈戈③的猎人没有成绩或受到了狮子攻击，他就归罪于他的妻子在家有越轨行为，而回家大发雷霆。④

　　此外，法术还可以分为"个人法术"与"公众法术"。大多数法术服务于个人或家庭需要。为了避邪，人们会购买各种护身符来佩戴。装有

---

　　① 参见［英］帕林德《非洲传统宗教》，张治强译，商务印书馆2004年版，第122页。

　　② Richard J. Gehman. *African Traditional Religion in Biblical Perspective*, Kijabe：Kesho Publications, 1989, p.70. 转引自［英］帕林德《非洲传统宗教》，商务印书馆2004年版，第122页。

　　③ 东非一个土著部落，聚居在坦干尼喀湖以东，属班图族的里夫特支系。

　　④ ［英］J. G. 弗雷泽：《金枝——巫术与宗教之研究》，汪培基等译，商务印书馆2012年版，第43页。

各种干树叶或可兰经的皮革包、铁手镯、铁链子通常用来防御巫术。此外，人们还佩带野兽的牙齿、小法剪、小法刀、隐身帽、防兽帽，以及驱邪的发饰，防蛇、蝎的戒指等。① 很多家庭将符咒悬挂在大门口或屋顶上辟邪。吊在屋里天花板上的几束羽毛、几捆树叶、棉线缠着的大包小包，是保护房屋主人的。② 在个人法术中，很多时候，每个人都或多或少是他自己的法术师。

与个人法术的服务目标不同，公众法术一般是出于保护村庄和全体人们共同利益的需要，通常由专职的公众法师来履行仪式。在公众法师为非洲部落利益所做的各种事情中，祈雨是最首要的。公众法师在非洲部落是一个极其重要的职位，国王、酋长等社会主要统治者常常是由公众法师发展而来。而他们的权力大小和社会地位是由其被想象的祈雨能力的大小决定的。③ 在保护村庄的农田免受巫术的侵害时，符咒也经常得到应用，这些有可能是装有稻草的竹竿，也有可能是一包骨头、羽毛，树枝，或是埋在地里的树叶。④

看待法术的方式有很多种，从非洲哲学的角度来看，法术有助于对他人的语言、知觉和行为作出心理学上的分析。此外，法术还可以被视为一种社会代理，在这里，因为法术师对自然力量的操纵，所以人们确实看到了很多事情的发生。这也意味着法术师必须要研究宇宙中各种能量的形式、了解气候变化、认识实物的形态与功能、领会对这些力量的操控对人们的心理有什么影响。

关于法术的功能，威廉·豪威尔（William Howells）认为："人性确实需要法术，并希望从中获得真正的好处。这不是安慰人……而是在人认识到自己是多么孤独无助时，法术能让他看到希望，能给他以信念，那就是他可以照顾自己。法术是另一种形式的宗教，它使个体和社会的

---

① ［英］帕林德：《非洲传统宗教》，张治强译，商务印书馆2004年版，第122—123页。

② ［英］帕林德：《非洲传统宗教》，张治强译，商务印书馆2004年版，第123页。

③ ［英］J. G. 弗雷泽：《金枝——巫术与宗教之研究》，汪培基等译，商务印书馆2012年版，第146—149页。

④ Richard J. Gehman, *African Traditional Religion in Biblical Perspective*, Kijabe：Kesho Publications, 1989, p. 71.

焦虑重回宁静，使恐慌与分裂的冲动得到平复。"①

在法术师施法强度的高峰时刻，所有可能的人类情感及能力对其都是开放的。拥有这种能力并能对实物和精神进行操控的不仅仅局限于男性，事实上，这类法术最好的操控者往往是女性。

2. 巫术

巫术是非洲传统宗教中最让人恐惧的内容。巫术有别于法术的地方，除了其完全邪恶的本质外，还在于其是不借助于外力的纯粹的灵魂活动。"邪术师利用魔药干罪恶勾当，而妖巫作祟却没有看得见摸得着的器械，可以说他们的活动是精神上的。"② 即使在今天，相信有巫术存在的非洲人还有很多。而相信巫术的前提是相信灵魂的存在，非洲人相信灵魂和肉体是组成个体的两大部分，并且灵魂与肉体可以分离。白天清醒时，灵魂在身体中指挥人从事各种活动；到晚上睡眠时，灵魂则可以离开肉体，在外面游荡，去做想做的事，见想见的人。

实施巫术的人为巫师。至于巫师的能力是如何来的，有不同的看法，大多数认为巫师的能力是从其父母那里遗传过来的，因此，很多人生而为巫师，天生就具有非凡的能力，并且她们往往对自己的能力并无知觉。③ "严格来讲，巫师不使用药物或物质装备，也不使用仪式和法术。她的所有的巫术技艺是与生俱来的。"④ 在阿赞德人中：

> 如果一个男人的肚子里有巫术物质，并且生有儿子，他的儿子体内一定也有巫术物质，因为他的父亲是巫师。这样的情况同样适合于女性，如果一个女人的肚子内有巫术物质，并且生了女儿，她的女儿必然有巫术物质，因为她的母亲是巫师。所以，如果一个人天生就没有巫术，巫术也就不会在后天进入这个人的体内。⑤

---

① William Howells, *The Heathens*, N. Y. : Doubleday and Co. Inc, 1948, p. 63.

② ［英］帕林德：《非洲传统宗教》，张治强译，商务印书馆 2004 年版，第 133 页。

③ Aloysius M. Lugira, *African Traditional Religion*, Chelsea House Publishers, 2009, p. 100.

④ Richard J. Gehman, *African Traditional Religion in Biblical Perspective*, Kijabe：Kesho Publications , 1989, p. 73.

⑤ ［英］E. E. 埃文思－普里查德：《阿赞德人的巫术、神谕和魔法》，覃俐俐译，商务印书馆 2010 年版，第 53 页。

巫师本身就是邪恶的，她们从事邪恶的活动是因为她们邪恶的本性。但也有观点认为并不是所有的巫师都是天生的，施展巫术的能力也可以通过后天努力来掌握。例如，想成为巫师的人可以花钱从别的巫师那里买到这种能量。① 一些人相信，巫师之所以为巫师是因为在她们的肠子里有一种可以看见并且感觉到的巫术实体，正是因为这个物理特点，她们异于常人，并且对所有人构成威胁，而不仅仅是其敌人。由于巫师是反社会反人类的，因此深为人们所恐惧。②

非洲大多数民族认为妖巫多为女性，甚至认为所有的妖巫都是女的。③ 但是也有的认为尽管绝大多数巫师都是女性，但并不是全部。④ 无论是男巫师还是女巫师，他们身上都没有明显的标记。在外表上，他们可能是某个讨人喜欢的同伴，甚至是很吸引人的人。他们就在人们身边，有可能是熟悉的邻居，可能是姻亲，更有甚者，就是家里人。只有在夜幕的笼罩下，他们才悄悄地原形毕露。⑤ 巫术师外表与常人无异，但却邪恶至极，他们在体内邪恶力量的驱使下去折磨人的灵魂。他们摄走他人的灵魂，或是把各种病邪种入他人的身体，被施巫术的人就会无缘无故地生病，甚至死去。正因为巫师的邪恶性和人们对巫师的极度憎恶，一旦某人被认为要对疾病、洪水、雷击或是其他灾难负责的时候，那么这个人很可能会被判决、驱离，甚至直接处死。因此，在一些非洲国家，法律规定不得将任何人指为女巫，但事实上，这种事情还是经常发生。

所有的巫术信仰背后都有同一个原则，即妖巫派自己的灵魂出去捕食其他正在睡觉的灵魂，或在某个遥远的地方与伙伴聚会。⑥ 因此，巫术都是在夜间进行的，巫师们的灵魂在夜晚飞出去与其他巫师会合，但她

① Aloysius M. Lugira, *African Traditional Religion*, Chelsea House Publishers, 2009, p. 100.
② Richard J. Gehman, *African Traditional Religion in Biblical Perspective*, Kijabe: Kesho Publications, 1989, p. 72.
③ ［英］帕林德：《非洲传统宗教》，张治强译，商务印书馆2004年版，第134页。
④ Richard J. Gehman, *African Traditional Religion in Biblical Perspective*, Kijabe: Kesho Publications, 1989, p. 73.
⑤ 《祖先的声音：非洲神话》，李汉平译，中国青年出版社2003年版，第52页。
⑥ ［英］帕林德：《非洲传统宗教》，张治强译，商务印书馆2004年版，第135页。

们的身体留在家里。她们喜欢赤身裸体地跳舞，喜欢吃人肉，吸人血，这些都是女巫的特征。但是，显然这里指的是精神会餐，换句话说，虽然对宴会的描述极像人肉宴，但实际上是精神上的会餐。灵魂与肉体关系密切，由于妖巫吃掉了"精神的躯体"，所以人的躯壳就虚弱了。从精神的角度说，他的血被吸干了，各部位便出现了疼痛、瘫痪、软弱无力等现象。① 在西非有些地方，巫师们不断设置圈套捕捉人们梦中出游的魂魄，每捉住一个，就捆绑起来吊在火上烤炙，那魂在火中萎缩，其身体就病倒了。巫师们这么做，倒不是出于对受害人的仇恨，而是为了借此赚钱。他们不管捉住的是谁的魂魄，只要给他们钱，马上就归还本主。②

在非洲的各个阶层，还有相当多的人相信巫术无处不在。在农村地区，很多村庄的人们会将健康问题、干旱，洪水等天气灾害、庄稼失收、生不出孩子、非正常死亡等种种不幸的发生归罪到巫师头上；在城市，人们也会将所遭遇的车祸、失业，甚至流行疾病等生活中的不如意归结于巫师和巫术。③ 因此，与巫术作斗争，破解巫术是人们生活中极为关心的问题，他们想方设法，驱邪除妖，从个人层面来看，人们经常使用护身符、符咒或护身首饰等抵御邪恶力量。例如，远出打猎的猎人会随身佩戴狮子的牙齿防御巫术。怀孕的妇女会在腰部围上护身符来保护未出生的孩子免遭巫术的伤害。

由于巫师往往被认为具有改变命运的能力，在非洲不同的国家和部族，还有专门帮助人们对付巫师和巫术的专业人士，习惯上，这些专业人士在英文中被称为"巫医"（witch-doctor）。④ 事实上，他们不仅仅是草药医生，也是非洲传统文化背景下，依靠其祖先神灵赋予的力量抵制巫

---

① ［英］帕林德：《非洲传统宗教》，张治强译，商务印书馆2004年版，第136—137页。

② ［英］J. G. 弗雷泽：《金枝——巫术与宗教之研究》，汪培基等译，商务印书馆2012年版，第313页。

③ Aloysius M. Lugira, *African Traditional Religion*, Chelsea House Publishers, 2009, p. 98.

④ 但是这一术语被指多年来一直带有消极含义，经常被误解为巫术师，因此现在很多时候不被人们所采用。而是用另外的术语"搜巫者"（witch-finder）或"医生"（medicine）来替代。最受欢迎的称呼为"有法术的人"（medicine man），专指那些帮助被施了巫术而陷入麻烦的、生病的，或即将死亡的人的传统医生。Richard J. Gehman, *African Traditional Religion in Biblical Perspective*, Kijabe: Kesho Publications, 1989, pp. 75 – 76.

术的"法士"。此外,"在非洲,人们采用各种方法对付巫术,大多数占卜师都把搜巫作为自己的分内之事,他们能用精灵附体、药物、注视水(用水占卜)、请教亡灵及其他许多方法发现妖巫"①。

很多非洲人认为巫师在摧毁人或干预他们的命运时能将自己转化成其他一些物体。在喀麦隆,猫头鹰往往被认为是巫师所变的最常见的媒介,还有黑猫也往往被认为是巫师所变。事实上,在喀麦隆的所有部族中,阻止巫师对个体或家庭施加不利影响的最有效方法就是去咨询巫医,从"巫医"那里寻求"保护",使其对自己的命运进行干预,以保证灾难不再发生。在每个部族内部都有巫医存在,他们拥有处理巫师的工具,并能将巫师施加在个人或家庭中的不利影响降至最低。

关于巫术和妖巫是否真实存在的问题,埃文思·普里查德(E. E. Evans-Pritchard)认为:"巫术是一种假设的罪过,因为它是不可能存在的。妖巫不仅不可能去做人们猜测的那些事情,而且根本就没有妖巫。"帕林德也认为巫术信仰只是社会病态的一种表现。非洲由于贫穷落后,缺乏相应的医疗技术,人们无力抵御各种疾病和居高不下的死亡率,再加上社会动荡,城市居民接触到许多陌生力量和来自其他部族的陌生人,因而,面对这些陌生却又无力抗拒的力量,他们心理充满恐惧,为保护自己的生命和财产安全,他们求助于占卜师和法士。尽管如此,很多非洲人相信并惧怕巫术,这是不争的社会事实。因而,约翰·米德尔顿(John Middletown)在提到巫术时说:"毫不夸张地说,在一个宽泛的社会环境中,个体如果没有相当广泛的知识来分辨善恶是非、因果关系,以及与此相关的巫术信仰,那么他就不可能把握他人的待人态度,也不可能理解他人的行事方式。"②

---

① [英]帕林德:《非洲传统宗教》,商务印书馆2004年版,第137页。
② John Middleton and E. H. Winter eds, *Witchcraft and Sorcery in East Africa*, London: Routledge & Kegan Paul, 1963, p. 1.

第 四 章

早期基督教在北非的传入

很多人想当然地认为，直到 19 世纪基督教才传到非洲，这种认识其实是一种误解。事实上，对于早期基督教事业的发展，非洲曾做出过重要贡献。由于北非、尼罗河流域和非洲之角的基督教信仰保持的时间非常之长，因此在当时极大地推动了基督教的发展。而且，古代非洲曾经涌现出许多杰出的基督教思想家，大量的基督教基本教义之争也源自非洲。从区域来看，早期基督教在非洲的传播与发展主要集中在北非地区。

第一节　早期基督教在北非的传播及原因

非洲早期教会肇始于公元 1 世纪中叶基督教在北非的最早传入。教会的传教活动源于耶稣基督及其追随者的伟大使命，"你们往普天下去，传福音给万民"（可 16：15）。作为对这一伟大使命的回应，早期教会的传教活动风起云涌，基督教作为一种新的宗教很快走出巴勒斯坦，在地中海广大地区开始流行。地缘上的毗邻使得北非地区成为早期基督教的重要传教目的地之一。需要指出的是，在本书中，"教会"这个词将在广义上使用，它包含制度和信徒团体两层含义。从制度层面上讲，教会包含相关的条例、正式或非正式的规范、管理人员、物质资源、发展历史，以及一些机构和中心，教会的制度化随时间而推移，同时，教会也是一个由个体信徒组成的具有变动性和多样性的群体，这些信徒视自己为基督徒并且信奉基督宗教中的福音。

一 早期基督教在北非的传播

在非洲，以现有阿尔及利亚、突尼斯和利比亚为中心的北非地区是非洲早期基督教传播的中心地带，其中埃及基督教的影响力尤其突出。当时的亚历山大城是地中海世界重要的商业和文化中心，同时也是非洲基督教的起源地和基督教神学教育的中心。[①] 当基督教开始在中东以外的地区进行传播时，基督教开始进入希腊，并从希腊进入其殖民地。

有历史学家指出，基督教最早是在公元 40 年左右从亚历山大进入非洲，但是几乎同一时期，埃及本地人已经建立了第一个基督教社区。按照基督教的传统解释，科普特人的起源可以追溯到彼得（Peter）的弟子圣·马克（St. Mark），他是埃及基督教的奠基者，也是最早访问埃及的一位基督使徒。[②] 在彼得死后，马克从塞浦路斯来到埃及，并在埃及犹太教徒中寻找信徒。[③] 公元初年，犹太人已经散布在昔兰尼加到努比亚之间的埃及广大地区，当时的亚历山大，不仅是犹太人流散在地中海世界最重要的中心，也是希腊犹太人的文化和艺术中心。[④] 因此，可以推测大约在公元 1 世纪，基督教就已经开始传入埃及的亚历山大。但是关于公元 1 世纪的埃及教会，没有任何可以获取的资料。有关亚历山大城基督教会组织的记载最早出现于公元 180 年，当时的亚历山大城基督教会由主教和 12 位长老领导。公元 189 年，德米特里乌斯被选为主教，他在位长达 43 年。根据基督教史学奠基人尤西比乌斯（Eusebius）公元 4 世纪的记载，使徒圣·马克（St. Mark）创办了亚历山大教会，并成为亚历山大东正教

[①] 这里指基督教在非洲最初传播的地方。也有学者（如 Louis Bouyer, Maitin Oreily）认为，非洲是基督教的摇篮，埃及是最初孕育基督教的产生与发源地，此后才传播到世界各地。See Louis Bouyer, *A History of the Christian Spirituality. Vol. 1. The Spirituality of the New Testament and the Fathes.* Seabury Press, 1982；Maitin Oreily, *The Challenge of Being a Religious in Africa Today.* Eldoret Gaba Publication, 1996.

[②] Aloysius M. Lugira, *African Traditional Religion*, Chelsea House Publishers, 2009, p. 20.

[③] S. A. Cook, F. E. Adcock, M. P. Charles Worth & N. H. Baynes eds, *Cambridge Ancient History*, Cambridge, p. 476.

[④] Rt. Rev. Daniel W Kasomo, *History of Christianity in Africa Made Simple：History of the Church in Africa*, LAP LAMBERT Academic Publishing, 2011, p. 21.

教会第一任主教。当时的教会有着非常辉煌的历史，而最有名的是潘泰诺斯（Pantaenus）2 世纪创立的开放式问答学校。① 此外，公元 2 世纪早期埃及出现的基督教文献中，主要内容都是反犹太教的，这说明，彼时基督教与犹太教的分野已十分鲜明，争论已十分尖锐，基督教在埃及的势力已经相当可观。

1 世纪早期，基督教在苏丹也得以传播，当时的努比亚与埃及教会彼此已有联系。② 同时，基督教也在非洲西北部（今天的马格里布地区）得到发展，这里的教会与罗马教廷保持联系，并诞生了教皇盖拉西厄斯一世（Pope Gelasius I）、米尔提亚德斯教皇（Pope Miltiades）和维克托一世教皇（Pope Victor I）三位罗马教皇，他们和圣·奥古斯丁（Saint Augusine）及其母亲圣·莫妮卡（Saint Monica）一样是柏柏尔人基督徒。

基督教进入非洲的第二条途径是通过迦太基，也就是今天的突尼斯。大约在公元前 44 年，当时的迦太基是地中海地区的一个主要城市，流行罗马文化，官方语言是拉丁语，盛行的宗教信仰是对罗马神的崇拜。公元 2 世纪末，当基督教传到迦太基时，该地区已经是罗马的殖民地。迦太基在早期北非基督教的发展过程中成为当时神学争论的重要中心。这一时期出现的一些重要人物，如德尔图良（Tertullian）③、克莱门（Climent）④、奥利金（Origen）⑤、亚他那修（Athanasius）⑥、西普里安（Cyp-

①　Rt. Rev. Daniel W Kasomo, *History of the Christianity in Africa Made Simple*: *History of the Church in Africa*, LAP LAMBERT Academic Publishing, 2011, p. 22.

②　Jakobielski S, *Christian Bubia at the Height of its Civilization* (Chapter 8). In *UNESCO-General History of Africa*, *III*: *African from the Seventh to the Eleventh Century*, I Hrbeked, San Francisco: University of California. 1992.

③　德尔图良（Tertullian, 150—230），生于北非迦太基城（今突尼斯附近），是基督教著名的神学家和哲学家，因理论贡献被誉为拉丁西宗教父和神学鼻祖之一。其使用的神学方法主要以写作思辨性的基督教神学与反对异端的著作为主。

④　克莱门（Climent, 约 150—220），希腊早期基督教教父与哲学家。

⑤　奥利金（Origen, 约 185—254），埃及亚历山大的作家，古代基督教希腊教会神学家，先后在亚历山大里亚和该萨利亚城主持基督教教理学校。一生致力于校勘希腊文《旧约》和注释《圣经》。其神学观点在 4 世纪已遭到强烈反对，6 世纪时被指为异端，但他一直是希腊神学史上最具影响的教父之一。

⑥　亚大纳西（Athanasius, 约 293—373），早期基督教护教士，神学家，亚历山大城主教（328—373）。

rian）、奥古斯丁（Aurelius Augustinus）[1] 等都受到早期基督教发展的影响。罗马时期的基督教，连同其他各地区的神祇，经商人、士兵和官员传入非洲，到2世纪末，基督教的文本及祷告词被翻译成三种当地语言。

3世纪初期，亚历山大教会迅速扩大，新增了5个副主教。此时，亚历山大的主教开始被称为教皇，相当于埃及的高级主教。而在非洲，基督教自传入至3世纪也已有一定发展，据生活在2世纪末3世纪初的特图利安说，当时在非洲有大批基督徒，他们属于各个阶层从事各种职业，在220年前后就能够在迦太基举行一次有71位主教参加的宗教会议，在240年左右举行的另一次宗教会议有90名主教参加。[2] 这表明，当时在非洲很多城市分散着小型基督教团体。基督教的快速发展对罗马帝国构成了威胁，因为基督徒抵制罗马帝国的意识形态，拒绝参加罗马皇帝的礼拜，这一切都招致了罗马帝国对基督教的疯狂报复与压制。

3世纪中叶，埃及教会受到皇帝德西乌斯（Decius）的严重迫害。罗马帝国的统治者从一开始就对基督教充满了敌意，因为基督教自由、平等、博爱的教义在埃及普通百姓中的广泛传播，既表达了对当权者的抗议，同时也是对皇权的极大威胁与挑战。因此，继公元203年埃及神学家克里门特遭到罗马当局迫害被迫逃离亚历山大城后，对基督教的迫害不久就发展成为大规模的、自上而下的行动。公元250年，罗马皇帝德西乌斯开始全面迫害基督教。在埃及，亚历山大城的基督教徒要么被害，要么被迫逃离，还有大批基督徒被迫放弃自己的信仰，公开声明效忠罗马帝国和皇帝。由于基督教在埃及的势力主要集中在亚历山大，因此亚历山大基督教会的溃散，也意味着基督教在埃及的严重挫败。

但是，罗马帝国空前残酷的迫害，并没有将基督教消灭，反而一定程度上促使了它在埃及的复兴，这是因为罗马帝国的严酷统治本来就是促使埃及人信仰基督教的重要原因。在德西乌斯时期，罗马帝国日益衰败，因

---

① 奥古斯丁（Aurelius Augustinus，公元354—公元430）古罗马帝国时期的天主教思想家，欧洲中世纪基督教神学、教父哲学的重要代表人物，是教父思想的集大成者。他的著作堪称神学百科全书，代表作主要有《忏悔录》、《论三位一体》、《上帝之城》。

② ［埃及］G. 莫赫塔尔主编：《非洲通史》（第二卷），中国对外翻译出版有限公司2013年版，第439页。

此其对埃及的控制与影响也已经非常有限。此时的埃及水利工程废弛，这对埃及来说是性命攸关的命脉所在，又恰逢自然灾害，尼罗河枯水周期，罗马统治者的苛税与酷刑，这些都导致了埃及的迅速衰败，随着这种衰落从城市蔓延到农村，基督教的势力也从城市发展到农村。大批埃及百姓不堪赋税繁苛之苦，纷纷逃入荒原，基督教势力也随之深入荒原。德西乌斯迫害的最终结果却出人意料地导致了基督教在埃及城乡的广泛传播，并最终促成了亚历山大城在埃及基督教会中无可争辩的中心地位。

4世纪初，罗马皇帝戴克里先开始对埃及基督徒实行新的迫害，不仅加强了政府对各省的严厉统治，增加军队人数，同时对那些坚持基督教信仰的教徒动辄处死。埃及很多基督教徒不得已逃离城镇退居沙漠，一心修道，并逐渐发展起一种新的修院清修形式。根据教会史记载，公元273年，埃及的安东尼（Anthony）在父母离世后，为逃避世俗纷扰去荒野中寻求隐修的生活，从而成为基督教修道主义的创始人。[1] 这也是基督教禁欲主义的缘起与开端。公元320—325年，埃及人帕科米乌（Pachomius）因不满分散的个人隐修，修建了基督教第一座修道院，从而开创了此后修道院制度的先河。公元400—425年北非已经建立了两个修道院。[2] 随后，修道主义和禁欲主义开始从非洲传到其他地区，并经法国和爱尔兰传到欧洲。而在位于埃塞俄比亚的阿克苏姆王国，埃扎纳（Ezana）国王将基督教宣布为国教，并创立了埃塞俄比亚正教台瓦西多教会。自埃扎纳皈依基督教后，基督教在埃塞俄比亚获得了广泛的传播，教会在国家的政治、经济、文化生活中起着重要的作用。自4世纪建立基督教正教会以后，埃塞俄比亚的正教会就成了国家最中坚的宗教力量，担当着维系教会、国家和民族认同的重任。[3]

从4世纪后期教会获得和平至伊斯兰教在非洲确立地位之前的这段

---

① Rt. Rev. Daniel W Kasomo, *Africa is the Cradle of Christian Religion*: *The Cradle of Christian Religion*, VDM Verlag Dr. Muller, 2011, p. 12.

② ［英］麦格拉思：《基督教概论》，马树林、孙毅译，北京大学出版社2003年版，第268—269页。

③ "Ethiopian Orthodox Church", *The New Encyclopaedia Britannica*, Volume 4, Inc., 2007, p. 581.

时间是早期基督教在非洲的全盛时期。在最初的几个世纪中，非洲基督教领袖如奥利金、拉克坦提乌斯（Lactantius）、奥古斯丁、德尔图良、马里乌斯·维克托里乌斯（Marius Victorinus）、帕科缪（Pachomius）、狄迪莫斯（Didymus the Blind）、提科纽（Ticonius）、西普里安、亚他那修、西里尔（Cyril）及其对手瓦伦廷（Valentinus）、普罗提诺（Plotinus）、阿里乌（Arius）和多纳图·马格纳斯（Donatus Magnus）都受非洲以外基督教世界如诺斯替教（Gnosticism）、阿里乌斯教（Arianism）、孟他努派（Montanism）、马吉安派（Marcionism）、伯拉纠派（Pelagianism）和摩尼教（Manichaeism）等教派以及大学思想的影响，并且他们对三一论、拉丁文翻译、注释方式、圣经诠释、普世议会、修道主义、非洲文学，以及辩证与修辞传统都有着自己的理解。① 而这一时期多纳图教派的发展，以及圣·奥古斯丁时期的基督教文献都是非洲基督教发展的光辉成果。

　　7 世纪，阿拉伯人的入侵和伊斯兰的征服对早期基督教在非洲的发展是一个致命的打击，至 750 年左右，阿拉伯势力已经控制了整个北非的沿岸地区，此后继续北上，并对君士坦丁堡构成严重威胁，阿拉伯人曾在 711—778 年对该城展开围攻，但最终被迫撤离。伊斯兰势力对圣城的征服，引起了西方教会的高度关注，成为 1095—1204 年十字军东征的主要理由。② 在伊斯兰教的打压下，早期的教会只有埃及科普特教会（Coptic Church in Egypt），以及非洲之角的埃塞俄比亚正教台瓦西多教会（Ethiopian Orthodox Tewahedo Church）和厄立特里亚正统台瓦西多教会（Ethiopian Orthodox Tewahedo Church）得以保留。而得以幸存的原因，埃塞俄比亚和厄立特里亚的正统教会都将之归结为它们拥有独特的习俗、独特的正典圣经以及独特的建筑。③

　　传统的历史观点认为，公元 647—709 年，伊斯兰倭马亚王朝（Umayyad Caliphate）对北非的征服有效地结束了天主教在非洲数百年的

---

① Thomas C. Oden, *How Africa Shaped the Christian Mind*: *Rediscovering the African Seedbed of Western Christianity*, IVP Academic Publisher, 2010, p. 112.

② ［英］麦格拉思：《基督教概论》，马树林、孙毅译，北京大学出版社 2003 年版，第 275 页。

③ "Christianity and Africa", http：//www. africanchristian. org/.

历史。① 在此后的数个世纪中，整个非洲大陆几乎都没有了基督教的活动。观点普遍认为，当时的教会缺乏僧侣传统为支柱，并且饱受被视为异端之苦，包括被指为所谓的多纳图派异端，所有这一切都导致了早期教会在今日马格里布地区的闭塞与消亡。② 一些历史学家将之与埃及科普特教作为对比，认为埃及科普特教所拥有的强大的僧侣传统是此后数个世纪科普特教会得以保存，并跻身主流信仰的一个重要原因。

　　然而，一些新近的研究对此提出质疑，有报告称，在公元700年阿拉伯人征服北非以后，罗马天主教信仰在自的黎波里塔尼亚（近利比亚西部地区）到今摩洛哥地带依然存续了数百年。阿尔及利亚中心的卡拉城（Qal'a）还有1114年记录的基督徒社区资料。而且，公元850年后，在迦太基城外天主教圣徒的坟墓前还有人前来朝圣，并有证据证明，北非与阿拉伯西班牙的基督徒存在着宗教联系。此外，欧洲实行的历法改革那时候也在突尼斯的土著基督徒中传播，这一切表明，在阿拉伯人征服北非后，天主教并没有完全被消灭，他们与罗马教会依然保持着联系。

　　自阿尔摩哈德王朝（Almohads）和阿尔摩拉维德王朝（Almoravids）穆斯林政权上台以后，本土天主教承受了巨大的压力，因为穆斯林政权要求突尼斯本土的基督徒改皈伊斯兰教。然而，公元1150年，有报道称在凯鲁万城还有基督教居民和主教，这在当时轰动全城，因为自公元680年，这座城市被阿拉伯穆斯林发现并征服后，这里一直是穆斯林政权的行政中心。14世纪天主教教会档案馆的一封信件表明，当时北非依然还有四个主教辖区，尽管阿拉伯人征服前这里有400多个主教辖区，但征服后天主教的迅速衰败是显而易见的。③ 柏柏尔人基督徒继续居住在突尼斯以及突尼斯南部的奈夫扎沃（Nefzaoua）地区直至15世纪初，在15世纪的前25年，还可以阅读到突尼斯本土基督徒吸收教徒，扩充教会的信

---

① http：//www. bethel. edu/~letnie/AfricanChristianity/WesternNorthAfricaHomepage. html.

② "The Disappearance of Christianity from North Africa in the Wake of the Rise of Islam", C. J. Speel, Ⅱ, *Church History*, Vol. 29, No. 4（Dec. 1960）.

③ Ibid. .

息，这或许是马格里布其他地区最后的基督徒都聚集于此的原因。①

二　早期基督教在北非传播的原因

基督教之所以会在北非最早传播，原因主要有以下几点：

首先，对于众多皈依基督教的非洲人来说，耶稣的灵魂超度、救赎教义与早期基督教针对普通民众的鲜明宗旨一样具有吸引力。与非洲传统宗教中那种高高在上、遥不可及的至上神相比，耶稣的人神二性拉近了信徒与神之间的距离，使信徒相信耶稣基督的爱无处不在并积极参与到他们的日常生活。在心灵深处，他们得到了新的慰藉和依靠。

其次，也许是北非人一直在寻找一种能够抵御罗马帝国种种高压统治的手段，而基督教恰好提供了这种手段。② 对于埃及和马格里布这两个地方的人们来说尤其如此，因为他们曾经抵抗罗马征讨长达上百年，在被打败后遭到了严苛的征税。对高税和高压怀有怨恨的人们希望可以通过皈依基督教来拒绝承认罗马皇帝的权威，从而表达他们的不满。

地理优势也是北非人最早接受基督教的原因之一。地理位置的毗邻以及长期的文化和贸易往来，使得非洲与巴勒斯坦紧密相连，同时也为基督教在北非的传播提供了更多便利。埃及的港口亚历山大也变成了早期基督教团体最重要的发源地之一。科普特教派不仅认为耶稣为躲避希律迫害往埃及寻找到庇护，并且认为圣·马可是埃及的第一个传教士，在亚历山大建立教会并最终在亚历山大殉教，但他的追随者在继他之后成了埃及基督教教会的教长。对于许多非洲人来说，地处北非的埃及是圣地的一部分，其重要性不亚于巴勒斯坦。

此外，还有一个重要的因素是，生活在北非、尼罗河流域和埃塞俄比亚的犹太人已经有了相当规模。公元前 8 世纪，在整个北非城市地区都出现了犹太社团，尼罗河流域和库施被列为有大量犹太人的地区。公元 1 世纪，犹太人就占埃及人的 15%。法拉沙人在埃塞俄比亚存在的时

---

① "The Last Christians of North-West Africa: Some Lessons for Orthodox Today", http://www.orthodoxengland.org.uk/maghreb.htm.

② [美] 埃里克·吉尔伯特、乔纳森·T. 雷诺兹：《非洲史》，黄磷译，海南出版社 2007年版，第80页。

间极为漫长，以至于他们可以用库希特语的一种变体撰写属于自己的祈祷书。犹太人在非洲的存在以多种方式促进了基督教的传播，基督教的最早皈依者中许多人本身就是犹太人。犹太教的希伯来圣经被基督教继承认可这一事实，也意味着犹太人定居区的居民对于基督教并不陌生。

第二节　早期基督教在埃塞俄比亚的传播

埃塞俄比亚是一个有着三千多年历史的文明古国，位于非洲大陆东北部地区。在非洲，能够将历史追溯到古代的国家只有两个，那就是埃及和埃塞俄比亚，而能够将古老文明的独特性保留到现代的则只有埃塞俄比亚。埃及交通便利，对外交往频繁，与异域文化的不断冲突与融合使其与古代文明已经渐行渐远。而埃塞俄比亚交通闭塞，全境基本为高原山地所覆盖，东面和其他地方濒临的海洋为抵御外敌，保障埃塞俄比亚国家的安全提供了天然壁垒，从而也使埃塞俄比亚将其独特的古老文化保留至 20 世纪成为可能。

埃及人将埃塞俄比亚称为"朋特"（Punt），或是"上帝的土地"，因为埃及法老认为埃及曾经从埃塞俄比亚接受过神性。希腊人认为埃塞俄比亚是最早种植小麦和橄榄树的地方。确实，早在公元前三四千年，埃塞俄比亚在从事畜牧业的同时就已经开始有了最初的农业发展与早期的定居生活。埃及的象形文字资料也显示，埃塞俄比亚在公元前 2000 年就已经开始有了自己的文明。公元年初更是建立了一个版图囊括埃塞俄比亚北部、苏丹和阿拉伯半岛南部等地方的阿克苏姆大帝国，这个帝国包括阿克苏姆原有的王国与其他附庸国，阿克苏姆帝国的国王被视为"万王之王"，其他附庸国都须向其进贡。公元 3 世纪，在摩尼的一本著作中阿克苏姆王国被称为"世界第三大王国"。公元 450 年左右，埃塞俄比亚的基督教会创建了一种完整的教育制度，为埃塞俄比亚的文化、精神、文学、科学和艺术发展奠定了广泛的基础。[1]

---

[1]　李建忠：《战后非洲教育研究》，江西教育出版社 1996 年版，第 1 页。

一　基督教之前埃塞俄比亚的宗教信仰

像大多数人类文明一样，史前的埃塞俄比亚也是拜物教与多神崇拜。从考古出来的铭文、铸币、雕像和其他遗物来看，太阳神（达特—希米阿姆、达特—巴丹）、星神（阿斯塔尔）、月神（豪巴斯和阿尔马卡）都是古埃塞俄比亚人崇拜的对象。象征太阳和月亮的标记在阿克苏姆、马塔拉和安扎的石碑上，以及公元前阿克苏姆诸王的铸币上都有发现。众多的碑文显示，为了崇拜以上诸神，人们还设立了特定的圣殿和祭坛，可见信仰生活在当时的社会结构中已经占据了非常重要的地位。古代埃塞俄比亚人的多神崇拜与阿拉伯半岛南部的古代崇拜非常类似，都表现了对畜牧业和农业的崇拜。

但是有关公元最初几个世纪的考古资料显示，当时的宗教信仰已经有所改变。除了古代星神阿斯塔尔的名字还出现在个别铭文上外，其他神的名字再也没有出现，取而代之的是以下三个神名：马赫雷姆、贝赫尔和米德尔。在阿克苏姆王国，马赫雷姆具有多重意义，马赫雷姆首先被认为是神的始祖和阿克苏姆人的保护者；其次是无敌的战神；再次是国王的祖先和父亲；最后，他似乎还被认为是众神之王。[①] 贝赫尔和米德尔则是阴间神，是大地的象征。作为众神之王的马赫雷姆凌驾于其他诸神之上，映射了世俗社会中君王至高无上的权利，显示了封建社会形成早期阶级意识的萌芽。关于祭祀的贡品、屠宰的牲畜、洁净的方式以及仪式规定，甚至关于仪式的专业术语，这些更详尽的内容越来越多地出现在铭文上。

祖先崇拜在阿克苏姆宗教中占有十分重要的地位，特别是对已故国王的崇拜尤受推崇。在阿克苏姆，历代国王的陵墓被视为这个城市的圣地。阿克苏姆人相信灵魂不死，认为人死后还会有另外一种生活。此外，在阿克苏姆王国早期，包括埃及、印度、阿拉伯半岛南部的一些宗教思想就已经开始传到埃塞俄比亚。尽管相关的证明材料显得零星，但是还

---

① ［埃及］G. 莫赫塔尔主编：《非洲通史》（第二卷），中国对外翻译出版有限公司 2013年版，第 350 页。

是依稀可以看出，宗教在当时的埃塞俄比亚社会已经有了相当的发展，并且已经形成了较为复杂和专业的礼仪与祭司。

从以上可以看出，在基督教进入之前，物神崇拜和祖先崇拜在埃塞俄比亚已经有了几千年的历史，其社会影响可谓已经根深蒂固。这一点从埃塞俄比亚古代的铸币中可窥豹一斑，阿克苏姆王国曾经是世界贸易中的超级大国，是当时热带非洲第一个可以铸造金币、银币、铜币等金属货币的国家。为了宣扬其富足与强盛的国家实力，国家不仅将国王的姓名及其统治格言刻印其上，反面还印有人们崇拜的新月徽记。但自埃扎纳国王皈依基督教以后，钱币上的新月徽记就被改成了十字架，上面的铭文也有了基督教的印记："蒙上帝恩惠""他将靠基督战胜"。因此，埃塞俄比亚的古钱币有着非常重要的意义，不仅是曾经的流通货币，也为现时代研究埃塞俄比亚古代的社会生活和宗教文化提供了珍贵的史料。阿克苏姆王国历史上有 20 多位国王，其中有近 20 位王的名字就是从这些铸币中得知的。

二　基督教在埃塞俄比亚的传入

尽管交通闭塞，但埃塞俄比亚不但很早就与埃及人有往来，而且与西亚和东印度古文明区都有密切交往。基督教也在很早的时期就已经传入埃塞俄比亚，但是究竟是何人何时传入，这在学术界还是个很有争议，且尚无定论的问题。

根据《圣经》的记载，第一个将福音传给埃塞俄比亚人的是腓利。[①]腓利是教会一位大有能力的执事，到处宣讲福音，因为他的宣讲，撒玛利人——以色列人的仇敌，也归入了主耶稣的教会。腓利在受命从耶路撒冷下迦萨传教的路上，遇到一位来自埃提阿伯（今埃塞俄比亚）的太监，这位太监去耶路撒冷敬拜上帝，正在返回故国的途中，腓利听见他在大声诵读圣经中的《以赛亚书》，就赶紧过去帮他讲解经文的意思，并传播后者之前在耶路撒冷从未听到过的有关耶稣是救世主、弥赛亚的福

---

① 有些研究资料将"腓利"写成"腓力"。事实上，根据《圣经》记载这是两个不同的人，真正向埃塞俄比亚传教的人是腓利，而不是腓力。

音，从而解开了他心中的信仰苦恼。太监感觉找到了希望与发现，非常开心，希望成为耶稣教会的一员。当车子行驶到有水的地方时，应太监要求，腓利为其施洗。由于这位太监不是一般的人物，乃是埃塞俄比亚女王干大基的银库总管，很有权势，他回国后不断传播基督福音，并成功说服女王改信了基督教。因此，《圣经》将腓利视为第一个向埃塞俄比亚传教的人，太监则是埃塞俄比亚第一个基督徒，他的受洗标志着基督福音在埃塞俄比亚开始传播。

另一本基督教文献《使徒行传》则将第一个把基督教传入埃塞俄比亚的人定为耶稣十二门徒中的圣·马太。从上面这些记载来看，基督教大约在公元 1 世纪就已经传到古埃塞俄比亚，但是这些观点至今还没有有力的文献和考古材料来佐证。

相比而言，鲁菲努斯的著作《列王本纪》中的记载似乎更可信，故事流传得也更广泛。书中提到，公元 4 世纪，一个叫梅罗皮乌斯的叙利亚人带着两个年轻的亲戚——弗鲁门蒂斯为兄，艾迪修斯为弟的亲兄弟去印度。在返航回国的途中，他们乘坐的船只在一个港口遭到当地居民的袭击，梅罗皮乌斯不幸丧命，年轻的兄弟俩则被带入阿克苏姆王宫。不久，他们不但在宫中谋得职位，哥哥弗鲁门蒂斯更是因为其希腊文化素养成为国王的顾问和王子的导师。在辅助王子读书习字的同时，弗鲁门蒂斯潜移默化地向这位未来的国王传播基督福音。在王子即位以后，弗鲁门蒂斯与弟弟一同离开阿克苏姆王宫，弟弟艾迪修斯回到家乡，弗鲁门蒂斯则前往亚历山大会见大主教阿萨纳修斯，告知主教阿克苏姆王室对基督教的友好态度，同时希望亚历山大教会派一位主教前往传教。鉴于弗鲁门蒂斯对阿克苏姆王国风土人情的熟稔，大主教决定授予其主教职位，派其重回埃塞俄比亚。弗鲁门蒂斯后来为国王和王室全体成员行了洗礼，此后一直在埃塞俄比亚传教，死后被人们称为"启蒙大师""和平之父"。①

在了解了基督教之前埃塞俄比亚基本的宗教信仰状况之后，我们就

---

① Cosmas Indicopleustes, *The Christian Topography of Cosmas Indicopleustes*, Cambridge, 1909, pp. 77 – 78.

可以知道在一个固有宗教已经根深蒂固的社会氛围中，基督教进入埃塞俄比亚并在王室与社会中得到广泛接受的过程绝非上述传说描述之轻而易举，其中必定经历了很多艰难曲折的过程。按照《列王本纪》的说法，基督教经弗鲁门蒂斯传入埃塞俄比亚，著名的国王埃扎纳成为第一位皈依基督教的国王。不可否认，王室的皈依对于广大国民有着重要的示范效应，但是一个外邦者就真的可以改变阿克苏姆王国根深蒂固的宗教传统，根除古埃塞俄比亚人心目中至高无上的马赫雷姆神吗？

　　除了弗鲁门蒂斯的过人智慧与才华外，埃塞俄比亚当代历史学家梅库里阿认为，基督教在阿克苏姆取代原有的宗教而没有引起社会动乱的另一个重要因素是罗马帝国的影响。梅库里阿用大量的文献和考古资料证明阿克苏姆王国与君士坦丁堡之间关系友好，存在着频繁的商业贸易往来与文化交流活动。而基督教当时已经被定为罗马帝国的国教，因此在这种频繁的交流互动中，基督教的影响通过君士坦丁堡源源不断地流入阿克苏姆王国，这对于后来基督教在埃塞俄比亚的扎根起到了重要的促进作用。[①] 而且由原有宗教到基督教的转变也不是一蹴而就的，阿克苏姆国王为了避免因改宗换教引发社会骚乱，也采用了一些方法来淡化两种宗教之间的差异与冲突，例如不提基督与上帝同体，不提圣父、圣灵、圣子三位一体说，不提耶稣的名字，而是称呼其为"天地之主"，这一称呼沿用至今，由此也可见埃塞俄比亚的基督教如同埃及的科普特教一样从一开始就具有自己独特的个性。

　　关于基督教传入埃塞俄比亚的时间，现有的研究资料尚不能给出确切的日期。根据《列王本纪》的记载，弗鲁门蒂斯到达阿克苏姆的时间是公元 257 年，315 年作为主教再次返回阿克苏姆。[②] 也有一些资料的记载时间是 333 年、343 年、350 年，但这些数据都是一家之言，没有足够的证据来支撑证明。但将基督教传入埃塞俄比亚的时间定为 4 世纪中叶是目前学术界比较认可的结论。在一块出土的希腊文石碑上，有铭文证

---

① Wilfred. H. Schoff, *The Periplus of the Erythraean Sea: Travel and Trade in the Indian Ocean by a Merchant of the First Century*, Kessinger Pub Co, 2007, p. 66.

② L. Guidi, *The Life and Miracles of Tekle Haymanót*, Vol Ⅱ. 1906, p. 428.

实阿克苏姆总督阿布拉图斯曾经于公元360年拜访过罗马皇帝君士坦斯二世，后者在给阿克苏姆国王的一封信中要求撤换主教，并提到弗鲁门蒂斯担任主教的时间是在公元356年前不久。

从以上这些材料的分析基本可以断定，基督教传入埃塞俄比亚的时间是在公元4世纪中叶，而且从一开始，埃塞俄比亚教会就与亚历山大教会以及君士但丁堡有着密切的联系。但是这些结论的确定有一个遵循的前提，那就是鲁菲努斯《列王本纪》的可靠性。

三　基督教在埃塞俄比亚的传播

在非洲，埃塞俄比亚是自始至终坚持基督教的唯一一个国家，也是基督教在非洲历史发展悠久且最具连贯性的国家。

自4世纪基督教开始传入，基督教就开始逐渐成为埃塞俄比亚占主导地位的宗教。随着基督徒人数的日益增多，去各个圣地朝拜的人也越来越多。这在386年一位叫保拉的人从耶路撒冷给住在罗马的朋友的信中提到，信中说："关于赶到这里（耶路撒冷）并且在这里表现了典范的德操的这些亚美尼亚人……印度人和埃塞俄比亚人，我们应当说些什么呢？"① 自弗鲁门蒂斯以来，埃塞俄比亚就已经被纳入埃及亚历山大教区的管辖，不但埃塞俄比亚的主教都是由亚历山大教会派出，教会遵守的教义教规也都来自后者。

基督教在埃塞俄比亚能够得到快速发展还归功于外来传教士的努力。当时的基督教内部存在严重的教义之争，争论的焦点在于基督是否兼有神人本性及三位一体。一方是以君士坦丁堡大主教聂斯托里为代表的基督教双重本性（神与人）说，他们在神性之外还宣扬基督的人性，并认为人与神是其互不相干的两种本性，由此，玛利亚不应该被称为圣母或上帝之母，只能称为基督之母；另一方是以亚历山大大主教和罗马教皇塞莱斯坦为代表的基督一性论，认为基督的本性就是神性，反对基督人性论。但是后者的失败使得基督一性论者在君士坦丁堡受到严重的打击

---

① ［埃及］G. 莫赫塔尔主编：《非洲通史》（第二卷），中国对外翻译出版有限公司2013年版，第361页。

和摧残，最后忍无可忍，不得不逃向信奉同一学说的地方。正是在这种背景下，著名的九圣徒来到埃塞俄比亚。关于九圣徒的到来与事迹，在《列王本纪》以及后来修道士撰写的传记中都有提到。

大约在5世纪后期，九圣徒阿加维、潘塔莱昂、格里马和阿夫茨等从罗马来到埃塞俄比亚，他们各自带着共同的使命前往不同的地方传教。相传阿巴·阿加维前往蛇神崇拜根深蒂固的德卜勒—达莫；阿巴·格里马去瑟纳费；阿巴·阿夫茨留在阿尔马卡神崇拜的耶哈；潘塔莱昂和利卡诺斯留在阿克苏姆城；伊马塔和古巴负责盖拉勒塔地区；阿莱夫往布赞，齐马则奔赴采登采登尼亚。[①] 他们在当地建立修道院，订立修道院的规章制度，并且以此为据点传播基督一性论。九圣徒的广泛传教，巩固了基督教在埃塞俄比亚的发展，扩大了信徒的数量，培养了当地神职人员，也为基督教在此后的发展提供了据点和赖以遵循的规则与秩序。但是，埃塞俄比亚宗教界对基督一性论的绝对推崇和强化，也使得教会在此后的岁月里几乎完全排斥来自西方的著作与学说。教会内部因为教义分歧而产生的仇恨有时候超乎我们的想象，这种仇恨甚至甚于与其他宗教间的仇恨。公元7世纪，埃及的基督一性论者对所有基督双重本性论者的仇恨，使得他们宁愿与穆斯林结成同盟。

在埃塞俄比亚基督教的早期发展史上，在九圣徒不遗余力的传教之外，做出过贡献的还包括那些众多的外国传教士和本国修道士，例如，埃塞俄比亚传统的东正教萨拉马大主教凯萨特·伯汉就创立了具有埃塞特色的福音布道。共同的努力使得基督教自北部开始传播，此后在北部以外的邵阿、柏根德等地的贝扎人和阿姆哈拉人中广为流传。到公元6世纪，阿克苏姆西北部的阿洛迪亚、穆库拉和诺巴迪亚建立了基督教国家，奈季兰和塔法尔则成为著名的基督教文化中心。

除了基督教信仰在地域上的扩张，5—6世纪还出现了一种新的现象，那就是基督教《圣经》在埃塞俄比亚的流传逐渐广泛，影响日益扩大。这种影响的扩大源于在此期间，《圣经》逐渐由希腊文翻译成盖埃兹文。

---

① ［埃及］G. 莫赫塔尔主编：《非洲通史》（第二卷），中国对外翻译出版有限公司2013年版，第363页。

随着本土语言版本《圣经》的出现，《圣经》开始慢慢成为埃塞俄比亚人知识的最主要来源，读经不但是宫廷和神职人员的重要大事，也贯穿于普通基督徒的日常生活。在圣经人物中，埃塞俄比亚基督教社会对大卫王的敬爱和赞美超过其他任何人，自大卫王的时代以来，埃塞俄比亚就一直是基督教国家。而埃塞俄比亚皇家更自称是大卫王和杜罗门王的后代。在圣经的所有篇章中，埃塞俄比亚的基督徒更偏爱《诗篇》，他们相信每天早晨读《诗篇》就可以避邪，经常诵读《诗篇》，就会像大卫王那样，使上帝成为自己独有的同盟者。此外，《诗篇》还广泛运用为丧礼上的悼文、礼拜的祈祷词，以及宗教魔法和人们的日常生活中。①

7世纪以后，阿克苏姆基督教王国面临的外部环境发生了重要变化，伊斯兰教发展蓬勃。早期阿拉伯帝国的统治者对待阿克苏姆王国的态度还是非常友好的，这是因为相传大约在615年，伊斯兰教先知穆罕默德的几位追随者在生命受到外部威胁的危难时刻来到阿克苏姆王国避难，受到了热情接待，并且当时的国王拒绝了穆罕默德的敌人——麦加当权者要求交人的请求，从而保护了这几位穆斯林的生命安全。但是这种友好的态度并未持续太久，在埃塞俄比亚北部，尽管阿克苏姆王国坚定的基督教信仰阻止了伊斯兰势力的发展，但是在南部和西部，伊斯兰教沿着吉布提湾—哈瓦西河谷洼地—埃塞俄比亚高地南部、西部这一商路顺利推进。从红海沿岸至亚丁湾，再到青尼罗河一带，越来越多的居民皈依伊斯兰教，并且形成了很多穆斯林素丹国，其中包括著名的邵阿素丹国。随着伊斯兰教势力的不断壮大与扩张，基督教的控制范围一再受到挤压，双方冲突加剧。

伊斯兰势力的扩张与巩固，使得基督教埃塞俄比亚经尼罗河流域的商路完全被切断，通往红海和东印度群岛的海上交通也几近瘫痪，同时埃塞俄比亚与邻国的贸易也被阿拉伯人取而代之并垄断。穆斯林在沿海地区的称霸迫使阿克苏姆基督教王国不得不逐渐南移，转向埃塞俄比亚高地的中心地带另谋出路，这些南方地区后来成为9世纪以后基督教埃

① ［埃及］G. 莫赫塔尔主编：《非洲通史》（第二卷），中国对外翻译出版有限公司2013年版，第371页。

塞俄比亚国家复兴的基地与中心。阿克苏姆王国南移的过程充满了艰辛和各种阻挠，但是诸多的外部困难并没有瓦解这个基督教王国，反而强化了其内部团结，之前的基督教信仰不但得以坚持，基督教王国的政治、经济和文化方面的核心内容也得到存续。但是重心的南移打断了阿克苏姆王国同外部世界交往的正常发展轨道，阿克苏姆同埃及亚历山大教区日益淡化，直至最后失去联系。这种几乎全方位的孤立，反而使阿克苏姆王国的精神、文化生活出现了强烈的"圣经化"趋势。[①] 失去了外部信息和交流的基督徒们继而转向圣经去寻找身份的认同和心灵的安慰。

12 世纪上半叶，阿克苏姆王国被扎格王朝取代。扎格王朝在埃塞俄比亚历史上具有十分重要的地位，不仅军事实力强大，更是在疆土上进行了大幅的扩张。随着国力的强盛，扎格王朝大兴建筑之风，而在这些建筑中，最夺目、最显著的就是教堂建筑。传说第三代国王伊姆利汉斯—克里斯托斯曾经用黄金交换埃及的建筑材料，并在其首都阿迪法附近建立了金碧辉煌的教堂。1173—1270 年在位的拉利贝拉历代国王（Lalibela）建成的岩石教堂更是名垂千史、举世无双，令世人震撼，被视为"非洲奇迹"，并于 1978 年被列为世界自然遗产。

传说埃塞俄比亚第七代国王拉利贝拉在梦中被上帝指引到耶路撒冷朝圣，并得到神谕，要他在埃塞俄比亚建立一座新的耶路撒冷城，并要求用一整块岩石建造教堂。拉利贝拉笃信基督教，为了得到上帝的庇佑，他遵照神谕，动用 5000 名工匠，花了 30 年时间，终于在埃塞俄比亚北部海拔 2600 米的岩石高原上凿成了 11 座独石教堂，这些教堂由地道和回廊相互连接，浑然一体，人们称为拉利贝拉岩石教堂。这些教堂不仅具有重要的宗教意义，还兼有政治和军事功能。拉利贝拉教堂既是埃塞俄比亚人的圣地，每年 1 月 7 日的圣诞节埃塞俄比亚基督徒都会聚集于此举行宗教仪式，也是王室的居住地，同时还是抵御外敌入侵、人们躲灾避难的坚固防御要塞。

拉利贝拉教堂气势雄伟、精雕细琢，是埃塞俄比亚建筑史上的奇观，

[①]　何芳川、宁骚主编：《非洲通史》（古代卷），华东师范大学出版社 1995 年版，第 186 页。

反映了 12—13 世纪基督教在埃塞俄比亚的繁荣发展。公元 9—12 世纪，以阿姆哈拉为名的部落群基督教化，并成为基督教王国向南扩张的急先锋。公元 13 世纪中期，有基督教传教士开始在埃塞俄比亚建立修道院，并招收弟子，培训后的学生再回到所在地开办修道院，因此，阿姆哈拉不仅是基督教埃塞俄比亚牢固的组成部分，也是其扩张的先锋基地。但是，由于扎格王朝是在篡取正统阿克苏姆王国的基础上建立的，其政权从一开始就不被亚历山大教会所承认，因此与教会高层的关系也处于紧张状态。此外，还有一股自称所罗门后裔的反扎格王朝的势力也一直存在。

1270 年，传说中的所罗门后裔联合阿姆哈拉人以及教会上层，推翻扎格王朝，建立所罗门王朝，统一了全国。所罗门王朝的创始国王耶库诺·阿姆拉克执政后，深知教会在国家政治和精神生活中的重要作用，同时为了答谢教会高层在其反扎格王朝中的支持，因此将大量土地赐予各地方修道院。但另一方面，由于穆斯林在其王朝建立中亦给予了大力支持，由此，耶库诺·阿姆拉克在以正统基督教王朝统治者自居的同时，对周边的穆斯林诸国也采取睦邻友好政策。随着穆斯林势力不断向埃塞俄比亚内陆渗透，12—15 世纪，伊斯兰素丹国的不断出现使得基督教与伊斯兰教的关系日趋紧张。在与伊斯兰势力的不断战争与冲突中，基督教疆域时有变化，但是在王国内部依然按照固有的传统方式在运转，数百年间，变化甚微。

所罗门王朝时期，埃塞俄比亚教会与亚历山大教会的联系得以恢复。埃塞俄比亚大主教依然由亚历山大教长任免，并且是终身制，因此指派的大主教及其教职人员往往要在埃塞俄比亚终老余生。大主教在国家的政治和精神生活中有着非常重要的地位，在政治上，是基督教王室的重要组成部分，对王国政策的制定有着相当的影响力；在经济上，大主教拥有大片肥沃土地，以及诸多教会与世俗方面的属员。在信仰方面，大主教作为王国的精神领袖，其主要任务是任免神职人员，并团结全国人民抵抗穆斯林势力。但是，来自穆斯林国家埃及的大主教在处理同穆斯林以及外部穆斯林世界的关系时，往往有所顾虑，并努力从和平共存的方向上去影响国家的政策，这也是埃塞俄比亚历史上至今很少发生严重宗教冲突的一个重要原因。

除了大主教以及那些围绕并效忠大主教的宫廷神职人员，埃塞俄比亚还有很大一部分地方和基层神职人员。这些基层教士与统治阶级上层联系很少，一般依附地方世俗势力和地方教会，其中一部分是世俗地区的教士，一般是在各地教堂工作，他们可以结婚生子，文化程度不高，主要以担任弥撒等活动来换取教会土地的耕种权。另一部分是修道院专门的神职人员，他们受教育程度较高，专心宗教活动。修道院掌握着国家的文化和教育领导权，吸引着众多的人来学习，这些人学成后回到家乡建立新教区，从而使基督教呈现出波浪式的发展与扩张态势。

总的来说，整个教会势力的发展是埃塞俄比亚基督教王国扩张的动力与最强大支持。但是，由于各地教会依附的世俗势力不同，来自的修道院也不一样，因而，不但是上层教会与地方教会存在冲突，地方教会之间也矛盾重重。因此，尽管基督教在所罗门王朝依然被广泛信仰，但是由于内部分化，缺乏统一的凝聚力与向心力。基督教作为国家统一的精神支柱，其内部的分化一方面反映了埃塞俄比亚国家统一外表下的极大分散性，同时又反过来增强了这种分散性。①

第三节　努比亚王国的基督化

"努比亚"原为地域名词，是历史上对尼罗河中上游一带地域的总称，具体包括今尼罗河第一瀑布阿斯旺以南与第四瀑布库赖迈以北之间的地区。通常将阿斯旺到瓦迪哈勒法之间的地带称为下努比亚，从瓦迪哈勒法到库赖迈之间的地带称为上努比亚。

努比亚地理位置优越，是大湖地区、刚果盆地和地中海的连接地，同时还是北非、东非、西非文化间交互的集结地。正因为其得天独厚的位置，努比亚与外界世界在经济、文化方面之文明交流分外活跃。东部，与阿拉伯人交往；北部，与埃及和地中海地区互通有无；南部，则是非

---

① 何芳川、宁骚主编：《非洲通史》（古代卷），华东师范大学出版社 1995 年版，第 195 页。

洲内部各民族间的交流合作。这样，努比亚就成了横跨非洲的一个十字路口；它不仅是非洲的东部和西部、南部和北部之间的文化汇合场所，也是近东、远东和地中海欧洲文化的汇合场所。[①] 各种文化的交流碰撞与汇集形成了一种新的文明，那就是融合了黑非洲文明与地中海文明的努比亚文明。

由于努比亚盛产黄金、象牙、香料、珍贵木材和牛羊，拥有丰富的自然资源，再加上与周边地区频繁的交往，史前的努比亚文明曾经是最富有最辉煌的古文明之一，也是最早创立的黑人文明，并建立了黑人历史上第一个王国——库施王国。美国考古学家雷纳斯将史前努比亚文明分为 A 族群、B 族群、C 族群三个时期，持续的时间是从公元前 3500 年到公元前 2100 年。此后，随着库施王国的建立与强大，努比亚的历史分为纳帕塔王国时期（前 760—前 530 年）和麦罗埃王国时期（前 530—前 350 年），新国家的建立使努比亚文明再度进入繁荣。纳帕塔成为库施王国的宗教中心，麦罗埃时期的努比亚文明不但在农业、建筑、纺织和冶铁方面已经具有相当成熟的工艺与水平，并且在借用埃及象形文字的基础上创造了自己的文字体系——麦罗埃文字，还形成了独具特色的绘画和雕刻风格。

公元 1 世纪后，由于遭遇自然灾害，加上阿克苏姆王国的入侵，库施王国开始衰落。公元 4 世纪上半叶，麦罗埃彻底败于阿克苏姆王国。此后努比亚人大批南移，但是在原麦罗埃国家的疆土上，乃至整个东苏丹地区，土著居民仍在这一地区生活、发展，古代人民的生活方式并没有受到很大的影响。

公元 6 世纪前期，罗马帝国的衰退和基督教文明的兴起改变了北非和地中海地区的文明格局，作为连接要地的努比亚随之发生的重大变化就是古努比亚文明的基督教化。公元 6 世纪中期左右，努比亚地区出现了数个基督教王国，由此，苏丹开启了自 6 世纪至 14 世纪的"基督教努比亚时期"。根据基督教的历史记载，6 世纪中叶，基督教正式传入东苏

---

① ［埃及］G. 莫赫塔尔主编：《非洲通史》（第二卷），中国对外翻译出版有限公司 2013 年版，第 196 页。

丹地区。公元 543 年，由拜占庭宫廷派遣的以朱利安传教士为首的传教团到达努比亚，开始正式传教，并受到当地努比亚人的欢迎。朱利安以后，西奥多罗斯和郎吉努斯等人又先后前往努比亚传教。在传教士的不断努力下，努比亚北方的诺巴德王国的统治者正式皈依基督教，并在随后要求其居民共同皈依。

6 世纪被视为基督教传入东苏丹地区的正式界定年代，但事实上，基督教在努比亚地区的传教时间要早得多。基于地理和历史方面的因素，处于尼罗河上游的努比亚与处于尼罗河下游的埃及几千年以来一直存在着非常密切的联系。早在公元前三千多年前，努比亚和埃及就往来频繁，一方面，商业贸易不断发展；另一方面，掠夺努比亚的财富和奴隶成为埃及各时期不断武力征讨努比亚的最主要原因。不管是武力征服，还是和平的商贸来往，毋庸置疑的是，埃及的政治、经济、文化对努比亚，尤其是北部地区产生了非常广泛而深刻的影响。

作为当时文化的主要形态，埃及的宗教结构对努比亚也产生了不可忽视的影响。埃及地区的基督教化始于公元 1 世纪下半叶，此后，基督教势力自然而然往南渗透。这种渐进式的传播使得公元 4—5 世纪前后，基督教日渐对努比亚北部地区产生影响，至公元 6 世纪后期，不但努比亚各王国的统治者已经承认埃及科普特大主教在努比亚的权威，而且在努比亚内部已经建立了七个主教区①，由埃及大主教指定的努比亚教士阶层不但在宗教活动中占主导地位，在王国的世俗事物中也拥有重要的影响力。资料表明，公元 6—7 世纪，在东苏丹地区已经存在着三个基督教国家：诺巴西亚王国、马库里亚（阿拉伯文称"马库拉"）王国以及阿勒瓦（拉丁文称"阿洛地亚"）王国。即使在遥远的努比亚南部地区，当郎吉努斯在阿勒瓦传教时，发现那里业已存在一些基督教派的成员。但是努比亚南部地区早期基督教的传播基本上是受阿克苏姆王国的影响。

基督教文明的传播对努比亚自身宗教与文化的发展走向产生了重要影响。以基督教为纽带，此前已有相当发展水平的努比亚文明与外部世

---

① 在阿拉伯文献中提到的七个主教区，其中五个已经被考古证实，分别是库尔塔、伊布里姆堡、法拉斯、萨伊、栋古拉，其中法拉斯提供的材料最全面，最具代表性。

界，尤其是地中海地区有了更密切的文化与经济交往。用来传播基督教的科普特语和希腊语在努比亚的逐步盛行，不但带来了福音还带来了当时最繁荣的希腊文明和埃及文明，从而促进了努比亚文化在内容与形式上的进一步发展。这种文明（努比亚文明）的建筑与文化传统与科普特人的传统和拜占庭都有关系，后者特别在国家的行政管理、宫廷组织、房屋建筑以及工艺品制作方面成为仿效的源泉。①

基督教在努比亚的正常发展轨道在公元 7 世纪中叶被打断。当时的中东和北非地区局势急剧变化，伊斯兰教迅速崛起。阿拉伯人所向披靡的征伐，使得埃及和北非绝大部分地区接受了伊斯兰教，东苏丹地区基督教诸王国与外部基督教世界的联系基本被切断。此后，东苏丹基督教诸国被穆斯林国家所包围。

公元 641 年，阿拉伯人征服埃及，接着迅速挥兵南下，企图一举攻取努比亚地区。然而，阿拉伯人对努比亚的征服远没有征服埃及顺利，阿拉伯人的军队遭到了努比亚人的顽强抵抗。能骑善射的努比亚人的顽强抵抗使得穆斯林军队损失惨重，溃不成军，最后被迫撤退。

鉴于首次失利，阿拉伯人认为损兵折将去占领物产不丰的努比亚似乎并无必要，因此阿拉伯人在 645 年与努比亚人言和。但事隔不久战事又起，阿拉伯人再次率兵南征，迫使努比亚人订立了城下之盟。公元 651 年，阿卜杜拉·伊本·阿比·萨尔赫领导的阿拉伯人与努比亚签订了《巴克特条约》，这是双方言和，并承诺互不侵犯的条约与协定。根据协定：阿拉伯人不得攻击努比亚；两国居民作为旅行者而非定居移民享有自由通过对方国家的权利，双方当局应对对方公民的安全负责。尽管这一条约的签订对于努比亚来说是不得已而为之，但是客观上却为这个国家的和平发展与经济繁荣提供了重要保障，并且使基督教文明在努比亚的此后 500 年（公元 7—12 世纪）中一直存续。

《巴克特条约》后不久，北方的诺巴迪亚王国（首都为法拉斯）

---

① ［摩洛哥］M. 埃尔·法西：《非洲通史》（第三卷），中国对外翻译出版公司 1993 年版，第 156 页。

和南方的马库里亚王国（首都为古栋古拉）联合，组成了强有力的中央政府，公元697年，穆库里奥斯国王即位。在国家统一以后，穆库里奥斯国王将努比亚国内宗教信仰的统一作为工作的重点，并致力于将努比亚教会纳入埃及亚历山大的基督一性论主教辖区。埃及教会的支持不但为努比亚统一王国的基督教发展创造了有利条件，也有助于整个北非地区基督教的内部融合与对外交流。在与穆斯林和平共处的大背景下，努比亚教会可以根据信徒的愿望与耶路撒冷乃至拜占庭保持联系。公元8世纪末，受拜占庭、波斯和埃及科普特教的影响，努比亚的古典基督教的陶器上出现了鲜艳的花卉和动物图案的丰富式样。

国家与宗教的双重统一使得努比亚在公元8世纪末进入全盛时期，这种全面繁荣的状况一直持续到12世纪后半叶。此时的努比亚不仅拥有肥沃的土地、发达的农业、强大的军队，还有充满黄金的教堂和教会建筑物构成的建筑群。波兰考古队在北部考察发现，法拉斯曾经拥有壮丽的大教堂、礼拜堂、宫殿和修道院。这些有着古老城墙的宗教建筑物位于法拉斯的中央，显示出这座城市作为宗教中心的地位。公元866—902年，努比亚人基罗斯在此就任督主教，法拉斯也由此上升为督主教管区，从此，这座城市的宗教地位得到前所未有的加强，直至10世纪末，法拉斯保持着督主教驻地的地位。[①] 公元9世纪—公元10世纪，有5位主教具有法拉斯督主教的头衔。

在基督教努比亚王国时期，教会在国家的社会生活中占据着重要的地位。早在8世纪末，当时的所有土地全部为国王所有，国家的税收也是以土地税为基础，而当时担任税收官的大多是僧侣，此外，国王还会以赠予地产的形式，谋取修道院的支持。9世纪，教会已经参与国王的外交活动。公元835年，努比亚主教们会同宫廷成员一起陪伴国王乔治斯前往巴格达与哈里发谈判，这次谈判签署了新的协议，由《巴克特条约》的每年一年一次进贡改为三年一次进贡，并将过去

---

① ［摩洛哥］M. 埃尔·法西：《非洲通史》（第三卷），中国对外翻译出版公司1993年版，第156、160页。

的欠款一笔勾销。在这场被称为基督教努比亚王国的空前大事与政治胜利中，陪伴在国王身边的不仅有努比亚的主教，还有亚历山大主教区的大主教。公元 10 世纪，努比亚教会对国事决策拥有了很大的权力。当阿拉伯的使节在乔治斯二世在位时来到栋古拉，这位统治者召开了一个由主教参加的会议，以决定如何对阿拉伯人作出回答。而国王在纯宗教性的事务中也充当调解人的身份，显示了当时教会与国家利益的一致。

公元 10 世纪，法拉斯和其他主教管区的系列资料表明，努比亚教会与科普特教会一样信奉基督一性论，因此，教会使用的语言中除最重要的希腊文外，科普特语言也广泛地使用于教会著作、官方铭文、墓碑，以及努比亚境内众多的科普特社团中。此后，努比亚人在科普特文字母的基础上稍加改动，形成了适合努比亚人发音的古努比亚文。从 10 世纪中叶开始，古努比亚文得以大量使用，不但成为教会使用的语言，以古努比亚文记载的碑文和资料也日益增多，这些书写资料大多与宗教有关，包括圣经经文、关于圣徒言行和传记的抄本、祷告书，法律文件、书信等大量的珍贵文字和壁刻。在基督教整个的发展趋势上，努比亚稳定、繁荣的社会环境保证了基督教的向上发展，在各个村庄，基督教的教堂和修道院如雨后春笋般涌现。

有关公元 11 世纪努比亚教会的资料，大都来源于《基督一性论教会大主教史》一书，此书记载了克里斯托·杜洛斯在职期间的头十年正是对科普特教进行迫害的时期，他本人也被监禁，后来在努比亚国王的干预下获释，克里斯托斯与努比亚国王的关系，使原本岌岌可危的基督一性论教会的地位得到加强。值得注意的是，11 世纪随着纪希拉尔侵略非洲运动的兴起，阿拉伯贝都因人逐渐南进，开始渗入努比亚，从而为埃塞俄比亚基督教王国的最终灭亡和部分地区的阿拉伯化铺平了道路。尽管努比亚和埃塞俄比亚的基督教会依然存在，但它们被亚历山大教会所控制，很多时候被沦为埃及的政治工具。公元 1170 年，随着法蒂玛王朝的结束，努比亚与埃及的关系也随之恶化，与此同时，努比亚王国的基督教黄金时代也面临解体。

伊斯兰教的进入，使北非基督教会众的规模与数量得以急剧减少，最终逐渐耗尽并几近消失。① 然而修道生活在阿比西尼亚（Abyssinia）②和努比亚教会依然繁荣，这一状况一直持续到 14 世纪下半叶土耳其马穆鲁克（Mamluks）对努比亚的征服。此后，马穆鲁克接管了努比亚的政治领导权，开始镇压基督教，摧毁教堂和修道院。③

基督教在努比亚的衰退是内因和外因共同作用的结果。从内部原因来看，12 世纪以后，基督教在努比亚的发展进入了晚期，此时的基督教与拜占庭、亚历山大等外部基督教世界的联系基本已经中断，因此难以吸收到新的知识、思想与人才，也因此丧失了发展的动力与活力，发展保守滞后。从外部环境来看，与基督教日渐衰微的发展势头相反，伊斯兰教此时在努比亚的发展可谓一日千里、如日中天。越来越多的阿拉伯商人、学者、探险家和伊斯兰传教士通过各种途径，并伴随着移民、定居与扩张，逐步由沿海向腹地渗透。伊斯兰教多主体、多渠道的强势进入使得其在努比亚的势力急速膨胀，清真寺随处可见。势力的扩张伴随而来的是影响力的扩大。在统治阶层，努比亚的统治者与伊斯兰势力有着紧密的联系，甚至在继承人的王位相争中，一方会联合伊斯兰势力击败另一方，待政权到手，再分给伊斯兰支持者以土地、资源、货币等好处。在平民阶层，长期的交往已使北部居民逐渐伊斯兰化，加上基督教文明的萎缩，使得当时正处于世界文化前列的伊斯兰教正好乘虚而入。

第四节　早期基督教与北非社会的碰撞与交融

早期基督教文明的传播给北非社会生活带来了诸多方面的影响。

首先，基督教的传播与发展加强了北非与外部世界的交往，促进了北非政治经济的发展。在基督教传入之前，北非各地基本处于封闭状态，不管是地区内部还是与外界的联系都少之又少，基督教在北非的传入逐

① Rt. Rev. Daniel W Kasom, *Africa is the Cradle of Christian Religion*：*The Cradle of Christian Religion*, VDM Verlag Dr. Muller, 2011, p. 28.

② 阿比西尼亚是埃塞俄比亚的旧称。

③ Hohn Baur, *2000 years of Christianity in Africa*, Nairobi Pauline Publications, 1994, p. 33.

渐打破了这一状况，促进了北非内部及其与外部世界的交往。与非洲带有明显血缘性和地区性的部族宗教不同，基督教更具有普世性，它超越民族、部族和人种，在所有可以触及的地方传教，因此，早期传教士在北非各地的传教为该地区的对外交往起到了先锋与媒介作用。早在公元6世纪，因为基督宗教信仰的关联，拜占庭努力与阿克苏姆建立良好的关系以抵御波斯的威胁，并于524年签订了正式条约，条约规定，阿克苏姆须派遣诺巴德人和布勒米人参与双方的也门远征计划。除了与拜占庭的联系，基督教还为诺巴德王国打开了通往埃及的大门。自4世纪开始，埃及就有主教在诺巴德王国的疆域菲莱岛上定居。① 并且通过埃及，诺巴德人可以到达更遥远的地中海地区和拜占庭，后者是当时著名的文化中心。与外界的交往使得诺巴德王国和努比亚王国实现了军事实力和文化的繁荣，国家在政治和经济上也实现了富强。

基督教时期是努比亚经济快速发展的时期。在此期间，努比亚不但引进了先进的灌溉和农业技术，大力发展国内经济，同时与邻国的贸易也大大增加，其贸易伙伴甚至跨过邻国到达更遥远的非洲内陆国家，例如尼日利亚和加纳。与拜占庭的贸易往来使努比亚上层的女人得以穿上带有五彩刺绣的拜占庭长袍。

其次，基督教艺术的传播改变和丰富了北非艺术文化的发展。在努比亚的建筑与绘画艺术中，基督教产生的影响是显而易见的。在基督教努比亚全盛时期的10—11世纪，建筑和艺术得到了前所未有的繁荣与发展，而教堂建筑的艺术和观念不但是当时世界基督教建筑的重要组成部分，同时也代表了这一时期努比亚建筑的最高成就，在国家世俗建筑与整体建筑中都打下了深刻的烙印。努比亚的诺巴迪亚王国和亚库利亚王国有160多座教堂，这些教堂主要有中心设计和长方形式样两种风格。教堂建筑的风格，尤其是长方形建筑设计在古栋古拉、法拉斯的文化与行政中心的大建筑上都体现了出来，地方的建筑也很多以其为模板加以效仿，金碧辉煌的壁画是基督教建筑的一大特色，之后也变成努比亚教堂

---

① ［埃及］G. 莫赫塔尔：《非洲通史》（第二卷），中国对外翻译出版有限公司2013年版，第290—292页。

的一种固定装饰长期保留下来。

绘画方面，古典基督教时期，拜占庭艺术的影响在整个努比亚绘画艺术中占据了统治地位。在风格上，大量使用装饰品；在内容上，基督教中的人物肖像，如耶稣基督、圣母玛利亚、圣徒、天使长等开始成为这一时期壁画创作的重要素材。此外，在色调上，也慢慢抛弃了传统的白色色调，参照不同时期教堂的典型色调，选择更为鲜明、艳丽的色彩。

最后，由于早期基督教的进入而引起的宗教间之碰撞，也引发了相应的社会家庭矛盾。尽管这一时期，基督徒与穆斯林通常能和平相处，但是，由于虔诚的基督徒被要求避开任何颂扬异教神祇的职业以及社交场合，因为这样容易被视为背叛和侮辱，从而引起人们的愤怒。在家庭关系中这种紧张也会存在。早期基督教作家德尔图良写过一段话来描述一位皈依基督教的妻子与信奉传统宗教的丈夫间所遇到的困难：

> 她在斋戒期间订了婚；她的丈夫则举行宴会。基督徒义务要求她去拜访街坊和家庭；她的丈夫却坚决要求她打理家务。她要在复活节守夜通宵，她的丈夫却一心盼望她与自己同床共枕。她偷偷溜进监狱去亲吻殉难者的镣铐并给他一个面包；她的丈夫却因为空空如也的食橱而大发雷霆；已经在圣餐上喝了一杯的她却被丈夫要求一起去小酒馆再喝上一杯。已经发誓抛弃偶像的她却不得不吸入因为丈夫家中供奉偶像飘出的烟雾。①

---

① ［美］埃里克·吉尔伯特、乔纳森·T. 雷诺兹：《非洲史》，黄磷译，海南出版社2007年版，第82页。

第 五 章

伊斯兰教在非洲的最初传播与发展

公元 7 世纪，伊斯兰教在阿拉伯半岛形成。7 世纪中叶的四大哈里发时期，哈里发国家开始向外扩张，由此开始了历史上所谓的伊斯兰教第一次大传播。也正是在这个时期，伊斯兰教开始传入非洲大陆。和基督教传入非洲一样，伊斯兰教在非洲的传播与发展同样是以埃及和北非为突破口。伊斯兰教的推行为非洲统治者提供了一种把落后社会进一步组织起来的有力工具，并使非洲出现了世界上最早的大学。

第一节　阿拉伯人在北非的入侵与征服

埃及是 7 世纪阿拉伯人征服马格里布地区的起点。公元 639 年，第二代哈里发欧麦尔派大将阿穆尔·伊本·阿斯（Amr Ibn al-As，约 585—664 年）率领 4000 名骑兵由巴勒斯坦入侵埃及，由此开启了阿拉伯人入侵非洲的篇章。[①] 公元 642 年，穆斯林军队占领亚历山大，这意味着阿拉伯人对埃及的征服取得了决定性的胜利。尽管 3 年后拜占庭人重新夺回亚历山大，但这是短暂的，公元 646 年拜占庭人再次被阿拉伯人逐出。阿拉伯人对埃及的征服，使得伊斯兰教在埃及大行其道，原有的科普特教以惊人的速度萎缩，教徒大多数退居沙漠。阿穆尔将统治中心定在巴比伦。这座占有特殊地理位置的城市成为阿拉伯人西入马格里布的据地，

---

① 何芳川、宁骚主编：《非洲通史》（古代卷），华东师范大学出版社 1995 年版，第 196 页。

并最终成为阿拉伯人在埃及的政治和宗教中心。

在阿拉伯人征服埃及后的初期，埃及之前通用的希腊语、行政区划以及货币制度都得以继续使用，希腊文可以和阿拉伯文一样出现在官方公文中，但是随着阿拉伯人在埃及时间的推进，所有这一切开始慢慢被取代。在8世纪早期，阿拉伯文就开始在埃及社会通用，现有发现的希腊文文献的最晚时期是8世纪末，科普特文则在此后的两个世纪中继续使用于农村地区。到10世纪，包括科普特教徒在内的几乎所有埃及人都使用阿拉伯文记事，阿拉伯文成为官方文字。与阿拉伯文字相对应的阿拉伯语也基本已经取代科普特语言，成为埃及的通用语言，而在此之前，埃及没有通用的官方语言，希腊语、科普特语、各种方言并行使用于社会各个阶层。

到13世纪，由于教会无视人们的需求，贪婪腐败，加上阿拉伯定居人数的日益增加，埃及整个主教区基本已被沦陷为伊斯兰教的地盘，原来的科普特教徒大多变成了穆斯林。毫无疑问，当时的埃及，伊斯兰教已是社会的主流信仰，穆斯林占据国家人口的绝大多数，而退居中埃及地区的科普特教徒已成为少数。从7世纪到13世纪，阿拉伯人在埃及统治的500多年间，埃及成为东方最富庶的地方。由它的作坊生产出来的陶器、玻璃器皿、纺织品和金属与木制品达到了前所未有的完美程度。农业也保持了几千年来获得的特点，引进了大量来自亚洲的农作物品种。

阿拉伯人对埃及的征服翻开了非洲历史崭新的一页，也为北非的伊斯兰化铺平了道路，从此，埃及成为阿拉伯人向整个非洲大陆扩张的基地，伊斯兰教也因为大量穆斯林进入埃及而随之传入。

阿拉伯人对埃及的征服如此轻而易举，主要有以下三方面的原因：第一，当时的埃及是拜占庭的行省，处于后者的统治之下。而拜占庭帝国的剥削、压迫，以及各种苛捐杂税压得埃及人们喘不过气来，他们对统治者深恶痛绝，所以当阿拉伯人打败拜占庭进入埃及时，几乎没有遭到埃及人的激烈对抗。相反，埃及人还寄希望于阿拉伯人，希望阿拉伯人的到来在摧毁拜占庭桎梏的同时，给他们带来更好的生活境况。此外，拜占庭在埃及的统治已如明日黄花，势力每况愈下，当时在埃及境内的拜占庭驻军很少，根本无法抵挡阿拉伯军队的入侵。第二，埃及与阿拉伯的交往由来已久，对于埃及人来说，阿拉伯人并不陌生。早在公元前后，来埃及的阿拉伯人就日益增多。阿穆尔也曾在埃及经商，并对埃及的情况相当熟悉。① 第三，基督教内部派别的相争将埃及推向了伊斯兰教的怀抱。埃及的亚历山大教会由于始终坚持基督一性论而遭到信奉基督双重本性论的官方拜占庭教会的不满和镇压。在阿拉伯人进入埃及前夕，这种对神职人员和教徒的打击正在加强。长期无休止的教义之争不但使埃及基督徒信仰凌乱，更对他们正常的生活带来了危险和困扰，因此，当同为一神教，教义简单分明的伊斯兰教来临时，他们几乎不费多少纠结就抛弃了原来的科普特教，纷纷投入伊斯兰教的怀抱。

然而，阿拉伯人在非洲的目标并不仅仅只是埃及，而是包括埃及和马格里布在内的整个北非地区，因为无论在政治还是经济上，北非在穆斯林世界的战略布局中都具有重要的意义。但是，马格里布的宗教信仰状况显然比埃及要复杂得多，马格里布沿海和城镇的居民因为长期处于罗马帝国的统治之下，因此早已皈依了罗马国教——基督教，而包括柏柏尔人在内的内地居民除了少数犹太教徒，大多信奉传统宗教。

阿穆尔在征服埃及后迅速挥兵西进，直入马格里布。公元 642—643 年，几乎在没有遇到什么抵抗的情况下就占领了巴尔卡（今利比亚境内），并一鼓作气攻占了防守坚固的的黎波里，至此阿穆尔的西征事业达到了高潮，但阿拉伯人真正建立对北非的统治那还是后话。此后，由于种种原因，阿穆尔西征被迫中断，班师回朝埃及后不久便被罢免。

继任的埃及总督阿布德·本·萨阿德同阿穆尔一样支持西征。公元 652 年阿布德·本·萨阿德向南远征努比亚，并最终迫使努比亚人签订合约。公元 647 年，在哈里发奥斯曼的支持下，萨阿德再次大军西征，渗入内陆，并最终大获全胜。

公元 7 世纪中叶，西征运动一度因为统治者的内讧而处于几乎停止的状态，但是，随着公元 661 年倭马亚王朝的建立，一度停止的西进征服运动重新开始。公元 666 年，以阿穆尔的侄子，著名将领奥克巴·本·纳菲尔为总指挥官的第三次西征运动开始。奥克巴不再满足于劫掠式的袭

---

① *Cambridge History of Africa*, Vol. 2, Cambridge University Press, 1975, p. 499.

击，而是旨在彻底摧毁拜占庭人和当地贵族的抵抗，建立阿拉伯人稳固的统治。此次西征耗时 5 个月，相继征服了费赞首府杰尔马、库瓦尔绿洲地区和哈瓦尔，从而巩固了阿拉伯人在撒哈拉沙漠地区的势力，并在该地区柏柏尔人中传播了伊斯兰教。①

公元 670 年，奥克巴再次率军西征，深入伊非利基亚（今利比亚），并在那里建立了阿拉伯人的都城凯鲁万城，而后以此为军事基地，对柏柏尔各个部落采取军事行动，但奥克巴不久便遭罢黜。公元 682 年，第四代哈里发亚齐德重新任命他为北非总督。奥克巴再次向西发动大规范进攻，并以秋风扫落叶之势一路相继摧毁拜占庭军队，以及东罗马人和柏柏尔人的联合抵抗，直抵大西洋海滨。但是一年后奥克巴在班师途中遭到柏柏尔人的奋力反抗，最终因脱离大军，在现阿尔及利亚的比斯克拉附近遭柏柏尔人的狙击而死。

在杀害奥克巴后，柏柏尔人趁机联络其他部族与地区，那些长期忍受奥克巴苛刻政策的柏柏尔人迅速从四面八方聚集起来，在首领库塞拉的带领下，向凯鲁万进军，阿拉伯人被迅速击败，退回到巴尔卡地区。此后，尽管 688 年利比亚新总督祖赫尔·本·盖斯的再次西征获得胜利，但最终同奥克巴的命运一样，在班师途中战死。因此，在这个时期，阿拉伯人对利比亚的统治其实是很不牢固的。直至公元 692 年，哈桑·本·努阿曼被任命为马格里布总督，形势才出现根本性的转变。哈桑亲率 4 万大军西征，于 698 年在一支穆斯林舰队的帮助下，将拜占庭人赶出了迦太基和其他沿海城市，继而粉碎了柏柏尔人的抵抗。为了确保拜占庭人再无返回的可能，哈桑彻底摧毁了当时声名显赫的历史文化名城迦太基，从而真正实现了在马格里布的立足。而阿拉伯人真正建立对北非马格里布的稳固统治是在数年后。

阿拉伯人征服北非的过程，就是北非伊斯兰化与阿拉伯化的过程。所谓的伊斯兰化和阿拉伯化，尽管在不同的场合所表述的含义可能有所不同，但大体是相通的。它们所表述的是，在中世纪的社会条件下，由

---

① 何芳川、宁骚主编：《非洲通史》（古代卷），华东师范大学出版社 1995 年版，第199 页。

阿拉伯人所推动的，以阿拉伯语言文字为工具，以伊斯兰教为宗教信仰、精神寄托、道德规范和社会生活准则的一种古代文明的渗透、推广及最终确立的过程。① 阿拉伯人对北非的征服历经 70 多年，虽然在埃及的入侵没有遭到什么抵抗，但是在马格里布国家，却遭到了柏柏尔人一次又一次的坚决抵抗，尽管他们抵抗外敌入侵，捍卫自身领土和意识形态的斗争最终以失败告终。

对于柏柏尔人战败后皈依伊斯兰教的问题，通常有一些误解，认为那完全是阿拉伯人武力强迫改宗的结果。但事实上，从柏柏尔人方面来看，尽管他们坚决反对阿拉伯人的意识形态与政治统治，但是在宗教和文化上，由于伊斯兰教宣扬的教义与柏柏尔人平等、民主的传统观念不谋而合，因此他们在战败后不仅很快就接受了这一异域宗教，而且成为伊斯兰教最忠实的信徒。正因为伊斯兰自北非传入就受到很多非洲人的接受甚至欢迎，因而普遍认为，非洲接受伊斯兰教的时间与伊斯兰教在非洲传播的时间一样漫长。② 另外，阿拉伯人当时的扩张与征服更多的是出于政治与经济上的需求，希望将非穆斯林土地划入伊斯兰国家，由穆斯林控制，其主要目的并不是为了让每个人改宗伊斯兰教，当然能够从宗教方面促使人们改宗那自然是最好的，但从统治者的角度来看，这并非必要。当然，在柏柏尔人的改宗过程中，阿拉伯人的物质刺激和利益诱惑也起到了重要的推动作用。阿拉伯人在意识到武力征服并不能完全帮助其实现目的后，开始调整战略，先是在俘虏中挑选贵族青年，将其释放，条件是必须皈依伊斯兰教，然后再任命他们到军队高级司令部任职。这种政策很快就见成效，很多柏柏尔士兵受他们头目的榜样所鼓舞纷纷加入阿拉伯军队。③ 在逐渐被伊斯兰化的柏柏尔人的帮助下，伊斯兰教直抵布罗陀海峡对岸，并跨过撒哈拉沙漠，进入非洲内陆。以柏柏尔人为主体的各穆斯林王朝军队不仅征服了西班牙，夺取了西西里，还战

---

① 何芳川、宁骚主编：《非洲通史》（古代卷），华东师范大学出版社 1995 年版，第 201 页。

② 李文刚：《浅析非洲伊斯兰教与欧洲殖民主义的关系》，《亚非纵横》2015 年第 1 期。

③ ［摩洛哥］M. 埃尔·法西：《非洲通史》（第三卷），中国对外翻译出版公司 1993 年版，第 50 页。

胜了埃及。公元711年，塔里克率领由12000位已经皈依伊斯兰教的柏柏尔人组成的军队越过直布罗陀海峡，进军利比亚半岛，这一事件标志着阿拉伯人对北非的征服取得了最终胜利。

如同在世界其他地方的传播和发展进路一样，伊斯兰教在非洲的进入与传播也是伴随着战争开始，并通过向当地移民来加以占领巩固。在阿拉伯人入侵之前，北非地区的阿拉伯人很少。自埃及被征服以后，为了巩固自身的统治，阿拉伯人大量向埃及移民，先是将军队家属接到埃及定居，接着便是鼓励阿拉伯人以部族为单位，向埃及土地肥沃的地区移民。在阿拉伯人深入马格里布地区以后，越来越多的阿拉伯青壮年因为圣战来到北非，同时更多的阿拉伯部落西移到马格里布国家。这些移民得到了土地、年俸和其他种种特权，成为阿拉伯人在北非统治的中坚力量。据统计，仅一个世纪内定居埃及的阿拉伯人就达百万之多。随着阿拉伯人在北非统治的巩固，阿拉伯移民日益增多，并在统治者的支持下与当地人通婚，阿拉伯人人数的日益增多，为北非伊斯兰化的顺利推进提供了动力。

随着阿拉伯人对北非的征服和穆斯林移民的增多，伊斯兰教在北非首次得到了较大规模的传播和发展。到10世纪和11世纪，埃及和马格里布地区已基本先后完成了伊斯兰化和阿拉伯化。在完成了伊斯兰化的北非地区，阿拉伯人的人口比例在全国人口比例中已占绝对优势，他们信仰伊斯兰教，说统一的阿拉伯语，对阿拉伯族系和历史文化有着强烈的认同。在11世纪的埃及，基督教的发展和影响已经被伊斯兰教强劲的态势所取代，除了退回到中部埃及地区的科普特基督教徒外，其他大多数人都皈依了伊斯兰教，基督教某种程度上只具有象征性的意义，几乎没有实际的社会影响。马格里布地区的情况也跟埃及相似，除了部分保持传统宗教信仰与文化习俗，被迫退居山区和沙漠外的柏柏尔人，其他人已基本被伊斯兰化，包括很多的柏柏尔人。当时的北非已成为伊斯兰教的核心地区，伊斯兰教作为一种意识形态和生活方式已经渗透到社会的方方面面。

在阿拉伯人征服北非的历史进程中，阿拉伯人高举圣战的大旗，将宗教的献身精神与世俗的贪婪动机融为一体，给北非带来了巨大的混乱与破坏，但同时也给这一地区带来了空前的活力。由此创立起的北非中世纪伊斯兰文明成为北非历史进步中的一个阶梯。①

伊斯兰教在北非能得以迅速传播和发展是诸多复杂因素共同作用的结果，主要包括以下四个方面。第一，北非的社会条件和组成结构与伊斯兰教生存和发展的土壤具有很大的同质性。柏柏尔人游牧民族的性质和社会条件与阿拉伯人的部落组织非常相似，这为伊斯兰教在其中的传播提供了很大的便利。第二，伊斯兰教的教义更容易为广大北非民众所接受。伊斯兰教教义强调平等、正义、民主和爱，倡导在神面前人人平等，宣扬所有的穆斯林都是兄弟姐妹，都要友好相待，互相帮助，这种教义教规增强了其自身的吸引力和向心力。而且其宗教教义相对基督教来说更为清楚明了，仪式更为简单方便，适合游牧民族四处行走的生活方式。第三，阿拉伯语言和文字的推广与普及为北非提供了统一的语言文字，从而为北非的伊斯兰化扫除了语言和沟通上的障碍。在阿拉伯语言和文字推广之前，埃及和马格里布地区没有通用的语言文字。希腊语是官方和学术界通用的语言，基督教会用科普特语，其他的老百姓几乎都是用各自的部族方言，当阿拉伯人征服埃及和马格里布地区以后，统治者宣布阿拉伯语为官方语言，阿拉伯文为官方文字。第四，统治者给予穆斯林的种种政策和物质方面的优惠和倾斜是很多北非土著民皈依伊斯兰教的重要原因。随着阿拉伯人在北非统治权的获取，伊斯兰教作为统治阶级的宗教也在社会生活中占据主流地位。加入伊斯兰教的人们可以享受减免税收，分得土地，得到保护等种种好处，而拒绝皈依的异教徒不但要缴纳各种苛捐杂税，而且往往会遭受迫害。这些实实在在的政策和好处为很多北非土著居民皈依伊斯兰教提供了物质动力，使他们解决了很多生活上的困难。

伊斯兰教的广泛传播与发展对北非产生了各方面的影响：第一，伊斯兰教的征服使得北非濒临地中海的大部分地区从此成为伊斯兰世界的组成部分，这一地区不但成为伊斯兰帝国后来继续入侵西班牙、西西里，

---

①　何芳川、宁骚主编：《非洲通史》（古代卷），华东师范大学出版社1995年版，第201页。

以及撒哈拉以南非洲的据点，而且迄今为止，这一原本以基督教为主体的地区与基督教世界再也没有过交集。曾经基督教盛行的埃及在这一时期，大多数居民改宗伊斯兰教，基本失去其基督教特征。第二，伊斯兰教对北非国家的影响还表现在努比亚和埃塞俄比亚信仰格局的转变。努比亚和埃塞俄比亚是北非最典型的两个基督教国家，虽然伊斯兰教对两者从来没有实现过真正意义上的征服，但是，努比亚由于政治与经济被穆斯林埃及所控制，并由于阿拉伯游牧民族的渗透，最终失去其基督教特征。而埃塞俄比亚尽管作为一个独立、统一的政治主体得以存续，但是却不得不接受伊斯兰教平分天下的现实，并调整内政外交以应对伊斯兰势力的围攻。第三，伊斯兰教的进入与快速传播改变了北非地区传统的文化和生活方式。在伊斯兰教进入前，北非主要是信仰传统宗教和基督教，随着伊斯兰化的逐步推进，伊斯兰教作为一种强势的文化与宗教，作为一整套生活方式，已慢慢渗入北非人的日常生活。

第二节　伊斯兰教在非洲其他地区的传播与发展

伊斯兰教对北非的征服以及取得的成就，一方面大大促进了非洲大陆内部的交往，使得非洲南北地区间的经济和文化往来日益频繁；另一方面，北非的繁荣吸引了伊斯兰世界各地，尤其是以伊拉克为主的东北端的穆斯林商人，他们纷纷来到撒哈拉商道各商业贸易中心。随着越来越多穆斯林商人的加入，以撒哈拉商道为核心建立起来的贸易网络逐渐成为伊斯兰世界商业体系的组成部分。而西苏丹发现的黄金产地对于长期盘踞北非的穆斯林商人来说无疑是不可抗拒的诱惑，在黄金的刺激下，他们沿撒哈拉商道深入大陆内地。从 8 世纪起，撒哈拉商道上的商人，除少数是没有皈依的柏柏尔人以外，其他都是穆斯林商人，正是这些商人将伊斯兰教带入了西苏丹黑人的部族社会，从而开启了伊斯兰教在非洲内地的传播。

一　伊斯兰教在西苏丹和中苏丹的传播

古代的苏丹是萨赫勒（Sahel）和苏丹两个地区的统称。萨赫勒是撒哈拉沙漠南部和中部苏丹一条大约 3800 平方米的狭长地带，西起塞内加尔河口，东到乍得湖地区，中间包括塞内加尔北部、毛里塔尼亚南部、马里中部、布基纳法索北部、尼日尔南部，以及乍得和苏丹中部，是非洲热带草原向撒哈拉沙漠过渡的干旱和半干旱地带。萨赫勒以南被称为苏丹地区，是非洲热带草原地带，历史上曾经涌现出著名的加纳帝国、马里帝国和桑海帝国。苏丹地区又可以分为西苏丹和中苏丹，西苏丹西起塞内冈比亚的大西洋海岸，东至尼日尔河自加奥（Gao）至贝努埃河河段地区。中苏丹则包括起于尼日尔河加奥至贝努埃河河段的东岸，直至乍得湖以东以南地带。

第一阶段（8 世纪—11 世纪 70 年代）。

伊斯兰教在西苏丹和中苏丹的传播经历了两个阶段，第一阶段是 8 世纪到 11 世纪 70 年代；第二阶段是 11 世纪 70 年代到 16 世纪。8 世纪到 11 世纪 70 年代期间，在西苏丹和中苏丹传播伊斯兰教的都是北非人。西苏丹主要是来自北非的伊巴蒂斯人（the Ibadis），中苏丹则主要是伊巴蒂斯人和说科普特语的埃及穆斯林。

由于北非穆斯林在苏丹地区的传教采取宽容态度，并没有强迫当地居民放弃他们的传统宗教，改宗伊斯兰教，结果反而取得了不错的成效。当然这种成效的取得也与北非穆斯林采取的正确传教策略有关。伊斯兰教是一种以城市与宫廷为主要场所的宗教，因此在传教过程中，北非穆斯林将非洲商人和部落及王国的统治者作为其最初的传教对象，因为黑人商人与他们的接触最多，且长期在黄金产地与撒哈拉商道之间穿梭，而王国统治者则控制着撒哈拉贸易及当地资源。事实证明，非洲内地的第一批穆斯林也正是在他们中间产生，并且在很长时间内，伊斯兰教主要是在这两个群体中间传播。在马里帝国创始者松迪亚塔（Sundjata）皈依伊斯兰教之前，马里的国王们就已经是穆斯林，相传，其中的穆萨·阿拉科伊（Musa Allakoi）和巴尔曼达纳（Barmandana）国王还曾经去麦加朝圣。另一个著名的传说是关于马勒尔（Mallel）国王皈依伊斯兰教的故事。据说马勒尔王国深受天气干旱之苦，国王用尽各种办法，包括传统宗教的各种献祭与祈祷，结果无济于事。这时，王国的一名穆斯林向国王许诺，只要国王皈依伊斯兰教，他就能实现成功降雨，国王无计可施之下，只好同意。国王沐浴更衣，与穆斯林一道在一座山岗上日夜祈祷，终于大雨倾盆而下。从此，国王成为一名虔诚的穆斯林，并要求子孙后代都信奉伊斯兰教。

像马勒尔国王一样自愿改宗伊斯兰教的还有台克鲁尔的国王沃尔·迪亚比（War Dyabi），后者被认为是西苏丹王国中最早一位皈依伊斯兰教的统治者。迪亚比不但自己皈依了伊斯兰教，还强迫其王国的臣民改宗，并且将伊斯兰教推广到毗邻地区。除了这种自愿皈依的，也有统治者对伊斯兰教持抵制态度，加纳王国的国王就属于这一类型。尽管与穆斯林接触频繁，但是他们依然坚守祖祖辈辈传承下来的传统宗教与习俗，坚决拒绝改宗。加纳王国的拒绝改宗最终导致其政权被北部的穆斯林王国摧毁，复国后，其统治者最终还是成为穆斯林。在其他一些王国，伊斯兰教更多的是作为部族首领和国王用来获取经济利益、平衡政治权利的工具。

尽管伊斯兰教在非洲商人、部族首领及国王中间获得了大量信徒，但是对于非洲社会而言，这无疑是横亘在统治者与普通老百姓之间的一道鸿沟。对皈依了伊斯兰教的统治者来说，信奉传统宗教的老百姓是"异端"，而对于老百姓来说，改宗伊斯兰教的统治者则是违背祖祖辈辈传统宗教与习俗的"叛教者"。因而，为了调和统治者与人们的关系，统治者往往会采取一些策略，在外来穆斯林商人面前，他们坚持自己是已经皈依的穆斯林；在族人面前，他们宣称自己只是形式上的穆斯林，实质上依然是传统宗教信徒，依然会参加传统宗教仪式，遵循传统习俗。统治者这种左右为难的处境和摇摆不定的态度决定了伊斯兰教在非洲的传播必然会具有其自身的特色，那就是伊斯兰教与非洲传统宗教的夹杂与糅合。事实上，北非伊巴底人最初带来的伊斯兰教义在后来的西苏丹和中苏丹地区几乎已经没有影响，留下的痕迹只是在作为宗教建筑的清真寺上依稀可见。

伊斯兰教的一个重要传播途径就是经商，同时伴随着移民。如同北非一样，在萨赫勒和苏丹地区，尤其是靠近撒哈拉商道附近，来自北非的穆斯林建立了一个个穆斯林社区，这些社区与当地的黑人村庄隔离，里面建有清真寺，居民为清一色的穆斯林。他们的生活方式和风俗习惯严格遵循伊斯兰教的相关教义教规，着穆斯林服饰，遵循伊斯兰饮食法，禁止饮酒，不吃猪肉，坚持每天五次祈祷。这种几近相互隔绝的居住状态持续到相当晚的时期。

随着西苏丹地区阿拉伯商人的增加和穆斯林社区的扩大，外部伊斯兰世界开始往该地区派遣专门的神职人员。这些神职人员以穆斯林社区为基地，开始向当地居民传教。一方面，他们对西苏丹传统宗教非常宽容，并能结合本土宗教来灵活解释和宣传伊斯兰教的教义；另一方面，伊斯兰教神职人员还通过治病救人、调和社会纷争、释梦卜卦等一系列的行为赢得了当地非穆斯林居民的好感与尊敬。穆斯林神职人员的努力传教大大促进了西苏丹民众对伊斯兰教的信任与皈依。伊斯兰教能在西苏丹获得大量信徒还与穆斯林商业传统相关。伊斯兰教诞生于当时作为商业城市的麦加，先知穆罕默德就是商人，因此，伊斯兰教有着非常古老的经商传统，并且拥有一套自己的商业伦理道德和实践规则。这种商业伦理道德和实践规则作为一种相同且强大的身份认同，将不同民族，不同地区的穆斯林商人团结起来，形成一个庞大而有力的穆斯林商业网络。① 这种商业网络与资源是吸引西苏丹商人皈依伊斯兰教的一个重要原因。

伊斯兰教传入中苏丹的时间与西苏丹相差不大，大约在 8—9 世纪，同样是北非商人由撒哈拉商道带入。公元 10—12 世纪，由于穆斯林商人的大量到来，中苏丹地区的商业活动逐渐被带向繁荣。在这场商业与传教并行的运动中，乍得湖畔的加涅姆国被成功征服。至 11 世纪，大量穆斯林商人、学者、手工艺者移居加涅姆，在这些人的影响下，加涅姆国王玛伊·布卢（Mai Bulu，1007—1023 年在位）开始接受伊斯兰教，然而，直到玛伊·胡梅·杰勒米（Mai Hummary Djilmi）即位（1075—1086），统治者们依然没有公开表示要放弃传统宗教，改宗伊斯兰教。但是伊斯兰教的传播在胡梅·杰勒米时期取得了重大进展，杰勒米最终皈依伊斯兰教并成为加涅姆第一位真正的穆斯林国王，而且从自他统治后，穆斯林六大移民群体成为塞夫瓦王室的支柱力量，皈依穆斯林成为塞夫

---

① A. G. Hopkings, *An Economic History of West Africa*, London: Longman, 1973, p. 64.

瓦王室唯一的选择。

第二阶段（11 世纪 70 年代—16 世纪）。

自 11 世纪 70 年代起，伊斯兰教在西苏丹和中苏丹的发展进入第二时期。导致两个时期形成的分水岭事件是穆拉比德人的兴起和对外扩张。11 世纪早期，信奉正统伊斯兰教的穆拉比德人在今毛里塔尼亚崛起后，迅速征服北非，建立了一个强大的帝国，同时于 1076 年西征加纳，成功使加纳居民皈依伊斯兰教。穆拉比德人将马立克教派（Malikism）的正统伊斯兰教传播到撒哈拉南部和西苏丹，从而使伊巴底人传入的哈瓦利吉派在西苏丹和中苏丹的力量与影响被彻底摧毁，穆拉比德人取代伊巴底人控制了撒哈拉商道。

加纳帝国以后的马里帝国和桑海帝国相继在西苏丹崛起。对于这些新兴的帝国来说，伊斯兰教是帮助其加强对外联系和对内统治的有力工具。对外方面，伊斯兰教有助于他们维持同北非贸易伙伴的良好合作关系，并通过控制撒哈拉商道以获取经济利益；此外，帝国还以伊斯兰教圣战之名，维持和扩张版图，并通过去朝圣的途径显示其实力与富强。内部方面，由于帝国是由文化和宗教各不相同的部族构成，他们没有共同的身份认同，因此，如何统治成为统治者头疼的问题。而跨越国家，跨越人种和部族的伊斯兰宗教信仰正好契合了统治者的需要，可以在不同文化与部族间建立一种普遍的、共同的，并且强有力的精神纽带。借助伊斯兰教，马里帝国将版图推进到萨赫勒地带，而且自曼萨·瓦拉塔（Mansa Uli，1260—1277 年在位）君主后，去麦加朝圣成为马里帝国历代君主的传统。这种传统促进了西苏丹各民族对北非文化和宗教的了解，使得双方在很长时间保持了频繁的交往与互动，西苏丹地区越来越多的穆斯林去北非学习伊斯兰文化。而君主对伊斯兰教公开明确的支持使得后者在马里帝国发展迅速，深入人心。

西苏丹伊斯兰教的兴盛还表现在伊斯兰商业和学术中心的形成上，廷巴克图、加奥、尼亚尼（Niani）、杰内（Jenne）是当时著名的中心。在这些中心，有来自埃及和北非的职业的伊斯兰宣讲师、法学家和伊斯兰学者，他们在马里帝国享有非常优越的待遇与地位。在马里帝国鼎盛时期，还出现了由当地黑人组成的穆斯林宣教士、法官和学者组成的集团，他们大多是由北非学成归来的穆斯林，对伊斯兰文化有一定的造诣。在西苏丹所有的伊斯兰文化中心中，廷巴克图最为有名，这一兴起于马里帝国，鼎盛于桑海帝国的伊斯兰中心即便在今天依然享誉伊斯兰世界。尽管这一时期伊斯兰教在西苏丹得到了广泛而深入的发展，但是，这种发展并没有取代传统宗教的位置，而是在与传统宗教的妥协和融合中前行。西苏丹各民族传统宗教与文化依然具有顽强的生命力，很多传统宗教的习俗被运用到改良后的伊斯兰教中。此后的数世纪中，除了虔诚的穆斯林商人，包括酋长在内的大多数人都是在伊斯兰教与传统宗教之间摇摆。

15 世纪阿斯基亚（Askiya）王朝在桑海帝国的建立，使伊斯兰教在西苏丹得到了进一步的引进和扩展，并最终在尼日尔河和萨赫勒地区得到普遍的确立。这一时期，在桑海帝国城市地区出现了会用阿拉伯文阅读伊斯兰文献，写作伊斯兰著作的阿拉伯知识阶层，这其中既有外来学者，也有本土的黑人学者，他们的出现对桑海帝国的政治和历史文化都有着非常重要的影响，由当地黑人穆斯林学者写成的伊斯兰宗教与学术著作，填补了西苏丹没有成文文化的历史空白。但是桑海的成文文化主要是一小部分社会精英的文化，且以阿拉伯文为基础，没有吸收当地居民的语言和文化，因此也只是一种社会边缘文化，桑海帝国瓦解以后，这种文化几近销声匿迹，影响甚微。

伊斯兰教的传播促进了知识阶层的发展，而伴随着知识阶层出现的是伊斯兰文化中心的兴起。随着越来越多的学者从萨赫勒地带、埃及、马格里布地区被吸引到尼日尔河三角洲的城市来定居，到 16 世纪，这些城市兴起了一些专门学习和研究伊斯兰文化的中心，也就是当代史学家称为的大学。但是与北非埃及和摩洛哥的大学不同的是，桑海帝国的大学还不是一种严格的组织机构，更多的只是一些伊斯兰学者的聚集。当时最有名的大学有廷巴克图的桑科尔清真寺和星期五清真寺。在这些大学，神学、注释学、天文学、历史学、逻辑学、修辞学都会得到教授。除了大学，这一时期，桑海帝国还有 180 所左右的古兰经学校，这些学校拥有数千名学生与老师，他们来自整个西苏丹地区和萨赫勒地区。古兰经学校不收取学费，老师日常所需都是由学生劳作和奉献所提供。

尽管阿斯基亚王朝不遗余力地推崇伊斯兰教，但是直到15—16世纪，伊斯兰教尚未在桑海帝国境内占据统治地位。东部帝国的居民，尤其是广大偏僻的乡村百姓都固守传统的宗教文化习俗。摩洛哥入侵尼日尔河曲地带以后，桑海帝国分裂，各个部落，不管君主还是臣民基本上重新回归到传统宗教，或是介入传统宗教与伊斯兰教之间。

这一时期，伊斯兰教在中苏丹也有所发展。在12世纪上半期的加涅姆帝国，传统宗教的诸多习俗在宫廷故态复燃，但是出人意料的是，宫廷中的穆斯林经师对此却异常宽容。13世纪上半叶，由于当时穆斯林君主迪巴拉米（Mai Dunama Dibalami）的诸多努力，伊斯兰教在加涅姆帝国的权力和声望达到了顶峰，迪巴拉米作为穆斯林君主的声名在北非和中东远播。在此期间，尽管迪巴拉米极力想摆脱之前传统宗教的束缚，但是收效甚微。14世纪晚期，塞富瓦王室放弃了加涅姆地区，移居乍得湖西部的博尔努（Borno）地区。在经历了两个多世纪的政治混乱后，16世纪晚期，伊斯兰教在乍得湖地区迎来了发展的黄金时期，当时的帝国君主阿劳马主张复兴伊斯兰教，不仅强行要求臣民放弃传统习俗，遵循伊斯兰法则，主张以伊斯兰法律取代传统的习惯法，还大力兴建清真寺，并在麦加修建了旅馆专供去朝圣的博尔努人使用。尽管从表面来看，伊斯兰教已经深入乍得湖各民族人民的社会生活中，但是，这种信仰事实上依然包含了很多传统宗教的元素。

14世纪中期，伊斯兰教由尼日尔河曲和博尔努地区传播到博尔努西部的豪萨地区。伊斯兰教在豪萨地区的早期传播主要局限在卡诺的统治阶层，但是从15世纪下半期开始，豪萨城邦的统治者将伊斯兰教大力推广于臣民，并要求他们以伊斯兰教的规则指导日常行为，有些君主甚至对拒绝皈依伊斯兰教的臣民采用囚禁等武力手段迫使其改宗。本国君主的强力推行与外来宣教士的传教为豪萨地区伊斯兰教的传播扫清了部分传统方面的障碍，很多人被迫接受伊斯兰教。但事实上，真正皈依伊斯兰教的仅限于豪萨商人和职业教士，宫廷圈子的那些人奉行的则是一种混合宗教，而广大民众则继续坚持其传统信仰。伊斯兰教在豪萨地区传播产生的一个具有重要历史意义的结果，是豪萨商人继迪乌拉人之后，成长为西非另一个最活跃的商人群体。①

到 16 世纪，除了博尔努和豪萨地区，乍得湖周边的巴吉尔米（Bagirmi）和瓦代（Wadai）相继成为穆斯林国家。在位于苏丹地带西端的塞内冈比亚（Senegambia），大多数居民在 16 世纪也被视为穆斯林。在沿大西洋海岸的几乎每个地区，都有伊斯兰教传教士在各地传教，并建有专门的宣教士培训中心。

16 世纪，在北起撒哈拉沙漠南缘，南到热带森林边缘地带，西起塞内冈比亚，东到瓦代的辽阔地域内，各个大国以及多数较小的国家的统治阶级，至少在表面上成了穆斯林。同时，在各个城镇和多数乡村地区，属于各个族体的非洲人都已皈依伊斯兰教，然而除了穆斯林商人和伊斯兰神学家、学问家、法官表现出应有的忠诚和热忱外，其他穆斯林民众的皈依只是虚有其表。尽管如此，经过若干个世纪的努力，伊斯兰教已经成为这里唯一具有普遍性的宗教。

二 伊斯兰教在东苏丹和东北非的传播与发展

在相继征服埃及、柏柏尔人，并于公元 702 年征服整个马格里布地区以后，阿拉伯人继续向东北非和东非沿岸扩张，伴随着他们武力扩张的是伊斯兰教在东苏丹、非洲之角和东非沿岸的传播与发展。

伊斯兰教传入东苏丹的过程相对比较曲折，因为在阿拉伯人开始扩张的时期，东苏丹北部地区还拥有三个基督教王国，他们的基督教信仰抵挡了伊斯兰教一次又一次的进攻与影响。但是伊斯兰教的强势发展最终还是慢慢渗透到东苏丹境内，并使这一地区成为伊斯兰教进军黑非洲的入口。伊斯兰教在东苏丹的传播主要有两种途径：最初是借助贸易交往，伊斯兰教开始慢慢渗透红海的一些港口，然后传入东苏丹；此后则是以贸易、征服和移民为手段，自北部的埃及进入东苏丹，这也是伊斯兰教进入东苏丹的主要通道。公元 641 年，阿拉伯人首次自埃及发动对努比亚的进攻，并在十年后长驱直入栋古拉，与马库拉王国签订合约，建

---

① 何芳川、宁骚主编：《非洲通史》（古代卷），华东师范大学出版社 1995 年版，第 255 页。

立了商业联系，从此，伊斯兰教开始了在东苏丹的传播，大批移民也涌入东苏丹北部地区。① 相关史料记载，至 10 世纪，东苏丹境内已经居住了大量穆斯林。但是，伊斯兰教真正在东苏丹立足还是在 13 世纪马木路克王朝兴起以后，一方面，马木路克王朝通过多次远征，削弱了三大基督教王国的实力，在其势力范围不断扩充的背景下，大批阿拉伯人留在东苏丹，而大量因战败被俘虏的东苏丹人则被带入埃及，皈依伊斯兰教；② 另一方面，随着努比亚基督教王国对马木路克王朝的臣服，上埃及的阿拉伯穆斯林不断向南迁移。到 14 世纪，越来越多的人在此定居，他们与当地人通婚，传播阿拉伯语与伊斯兰教，阿拉伯人很快成为东苏丹北部的主体，并且深入达尔富尔地区。15 世纪后，东苏丹境内出现了三个伊斯兰王国：丰吉王国、达尔富尔王国和科尔多凡王国。

　　伊斯兰教在非洲之角的传播主要是在今天的索马里和埃塞俄比亚。尽管伊斯兰教从埃及进入努比亚和东苏丹后遭到了基督教王国的强烈反抗，并最终成功阻止其在尼罗河地区的传播，但是那只是暂时的，伊斯兰教还是通过红海与非洲之角传入内地。阿拉伯人在 7 世纪兴起后，控制了红海，随后伊斯兰教伴随着贸易的发展，由红海和印度洋逐渐进入内陆。10 世纪，索马里的摩加迪沙已经被阿拉伯人所统治，并成为当时繁荣的商业城市。同一时期，阿拉伯人在南部和北部的沿海都建立了系列商业中心，这些沿海的商业港口城市既是阿拉伯人传教的据点，也是他们后来在东北非继续扩张的基地。进入内地以后，伊斯兰教还在基督教势力周边扶植和建立伊斯兰国家，在索马里和埃塞俄比亚的邵阿省涌现出依法特、达瓦罗、巴利、哈迪亚等伊斯兰王国。出于宗教信仰和经济利益方面的原因，这些伊斯兰王国与埃塞俄比亚的基督教王国间冲突不断，斗争十分激烈。尽管如此，数百年的贸易往来和相互征战促成了伊斯兰教在索马里和埃塞俄比亚部分地区的传播与发展。

　　伊斯兰教在东非沿海地区的传播，一般认为始于 7 世纪后半期大批避难者从阿曼逃往东非沿海一带，从而将伊斯兰教带入。7 世纪以后，阿

---

① I. M. Lewis, *Islam in Tropical Africa*, London：Oxford University Press, 1980, p. 114.

② Ibid., p. 120.

拉伯人沿东非海岸继续南下，建立了一批伊斯兰城市。根据已有的史料记载，1107 年，东非沿海地区建立了第一座清真寺。12 世纪和 13 世纪的史料也分别记载了当时东非岛屿上的居民大多是穆斯林。① 阿拉伯旅行家伊本·白图泰（Ibn Battuta，1304—1369）在关于 14 世纪上半叶的东非游记中也记述了索马里摩加迪沙的古兰经学习中心和肯尼亚蒙巴萨的穆斯林及其教派情况。② 从 13 世纪开始到西方殖民入侵前，东非沿海的伊斯兰城邦进入空前的繁荣时期，著名的有摩加迪沙、桑给巴尔、索法拉、马林迪、马菲尔、基尔瓦等。其中，最早兴起的摩加迪沙是东海岸最繁华的城市，富商云集；马林迪和索法拉则在 12 世纪就分别成为铁器贸易中心和黄金输出港口，到 16 世纪，索法拉每年出口的黄金达 5000 公斤。伊本·白图泰在 14 世纪上半叶到达东非看到基尔瓦时，称这是他见过的建筑最好的城市。蒙巴萨这一海港城市的繁荣也曾使初来乍到的西方殖民者大为赞叹。在蒙巴萨的港口，常年停泊着各式各样的船只，这些船只联系着东非内部各城邦之间以及城邦与外部世界的贸易关系。到 15 世纪末，东非沿海地区城邦数目已达 37 个之多，而且都很繁荣。

第三节　非洲早期社会变迁中的伊斯兰教

一　早期伊斯兰教在非洲的传播途径

伊斯兰教以士兵与商人为主要传播主体，以武力与经商为主要传播途径的扩张征服了非洲大部分地区，使得从北部非洲到撒哈拉以南非洲的广大地区都打上了伊斯兰教的深刻烙印。善于经商的穆斯林通过对商业的逐步控制，将阿拉伯科学、技术与哲学带到了所在地，从而客观促进了非洲地区的进步。伊斯兰教对非洲社会的影响与其传播方式紧密相关，不管是北非，还是东非、西非等非洲其他地区，伊斯兰教在非洲的

---

① Grenville Steward Parker Freeman, *The East African Coast*：*Select Documents from the First to the Earlier Nineteenth Century*, Oxford University Press, 1962, pp. 9 - 24.

② See R. Coupland, *East African and its invaders*：*from the Earliest times to the Death of Sayyid Said in 1856*, Oxford University Press, 1938；《伊本·白图泰游记》，马金鹏译，宁夏人民出版社 1985 年版。

传播方式都大致呈以下几种：

第一，武力征服。伊斯兰教兴起之初的对外扩张就是通过武力征服来实现的。在贝克尔、奥马尔、奥斯曼和阿里四位哈里发统治时期，穆斯林阿拉伯人就相继征战拜占庭帝国和波斯帝国，使其势力范围扩张到印度、伊拉克和亚美尼亚部分地区。伊斯兰教在非洲的最初传播同样是通过武力征服来实现的。在叙利亚获得胜利以后，穆斯林军队转战埃及，包括首都亚历山大在内的下埃及几乎全部被占领。此后，他们又以埃及为据点，继续向北非推进，历经多年，数次征战柏柏尔人，最终使柏柏尔人臣服，并控制了马格里布地区。从一定程度上来说，北部非洲的伊斯兰化正是阿拉伯人武力征服的结果。伊斯兰教在东非和东北非沿岸的传播同样充斥着武力。公元 7 世纪初，穆斯林军队就从埃及出发，讨伐努比亚和东苏丹。基督教王国埃塞俄比亚更是经常受到伊斯兰军队的入侵与威胁。14 世纪早期，依法特国的苏丹就发起了一场对埃塞俄比亚的全面战争，最终大获全胜，占领了基督徒的领土，摧毁了基督教的教堂，并迫使基督徒改宗伊斯兰教。1527—1542 年，阿达勒王国侵入埃塞俄比亚达 16 年之久，并强迫埃塞俄比亚南部居民改宗伊斯兰教。除了埃塞俄比亚，东非沿海各国也饱受阿拉伯人的入侵。伊本·白图泰在其游记中提到：基瓦尔的居民热衷于向邻近的异教徒发动圣战。纵观伊斯兰教在非洲发展的历史可以看出，武力征服始终是其传播的重要途径，尤其是在初期，更是最主要的传播方式。

第二，商业贸易。伊斯兰教除了有圣战的传统外，还有历史悠久的经商传统。伊斯兰教的起源地麦加原本就是一个商业城市，伊斯兰教的先知穆罕默德曾经也是一个长期从事贸易的商人。穆斯林商人足迹遍布阿拉伯半岛以外的广大地区，他们开辟商道，并在沿途建立单独的穆斯林社区和商业城镇，因此，伊斯兰教的传播从一开始就是与商业贸易活动紧密相连的。相对北部，以商业贸易为手段传播伊斯兰教在撒哈拉以南非洲表现得更为明显，这主要表现在几个方面：首先，撒哈拉以南非洲最早皈依伊斯兰教的那批人正是与穆斯林商人有着商业贸易联系的当地商人。这些最早接触并皈依的商人，如豪萨人、迪尤拉人，同时也是后来伊斯兰教在非洲最忠实的信徒和最活跃的当地商业群体；其次，撒哈拉以南非洲的改宗不是大规模的群众性改宗，而是以商路沿线和主要穆斯林居住区为中心的逐渐渗透。究其原因，与撒哈拉大沙漠的地理阻隔不利于军队长途征战有关。而在北非和东北非，即便是以武力征服为主的传播方式下，穆斯林商人长年累月的商业活动所带动的传播依然是重要的另一渠道。通过印度洋、地中海和红海贸易，伊斯兰教由沿海逐渐传播到东北非内陆。

第三，移民联姻。早期阿拉伯帝国扩张的重要原因就是为了满足阿拉伯人对土地和商路的要求，因此与很多候鸟式商人不同的是，阿拉伯商人的商业贸易是与移民活动相伴相随的。伴生的移民也是促成阿拉伯帝国得以不断扩张的重要因素。不管是在亚洲还是在非洲，阿拉伯商人所到之处都会建立自己的独立居住社区和商业中心，再以这些社区和中心为据地向前推进，如此就形成一连串的阿拉伯城镇和中心，而这些城市和中心又反过来吸引更多的阿拉伯人前来经商和定居，后来的阿拉伯人与当地人通婚，融入当地社会与生活。尽管这些商人的初衷可能不是传播伊斯兰教，但是在长期的商业活动中，他们的信仰与文化潜移默化地影响了非洲的本地商人、统治者及达官权贵。而且，随着穆斯林社会和阿拉伯移民在非洲社会的不断扩张，以传播伊斯兰教为己任的宣教士纷沓而至。他们以治病、占卜、译梦、求雨等各种方式参与当地人民的生活，争取信任，赢得尊重，然后再在他们中间传播伊斯兰教。

总而言之，早期伊斯兰教在非洲的传播一方面得益于其相对温和的传教方式，这一点在撒哈拉以南非洲表现得尤为突出。不管是伊斯兰教发动的战争还是其经商活动，其目的都并非是要改变他族的宗教信仰，因此他们不像西方基督教那样设立传教团，也没有派遣大量专业的传教士。被征服的非洲人们，除了上缴赋税，在文化习俗、宗教信仰等其他社会生活方面可以保持相对的自由与独立。另一方面，阿拉伯人与非洲广泛的商业与文化交流为伊斯兰教的顺利传播打下了坚实的民间基础。此外，阿拉伯人的游牧生活与大多数非洲人的生活方式相似，这也使得双方更容易相互理解，并认同对方。

二　伊斯兰教对早期非洲社会的影响

伊斯兰教的进入与传播对非洲早期的社会格局产生了复杂而深刻的变化。在伊斯兰时代最初的几个世纪中，非洲很多地区都或多或少地受伊斯兰帝国的影响，主要表现在以下几个方面：

第一，伊斯兰教与本土文化在长期的交融碰撞中，不但为非洲带来了独特的伊斯兰文化和先进的阿拉伯技艺，同时还丰富了非洲文化自身的内容，促进了非洲文化的纵深发展。

首先，伊斯兰教为非洲带来了统一的阿拉伯语言和文字。在伊斯兰教前，撒哈拉以南非洲还没有任何系统的书面语言。伊斯兰教的传入使得阿拉伯语逐渐成为非洲知识阶层和统治阶层的通用语言，而且在与本土语言的融合中产生了新的非洲语言，如 10 世纪左右形成的斯瓦希里语、豪萨语等。斯瓦希里语、豪萨语和阿拉伯语后来并列为非洲三大语言。斯瓦希里语属于班图语系，但是在 19 世纪欧洲殖民之前都是以阿拉伯字母拼写，并且吸收了大量阿拉伯词语。斯瓦希里语广泛使用于东非沿海及大湖地区，并扩散到刚果河流域，是坦桑尼亚、肯尼亚和刚果民主共和国的官方语言和国家语言，在非洲大约有 5500 万人口正在使用。豪萨语属于含闪语系乍得语族，同斯瓦希里语一样，在 19 世纪欧洲殖民前，豪萨语也是借助阿拉伯字母拼写，虽然现代豪萨语吸收的大多是英语借词，但是在古豪萨语中吸收了大量阿拉伯借词，尤其是宗教、法律和教育方面的词语。今日的豪萨语虽然不是任何一国的国家语言，但是却是西非最通用的语言，使用人口在 5000 万左右。因此，伊斯兰教的传播不仅为非洲带来了前所未有的通用语言，更促使了非洲本土语言文字的发展，使撒哈拉以南非洲从此步入了文字文明时代和成文历史时期。

其次，伊斯兰教繁荣了非洲的文化与学术。除了为非洲带来了当时世界上最有活力、最鼎盛的伊斯兰文化，伊斯兰教的到来还为非洲自身文化的发展与繁荣做出了贡献，其中最典型的是东非斯瓦希里文明的形成。斯瓦希里文明最初的版图是从非洲之角，沿海岸线到马达加斯加，这种穆斯林非洲文明以班图文化为核心，同时受阿拉伯文化和欧洲及亚洲文化的影响。在外部文化中，阿拉伯文化的影响尤其突出，除了语言和文字的支持外，还表现在阿拉伯诗歌和散文等文学方面对后者的影响。自伊斯兰教传入以后，斯瓦希里文化以伊斯兰文化为载体，在此后的几个世纪中得到了更广泛的传播与繁荣。此外，包括商人、士兵、旅行者、史学家、作家等在内的阿拉伯人的资料记载更是为后人了解与研究非洲大陆，尤其是马格里布、苏丹和萨赫勒地区的早期历史文化提供了珍贵的史料。

　　伊斯兰教对非洲文化的贡献还在于其传播使非洲出现了世界上最早的大学，那就是公元 859 年在摩洛哥费兹（Fez）创办的卡鲁因大学（University of Al Qwarawiyyin）和公元 972 年在埃及开罗创办的爱资哈尔大学（Al-Azhar University）。这两所大学同后来中世纪欧洲的大学一样是宗教性大学，并成为中世纪伊斯兰世界穆斯林学者重要的学习中心。爱资哈尔大学一直保持着鲜明的宗教特色，至今还活跃在埃及高等教育舞台上。[①] 事实上，早在 7 世纪传入之初，伊斯兰教带来的学校教育就已经大大推进了非洲教育的发展，穆斯林创办的古兰经学校是非洲学校的最早雏形。15 世纪，随着伊斯兰教的迅速发展，非洲出现了大量伊斯兰学校，这些学校主要传授伊斯兰伦理、神学知识和一些生存技能，用阿拉伯语背诵和阅读。伊本·白图泰在公元 1331 年访问索马里时写道，摩加迪沙是个被穆斯林控制的城镇，因为当时的摩洛哥国王阿布·巴克尔（Abu Bakr）就是个穆斯林，阿布·巴克尔为那些学习伊斯兰宗教的学生提供住所。[②] 伊斯兰高等教育中心在非洲也存在了数个世纪。除了上述两所世界上最早的大学，非洲历史上还出现了两个著名的伊斯兰文化中心，一个是马里的廷巴克图，另一个是靠近东部海岸的拉穆。从 14 世纪起，廷巴克图地区成为伊斯兰学习的中心，至今对马里和毛里塔尼亚仍产生影响。廷巴克图以外，西非的其他城市如杰内（Jenne）、阿加德兹（Agades）、卡诺（Kano），以及加扎尔加姆（Gazargamu）已经非常闻名，并且在 13—17 世纪间都是伊斯兰学习的中心城市。

---

① 李建忠：《战后非洲教育研究》，江西教育出版社 1996 年版，第 143 页。

② S. Hamdun and N. King, *Ibn Battuta in Black Africa*, London：Rex Collings, 1975, p. 12.

最后，伊斯兰教的传播为非洲带来了先进的建筑技艺与风格。在伊斯兰教传入之前，撒哈拉以南非洲的建筑材料主要是黏土和茅草。居民的建筑物有圆锥形、正方形，但主体都是由黏土建成，屋顶则基本由茅草铺盖。伊斯兰教的传入带来了阿拉伯人先进的建筑材料、技术，以及独特的建筑风格。最典型的变化就是石材替代黏土成为建筑的主体材料，同时，圆顶、尖顶、半圆形拱石柱和装饰性浮雕等阿拉伯建筑风格开始应用到非洲沿海城市的房屋建筑中。

第二，伊斯兰教的传播促进了非洲经济的发展。

长期以来，非洲社会尤其是撒哈拉以南非洲主要以农耕、狩猎、游牧为主，辅以小范围的商业文明。阿拉伯人的进入打破了非洲人固有的生活方式，这一点在沿海城市表现得尤为突出。以东非为例，阿拉伯帝国的建立，使得穆斯林控制了印度洋地区庞大的商业贸易网，而归属这个商业网的几乎所有国家的经济在很大程度上依赖穆斯林国家经济的带动得到了长足发展，这其中包括东非诸国，但是值得注意的一点是，这一时期的商业活动主要局限在东非沿岸的居民区，并未渗入内地。东非沿岸居民借助印度洋商业网发展了黄金、盐矿、皮革等贸易。这种商业文明交往带来的经济繁荣不仅使东非得到切实的物质方面的好处，更使其在当时阿拉伯世界的经济中扮演着日益重要的角色。[①]

由于伊斯兰教"能够促进散布在广大地区并且常常是在国外的商业网或行号的行为保持一致，它使得商人们彼此认识因而容易进行贸易，而且它提供的道德和礼仪方面的约束力使得信任和信用成为可能"[②]。从而也从一定程度规范和推动了非洲商业文明及从商群体的发展，加强了非洲商业与穆斯林世界的联系。商业的进步直接推动了沿海城市的繁荣，并进而带动内地经济的发展，非洲各地以商路为纽带建立起来的交流与联系日渐增加。除了商业和城市的繁荣，伊斯兰教的传播还带来了非洲农业的革新，为非洲带入了更多的农作物、水果和畜牧业品种。

---

① ［摩洛哥］M. 埃尔·法西：《非洲通史》（第三卷），中国对外翻译出版公司1993年版，第6页。

② A. G. Hopkins, *An Economic History of West Africa*, London: Routledge, 1973, p. 64.

　　第三，伊斯兰教的传入有助于非洲部族融合与国家建构。

　　非洲大陆一个十分明显的特征是部族林立，在伊斯兰教传入之前，非洲各部族间各自为政、相对独立，不同的部族有不同的宗教、文化和习俗，如此整个社会显得非常松散。"真主之外别无他神；穆罕默德是真主的使者"是伊斯兰教最核心的教义，作为世界性宗教信仰，伊斯兰教主张绝对的一神论，坚决反对偶像崇拜。在这种教义的引领下，伊斯兰教主张不分种族、不分国家、不分语言，天下所有的穆斯林都是兄弟姐妹。因此，伊斯兰教在非洲各部族的传播打破了非洲社会因部族文化差异造成的隔阂，有利于在部族间建立兄弟般的教友情谊，促进各部族间的交流与融合。伊斯兰教还主张以伊斯兰教法取代部族法，成为整个社会的道德与行为准则，这为打破部族各自为政，推动统一民族国家建构提供了统治上的思路与工具。"布莱登认为，伊斯兰教作为一个团结因素，为非洲社会在更广阔的地域内的重新集结，即组建更大的国家组织提供了新的基础；事实上，伊斯兰教在西非诸王国霸权形成和发展的过程中所起的重要作用是不容置疑的。"① 此外，伊斯兰教在非洲各地的圣战和移民政策，加快了人口的迁徙和流动，导致了社会关系的变动与重构，以血缘关系为纽带的部族关系开始淡化。

　　第四，伊斯兰教的传播加强了非洲各国同外部世界的关系。

　　尤其是在撒哈拉以南非洲地区，伊斯兰教的传播打破了它们长期封闭，与外界隔绝的局面，不仅促进了非洲各国的内部交流，也加强了非洲大陆同外部世界的联系。16 世纪以后，沿海城邦和内地商道"不但把坦桑尼亚内地各族人民同沿海各族人民联结起来，而且把坦桑尼亚等各族人民同莫桑比克、马拉维、赞比亚、安哥拉、刚果（金）、布隆迪、乌干达和肯尼亚等各族人民联结起来"② 。外部方面，与阿拉伯人相伴而来

---

　　① See Edward Wilmot Blyden, *Christianity*, *Islam and the Negro Race*, Edinburgh University Press, 1967, pp. 15 - 25; *West Africa before Europe*, pp. 37 - 93; *Mohammedanism in Western Africa*; *The People of Africa*. See Robert W. July, "Nineteenth Century negritude: Edward Wilnot Blyden", in Journal of Africa History, Ⅴ, Ⅰ, 1964, p. 82. 引自张宏明《基督教、伊斯兰教对非洲社会发展的影响——爱德华·布莱登的宗教思想透视》，《西亚非洲》2007 年第 5 期。
　　② ［坦桑］伊·基曼博：《坦桑尼亚史》，钟丘译，商务印书馆 1976 年版，第 82 页。

的文化与贸易交往使西非和东非沿岸国家与穆斯林世界建立了紧密的联系，从而为非洲这些地区的发展引进了新的文化、技术和生活方式。

正因为如此，非洲近代思想的集大成者、利比里亚学者爱德华·威尔莫特·布莱登（Edward Wilmot Blyden）在对比了基督教与伊斯兰教对非洲社会的影响后，充分肯定了后者在推动非洲社会进步方面所起到的积极作用。布莱登认为，与基督教消灭非洲文化、破坏社会和谐、践踏非洲尊严完全不同的是，阿拉伯人的宗教、语言、文化不但使数百万计非洲人获益，更是最大限度地维系了非洲习俗和制度的完整性，并净化了其中粗俗的成分。更重要的是，它超越了非洲社会族体间的隔阂，起到了调节部族关系、维系社会和睦的黏合剂作用。而且，他认为正是通过阿拉伯人，生活在非洲内陆的人民获得了外部世界的信息。①

---

① 参见 Edward Wilmot Blyden, *Pan-Negro Patriot* (1832 – 1912), London：Oxford University Press, 1967, p. 67；张宏明《基督教、伊斯兰教对非洲社会发展的影响——爱德华·布莱登的宗教思想透视》，《西亚非洲》2007 年第 5 期。

第 六 章

西方殖民入侵与基督教
在非洲的广泛传播

从真正意义上来说，非洲大陆作为一个共同体的历史始于公元15世纪左右，尽管确定这一时间的方式或许不够精确，但这样使得非洲国家作为整个大陆有了一个更方便的评估。同一时期，非洲大陆受欧洲资本主义崛起和扩张的影响，欧洲的崛起与扩张使其进入非洲成为必然。15世纪，伴随着资本主义世界的崛起，西方工业革命开始发展，工业的发展和原始资本的积累需要大量劳动力、原材料和市场来支撑，而解决这个问题最直接最简单的方法，就是发动殖民运动，通过建立海外基地，雇用当地廉价的劳动力，占有原材料市场和商品销售市场，从而获取丰厚的利润。在亚洲、非洲和拉丁美洲中，非洲首当其冲，成为最早遭受西方殖民入侵的大陆。

近代西方对非洲的侵略始于15世纪初葡萄牙殖民者对北非的入侵。1415年，葡萄牙人入侵摩洛哥，占领休达，建立了西方殖民者在非洲的第一个殖民据点。奴隶贸易的兴起刺激了葡萄牙对非洲的继续入侵。随后的1481年葡萄牙又在黄金海岸建立了艾尔米纳城堡（Elmina Castle），并分别于1505年和1507年在索法拉（Sofala）和莫桑比克岛屿建立要塞。在东非海岸，差不多所有的主要城镇都被葡萄牙据为己有。1520年，葡萄牙大使馆在埃塞俄比亚海岸成立，这是西方最早在埃塞俄比亚，甚至是非洲设立的大使馆。在此期间，葡萄牙并不是唯一大规模进入非洲的新生力量。1517年，奥斯曼土耳其军队在塞利姆一世（Sultan Selim I）的带领下征服埃及。尽管如此，直至16世纪末，葡萄牙在非洲一家独大，几乎单独霸占了对非洲的控制权。葡萄牙人和土耳其人对非洲的这些探险与远征为欧洲此后进一步入侵和渗透非洲铺平了道路。[①]

从西方国家在非洲殖民的范围和规模来看，殖民活动大致可以分为两个时期。第一时期是从 15 世纪初到 19 世纪初，这一时期，尽管时间差不多长达 400 年，但西方殖民活动的范围还局限于东西海岸地带，对于非洲占绝大部分面积的内陆地区几乎没有触及。"直到十九世纪初，对欧洲人来说，非洲只是'一条海岸，而不是一个大陆'，非洲大陆 90% 的地方仍为外界所不知。"[②] 这种状况的出现与非洲大陆的气候紧密相关，尤其是撒哈拉以南非洲，郁郁葱葱的热带森林、一望无际的沙漠和大草原、平直的海岸线以及多石曲折不宜航行的河流，再加上常年高温多雨的热带雨林气候所导致的多种流行病肆虐，这一切都使得外部世界对非洲内陆望而却步。这一时期对应的是资本主义原始积累阶段，因而其手段也是以粗暴简单的掠夺为主，以抢夺、欺骗和非等价交换的方式掠夺非洲人们的财富。第二个时期是 19 世纪初到 20 世纪初。这一时期，西方资本主义国家进入帝国主义阶段，夺取殖民地，分割世界领土成为其重要特征与目标。西方列强在基本征服北非国家后，纷纷入侵非洲内地，至 1912 年法国占领摩洛哥，意大利占领利比亚后，除埃塞俄比亚和利比里亚外，非洲大陆被彻底瓜分。帝国主义在非洲博弈的最后结果是：法国稳居第一，所占面积为非洲领土的 35.6%，英国紧随其后，所占非洲领土达 29%，尽管面积不如法国，但英国辖区人口最多，资源最丰富，经济价值最高。意大利、葡萄牙分别占有非洲土地面积为 7.8% 和 7%，德国和比利时同为 7.7%。[③] 而在所有这些领土占领的背后都有传教士的影子，对此，南非大主教图图说："从前，当白人来到非洲的时候，他们手里有圣经，我们手里有土地。白人说：祈祷吧！于是我们闭上了眼睛。

---

　　① Rt. Rev. Daniel W Kasom, *History of Christianity in Africa Made Simple*: *History of the Church in Africa*, LAP LAMBERT Academic Publishing, 2011, p. 33.

　　② 严钰钰:《西方殖民主义者侵略和瓜分非洲的三个阶段》,《广西民族学院学报》1983 年第 4 期。

　　③ 中国社会科学院西亚非洲研究所编写组:《非洲概括》, 世界知识出版社 1981 年版, 第 84 页。

当我们睁开眼睛时，发现我们手中有圣经，他们手里有土地。"

第一节　殖民入侵，传教先行

非洲现代基督教的发展以及基督教的派别与势力大多缘起于 15 世纪西方殖民以后，与之前古代的基督教关系甚微。早期伊斯兰教对北非的征服不仅对修道生活，也对整个非洲大陆的基督教构成了致命的打击，此后的数世纪中，除埃塞俄比亚一隅尚存少量与外界断绝联系的教徒外，整个非洲大陆几乎再无基督徒的活动。普遍认为，近代非洲的基督教是 15 世纪以后随着西方扩张来到非洲的欧洲传教士传播的。但事实上基督教重返非洲源于更早的 14 世纪葡萄牙航海家在寻找通往印度航线中在非洲海岸的登陆，他们在沿海的岛屿上建立殖民地，并且在没有岛屿的沿海要塞建立城堡。葡萄牙人所到之处，积极向当地人传教，以促使他们皈依基督教。[①]

15 世纪至 17 世纪是西方基督教在非洲传播的早期阶段，这一时期，最早在黑非洲沿岸地区发展的是天主教，在非洲传教的传教士也大多是来自葡萄牙、西班牙或法国的天主教会，他们活动的范围主要在冈比亚、安哥拉、刚果和黄金海岸，这一时期，西方教会在非洲的传教规模非常有限，收到的成效也微不足道。18 世纪以后，新教在黑非洲有了广泛而迅速的传播，除了天主教传教士，大批来自英、美、德、荷兰、意大利的新教传教士纷纷涌入非洲。至 19 世纪西方殖民统治确立以后，天主教和新教皆在非洲大获全胜，进入了发展的高潮并取得了前所未有的传播，教堂林立，黑人教徒迅速增加。

15 世纪初，葡萄牙人在非洲的远征是十字军东征的组成部分，这是一场反对穆斯林侵占的长久战争。发动这场远征的亨利王子相信，只要前后夹击，穆斯林必将溃败，为此，他需要与南方结成同盟。而亨利王子希望结盟的直接统治者就是埃塞俄比亚的约翰王（Prester John），因为

---

① John Baur, *2000 years of Christianity in Africa*, Nairobi Pauline Publications, 1994, p. 49.

他相信后者基督教王国的势力已延伸到印度。① 从以上事实可见，葡萄牙人与非洲接触的最初目的并不是为了把基督教传入非洲内陆，而是旨在恢复其业已丧失的宗教生活。

1482 年，当葡萄牙船队在扎伊尔河岸登陆时，他们与刚果王国进行了初步接触。5 年后，他们随同带来了 4 位方济各会传教士，并将他们作为信使送入刚果国王的宫殿。刚果国王将他们留下来以训练其探险队，同时派 4 名刚果人作为人质随葡萄牙人返回葡萄牙首都里斯本。双方对待对方的人员都非常友好，在里斯本的 4 名非洲人不但受到了很好的对待，还被培训成口译员。当他们返回刚果后，他们对自己在葡萄牙的经历以及所接触的基督教进行了积极正面的描述与强调。国王在听了他们的叙述后派更多的年轻人去葡萄牙受训为口译员，同时也邀请了更多的传教士来刚果。② 而留在宫中的 4 位传教士则成功地使国王及其官员受洗。

19 世纪初，西方殖民者的活动基本还局限于东西沿海地区。为了打破这一僵局，将势力范围扩大到遥远而未知的非洲内陆，从而将整个非洲变为他们的材料供应地和商品销售市场，基督教各新老教派纷纷成立传教组织，如伦敦宣教会、英国行教会、浸礼会传教会等，并积极派遣传教士深入非洲传教。与此同时，各国纷纷设立机构，开展各种大规模的旨在考察非洲气候、环境和资源分布的所谓调查活动。早在 1778 年，英国就成立了"非洲内地考察协会"，法国紧随其后，英、法等国纷纷成立"科学调查协会""地理学会"等殖民机构，这些机构以"科学探险"为名，陆续派人深入非洲内陆。据统计，1800—1880 年，这种"探险"活动共有 118 次。

而这些所谓探险家，除了早期到达非洲，确是出于淳朴的动机从事科学考察活动的少数人外，绝大多数是直接为殖民扩张服务的。他们多

---

① Rt. Rev. Daniel W Kasomo, *Africa is the Cradle of Christian Religion*: *The Cradle of Christian Religion*, Verlag Dr. Muller, 2011, p. 30.

② John Baur, *2000 years of Christianity in Africa*, Nairobi Pauline Publications, 1994, p. 56.

数又是基督教传教士，一身二任，以"传播福音"为名，深入非洲内陆。[①] 实则强行干预当地内政，插手非洲各族事务，进行赤裸裸的殖民活动，成为西方殖民利益名副其实的代理者与殖民先锋。英国驻非洲殖民官员约翰·斯顿毫不掩饰地说："传教士犹如殖民先锋……他们做各种试验，然后由他人获利。他们的研究成果决定商业是否应该前行，最终我们可获得足够的资料让政府决定是否接收传教士业已开始的工作。"苏格兰教会也直言不讳地承认："如果不是英国传教士先去占领，乌干达的壮丽河山今天一定落入阿拉伯人或法国人之手；若不是苏格兰教会先到达尼亚萨湖畔，尼亚萨兰这块美好的土地今天一定属于葡萄牙；没有麦肯齐传教士为贝专纳辛的辛苦奔走，那块风光秀丽的土地也早就被荷兰人吞并了。"

第二节　殖民统治下基督教的广泛传播

殖民统治下，基督教在非洲的发展获得了空前的进步与突破，在与殖民势力的相互扶持中，基督教在非洲西部、南部、东部和北部都获得了广泛的传播和快速的发展。从最初的寥寥沿海数地，到遍及内陆各地，至1860年，基督教和天主教扩大至撒哈拉以南非洲地区。

一　基督教在西非

基督教在西非的发展受制于两大因素。首先，西非基督教被萨赫勒伊斯兰地带包围；其次，在西非，穆斯林还只是少数，除了加纳和尼日利亚，传统宗教对其他西非国家具有强大的影响。基督徒一般住在富饶的南部，而穆斯林和传统宗教信徒大多数是穷人，住在欠发达的北部。肥沃的土地、更多的贸易以及教育机会，所有这些因素使得基督徒在国家政治、社会管理和经济生活中占据主导地位，这也是西非法语区和英语区之间的一大差异。西非英语区对基督教的接受远早于法语区，这是

---

① 严钰钰：《西方殖民主义者侵略和瓜分非洲的三个阶段》，《广西民族学院学报》1983 年第 4 期，第 115 页。

因为几乎所有的传教士都来自英国，所有的传教活动，不管是天主教还是新教，都受英国政府资助。英国政府正面的学校政策对于教会的发展也做出了很大贡献。英语区后期的传教活动主要由圣公会、卫理公会、浸礼会承担。法语区主要说法语，传教士大多来自法国，主要流行天主教。

1. 早期邂逅

在西非，早期的皈依者通常来自被奴役者、穷人、残疾人，以及那些被边缘者。早期传教士的到来引发了系列冲突，非洲的首领和长老们担心基督教文明及其进步的思想会导致社会革命，而在这场革命中，他们将失去自己的影响与权威。像阿桑特、达荷美这些有强大军事实力的国家的统治者都认为，基督教将会威胁他们的内部统一与权威，并形成王国的好战风气。还有一些人抱怨基督教破坏了孩子顺从父母的传统。但是，也有很多领导者对传教士的到来表示欢迎，因为他们的到来促进了商业的发展，加强了他们的影响，人们开始努力应对基督教带来的价值观与忠诚方面的冲突。在非洲基督教传播方面，传教士面对的最大困难就是人们对传统宗教的严重依附。事实上，基督教的至上神观念是非洲当地人难以理解的，语言的障碍更是加剧了这一问题。

相对而言，非洲传统宗教的发展更流畅，适应性更强。但基督教在当地专制文化根深蒂固的背景下提出了社区意识。在非洲文化中，压抑人性的元素与事件比比皆是，屡见不鲜。例如，卡尼博（Caliber）记录的非洲人们的祭祀，尤其是国王葬礼上陪葬的奴隶，还有驱逐病重患者等活动。基督教之所以能获得更多的追随者，就在于其提供了新的人道主义的见解。

识字能力也是吸引人们改宗基督教的一个因素。部分非洲人的识字能力激起了那些不识字人的好奇心，这就吸引了很多非洲人改宗基督教以获得接受正规教育的机会。但是即便是改宗基督教，人们还是以各种不同的方法试图在新信仰与传统文化遗产之间寻求和解与统一。例如，多配偶者被要求放弃其他妻子，去遵循一夫一妻制，而这对于大多数人来说都是不可能接受的。

2. 基督教在西非英语国家

西非英语国家的基督教会是非洲最古老的教会之一，这是因为近代的传教运动基本都源自英国。在西非英语国家，基督教发展最快的国家主要有塞拉利昂、利比里亚、冈比亚和加纳。这些传教士，不管是天主教还是新教的，全部由英国政府资助。

1806 年，在英国于塞拉利昂建立黑人遣返地后，为殖民扩张而设立的英国行教会开始向当地派遣传教团。为了训练本土教士，英国行教会在塞拉利昂开办了福拉弯学院，并于 1852 年成立了塞拉利昂教区。塞拉利昂和利比里亚都有自由奴隶定居，那就是所谓的克里奥尔人，这些自由奴隶从来没有融入当地部族社会，而是保持了外国人的身份。19 世纪，克里奥尔人的主要作用是将基督教信仰带入约鲁巴，他们的首要尝试与努力是试图在 1896 年使毗邻的门迪人（Mende）和滕内人（Temne）皈依基督教，但是最终遭到后者的各种抵制，很多克里奥尔人和外国传教士被杀。虽然困难重重，但是克里奥尔人与西方传教士团结合作，努力深入西非内部。尽管如此，皈依者多集中在西非内陆铁路边的城镇和都市中心，他们已然接受了西方的生活方式。[①]

利比里亚的教会历史与塞拉利昂大致相同。1882 年，美国开始向利比里亚遣送黑人传教士，此后，美国浸礼会和卫理公会传教团先后派传教士进入利比里亚。但是，利比里亚比塞拉利昂在传教方面取得了更大的胜利，这取决于更多黑人传教士的参与。利比里亚后来成为美国在西非的传教基地，随着传教范围的不断扩大，美国传教活动从利比里亚进入加蓬和尼日利亚等周边国家。基督教福音精神对利比里亚这个国家的渗透在 1900 年的内战中也得到了显现。

在冈比亚，基督教始于自由奴隶。1824 年卫理公会进入冈比亚，1849 年天主教随后进入。但是在基督教传教士进入之前，一个穆斯林主体已经在冈比亚建立。

① Rt. Rev. Daniel W Kasomo, *History of Christianity in Africa Made Simple*: *History of the Church in Africa*, LAP LAMBERT Acadmic Publishing, 2011, p. 167.

3. 基督教在西非法语区

当时的法国政府对于日益兴盛的宗教史是持反感态度的，并为此发布了一些相关的文件与声明，尽管反教权主义的声明仅适用于法国境内，但是很多殖民地的管理者还是将之应用于他们的政策，反教精神由此被传到西非殖民地。由于很多统治者和政府官员对传教士不理不睬，这就使得很多人感知到他们对基督教的反对态度，殖民当局的立场对传教会的传教政策产生了消极影响。

法国在西非的殖民地大多以伊斯兰教为主体，为了不威胁穆斯林的霸主地位和一以贯之的和平，法国统治者更希望伊斯兰化而不是基督教化。结果自然是，相对基督教，伊斯兰教更能从殖民政策中获利。

在西非，也有一些潜在的基督教国家，包括贝宁、多哥以及象牙海岸。这些国家通常存在的困境是，尽管基督徒是所在国人口的主导力量，并主要生活在发达的南部地区，但是依然要面临大量的传统宗教信徒，而且在人口稀少的、欠发达的北部地区，伊斯兰教发挥着主要作用。然而，由于日益兴起的西方化和教育的发展，这些国家越来越多的人正在接受基督教信仰。

在主要的伊斯兰国家，现代穆斯林对基督徒一般持温和与友好的态度，这是因为在塞内加尔、毛里塔尼亚、马里、布基纳法索、尼日尔和几内亚等大多数法语国家中，除了毛里塔尼亚，其他所有国家的宗教自由与平等都得到了很好的保障，这种宗教宽容的态度在受过西方教育的很多非洲政治领导人中普遍存在。

二　基督教在南部非洲

1. 早期传教机构

南部非洲的人口起源是科伊桑人（Khoi-San）。最早来开普敦殖民地的传教士是1792年来自德国虔信派教会的摩拉维亚教徒（Moravians），他们成功地在科伊人（Khoi）中建立了一个基督教模范村庄。经过20年的传教活动，摩拉维亚教徒已经赢得了数百名基督徒。

随之而来的是伦敦宣教会（London Missionary Society），他们走出开普敦，远达奥兰治河（Orange River），并且在奥兰治河南部的支流扎克河（Zak）边建立了驻点。科伊人对基督教是持欢迎态度的，但是桑人（Sans）却对之加以抵抗，并攻击基督徒，从而迫使传教士转移到奥兰治河北部的格里夸（Griqua）和佩拉（Pella）。

1824 年，来自苏格兰的长老会信徒在科萨人（Xhosa）中建立了一个永久的传教中心。同年，卫理公会开启了他们的第一个名为威斯利维（Wesleyville）的传教站，这个传教站后来沿海岸线又发展了 6 个传教站。1860 年，詹姆斯·斯图尔德（James Steward）将威斯利维传教中心发展为南部非洲最大的教育中心，用以培训教师与牧师。

1840 年，7 个传教差会以及所有的新教徒分别在 85 个传教站工作，其中主要教会是荷兰的归正教会（Dutch Reformed Church）。苏格兰教会则是后来者，1848 年，罗伯特·格雷（Robert Gray）的到达使他成为苏格兰教会的领袖，但是格雷并没有领导教会圆满地完成传教任务，其传教活动也被新教徒接管。

2. 布尔人（Boers）的移民政策与神学问题

布尔人（Boers），是指讲荷兰语的移民的后裔农民，18 世纪，从南部非洲以及东开普省的边境离开开普殖民地，19 世纪定居在奥兰治自由邦，德兰士瓦。事实上，荷兰人在非洲的存在由来已久，1580 年，西班牙对葡萄牙的兼并直接导致了后者在非洲势力的日渐衰微，在此期间，荷兰趁机入侵非洲并排挤葡萄牙人的势力。1598 年，荷兰在西非沿海开始建立殖民据点。17 世纪上半叶，随着殖民霸权地位的确立，荷兰开始排挤葡萄牙在西非的势力，至 1642 年，葡萄牙人已经被荷兰人全部赶出西非。1652 年，荷兰人又入侵非洲南部，在开普建立殖民据点，开始移民定居，并随后由开普向内地扩张势力。

但是，17 世纪 60 年代至 90 年代，英国开始取代荷兰取得了西非的殖民霸权。17 世纪，英国在南部非洲的殖民势力也获得了长足发展。19 世纪初，在反对法国拿破仑战争中，英国又夺取了原属荷兰的开普殖民地和原属法国的毛里求斯和塞舌尔，在英国统治开普殖民地（1806—1836）的 30 年间，开普殖民地获得了很大的发展。在此期间，大约有 5000 名英国移民定居在荷裔波尔人中间，因为英国人需要获得新的土地与廉价的劳动力以刺激其经济发展。英国人的定居使得科萨人和霍屯督人（Hottentots）等土著居民与他们的土地日益疏离，并使科萨人和雷屯督人沦为劳工，这一做法招致了布尔人的强烈反抗，并由此爆发了系列战争。

科萨人和霍屯督人在约翰·菲利普（John Phillip）博士的领导下寻求保护自己的土地权，并通过他设立了皇冠委员会（Crown Commission），皇冠委员会后来在 1821 年率先授予当地土著以公民权利。

英国夺取开普殖民地以后，其实施的资本主义经济政策，以及改善科萨人等土著居民处境、废除奴隶制的决定，使得布尔农场主丧失了对土地的绝对控制权，并失去了无偿劳动力来源。1836—1840 年，布尔人向南非内陆进行了一场大规模的迁徙，6000 名布尔人及他们的仆人被迫迁徙到奥兰治河和瓦尔河（Vaal）以外。他们希望建立新的家园，以摆脱英国政府的控制以及传教士关于人类平等思想的干扰。此后，布尔人又卷入到与梭托人（Sotho）、茨瓦纳人（Tswana）和恩德贝勒人（Nde-bele）的土地纠纷中。

对于英国人将当地土著居民置于与基督徒同等的地位，布尔人表示强烈愤慨。他们认为这一决定既违背了上帝的律法，也违背了基于种族基础上的自然选择法则。在布尔人看来，白人生来优于有色人种，也因此，前者应该是后者的主人。对于英国传教士反对他们统治当地人，布尔人也非常不满。布尔人为证明他们统治地位的合理性，甚至去圣经中寻求支撑，正如印度人从印度教中寻求种姓制度的神学合理性。

布尔人相信是上帝基于某种目的将他们带到非洲，他们也是应上帝的召唤来与非洲大陆的非白人接触，而这个召唤也正是白人优于有色人种的有力证据，布尔人的大迁徙也应被视为摆脱英国人压迫，奔向自由与繁荣的一次伟大的"出埃及记"。他们相信自己是上帝的选民，他们有权占领他们所领导的土地，并征服邻近的非洲人。

种族隔离逐渐发展，并且得到荷兰归正教会（布尔人的母教会）的支持。1857 年，教会出台一些法律，要求在社会服务中将白人与有色人种分开，同时要求专为霍屯督人建立教堂，以此与白人教堂分离。1859年，一种专有的班图教堂设立，并且得到蓬勃发展。

与此同时，英国传教士要求全面整合非洲人的社会与教会事物。一些传教士如范·德坎普（Van der Kemp）和史麦隆（J. H. Schmelen）甚至通过与霍屯督女子通婚的方式展示他们社会平等的思想。白人与黑人之间的通婚在当时还是禁忌，到 20 世纪 20 年代，这一禁忌被打破并得以认可。事实证明，跨种族之间的通婚并不存在多大的问题，史麦隆在他翻译新约圣经时其黑人妻子给予了诸多帮助。

3. 天主教在南非的传教活动

整个 19 世纪，南非都是新教传教的领地。自 1818 年天主教传教士开始到达南非，到 20 世纪下半叶，天主教始终是极少数。布尔人是加尔文信徒，他们不欢迎天主教的到来，因为他们觉得是罗马天主教徒和罗马人钉死了耶稣基督。但是，1820 年后，开普殖民地正式向天主教徒开放，100 年后的 1920 年，天主教徒被授予完全的公民权。

1852 年，天主教传教会开始正常运转，并很快走出南非，进入莱索托，但是在莱索托，他们面临的问题依然很严峻，因为在此之前，新教已经被巴索托人（Basotho）所接受，所以当天主教传教士到来时，他们被要求证明自己的宗教是否是真正的基督宗教。在天主教被接受后，天主教传教士获得了一个使用期一年的传教据点。但就是在短短的时期内，天主教将南非发展为另一个"罗马"，创办了一所天主教大学和一个广播中心。到 1914 年，南非已经发展了 15000 名天主教徒。[1]

三　基督教在北非

北非地区的宗教主要是伊斯兰教，基督教对这一地区的影响微乎其微。尽管面临着越来越不利的政治环境、埃及宗教激进主义的增长，以及埃塞俄比亚数届马克思主义政府的建立，但是早期埃及的科普特基督徒和埃塞俄比亚基督徒还是得以幸存。西方基督宗教想当然地以为其优于古代埃及的科普特教和埃塞俄比亚的基督教。在天主教看来，这些地方的基督教教义与仪式、圣徒和圣母崇拜、忏悔和禁食无关，因此被视

---

① Rt. Rev. Daniel W Kasomo, *History of Christianity in Africa Made Simple*: *History of the Church in Africa*, LAP LAMBERT Academic Publishing, 2011, p. 198.

为分裂者和异端邪说。而另外，新教徒则将他们视为迷信与邪教。[①] 在试图将埃及穆斯林重新劝皈基督教的努力失败后，西方传教士选择在科普特人中活动，并创立了东仪天主教会和新教的小教堂。

1. 基督教在埃塞俄比亚

现代西方在埃塞俄比亚的传教事业始于 1830 年教会传教士协会在提格雷人部落的首次抵达。塞缪尔·戈巴特（samuel Gobat）是教会传教士协会的一名传教士，他与埃塞俄比亚的基督徒建立了一种非常融洽的关系，并且在两者之间进行了漫长而复杂的神学辩论。

埃塞俄比亚的领导者欢迎传教士的到来是因为对后者的神学对话由衷的喜欢，同时，他们还希望获得西方的先进技术，尤其是武器。而对武器的热切期望不仅是因为埃塞俄比亚的内部斗争，也是因为穆罕默德·阿里（Mohammed Ali）的现代化带来的军事威胁，以及埃及的军事化。

新教传教士原则上更希望改革埃及科普特教会和埃塞俄比亚正教会，而不仅仅是将他们的成员转变为圣公会信徒或长老会信徒。天主教传教士则站在他们的立场希望这些教会追随罗马权威。传教士们普遍认为他们的利益会在各种正式或非正式的殖民扩张中得以增强。

2. 基督教在埃及

埃及主要的教会是科普特教会。科普特人以阿拉伯语为通用语言，在宗教活动方面也与他们的邻居穆斯林有很多相通之处。科普特人曾经在埃及马穆鲁克担任高级职位，但是在 1798 年法国人占领埃及前，不论是科普特人在政府的任职数量，还是士气，都陷入了前所未有的低谷。法国人到达后，拿破仑和穆罕默德·阿里利用科普特人的管理才能，给他们提供政府部门的领导岗位，使他们在社会生活中所承担的角色变得日益重要，同时，科普特人还拥有了宗教自由，并日益获得经济上的繁荣。

在济利禄四世（Kyrillos IV）时期（1854—1861），科普特教会得到

---

① Rt. Rev. Daniel W Kasomo, *History of Christianity in Africa Made Simple*: *History of the Church in Africa*, LAP LAMBERT Academic Publishing, 2011, pp. 175 – 176.

了迅速发展。济利禄在开罗设立了三所学校，其中两所女校，一所男校。随着时间的推移，那些受过更好教育的教外人士比神职人员更渴望教会改革。1874年以后，教外人士努力争取建立社区委员会以管理教会的财富，这也导致了与教会之间的矛盾与冲突，结果是很多科普特教徒转而加入了1854年建立的美国长老会（American United Presbyterian Church），因为他们发现，加入一个西方教会远远比实现他们的科普特遗产现代化更容易。

1857年，美国长老会摇身一变成为科普特福音派教会（Coptic Evangelical Church），在尼罗河三角洲势力尤其强大。这是当时中东地区最大的新教教会，教会成员仅在埃及就达400万人，主要集中在开罗、亚历山大和埃及南部。此后，科普特福音教会申请加入世界基督教联合会，并成功被接纳。科普特人在经济上变得越来越富有，并且比其穆斯林同胞受到更好的教育，然而他们因为其科普特身份而在就业等方面遭受歧视，每年大约有5000名科普特人改宗伊斯兰教，但是他们依然将自己视为埃及法老的真正继承人。

3. 基督教在阿尔及利亚

1830—1962年，阿尔及利亚是法属殖民地。法国人查尔斯（Charles）、马夏尔（Martial）、阿勒芒（Allemand）、拉维耶里（lavigerie）在阿尔及利亚成立了"白人教父"（the White Fathers），这是专为服务非洲工作而建立的最大男性会众机构，这些会众不仅分布在北非，还有东部和中部非洲。1869年，拉维耶里还成立了"白人姐妹"（White Sisters），"白人姐妹"遁着"白人教父"的足迹在所有这些地方开展工作：撒哈拉、阿特拉斯山、太湖，以及萨赫勒西部地区。还有多个其他的妇女宗教社团也加入"白人姐妹"，例如，1872年和1884年分别由贝永修会进入阿尔及利亚和突尼斯的加尔默罗会（Carmelites）、1913年进入乌干达的玛利亚会（Marie Reparatrice）。

拉维耶里针对特定的地区制定传教策略，在阿尔及利亚的新教徒通常是福音派信徒。如同天主教一样，尽管他们不断努力，但是在穆斯林国家，几乎没有取得什么进展。1950年北非卫理公会的基督教报告显示，基督徒仅占北非人口构成中的极小一部分。

1962 年独立时，阿尔及利亚的天主教还拥有 5 位主教、400 名神父、1400 名修女，500 多座教堂，以及 100 万受洗的基督徒。但是到 1979 年，神职人员已下降为 203 名神父、546 名修女，而且这些神父和修女几乎全都是外国人，他们中的半数以上在独立后依然留在这个国家工作。还有 7 万—8 万基督徒，其中大多数是在阿尔及利亚工作的外籍人士，或是来自撒哈拉以南非洲的学生。[①] 目前，阿尔及利亚教会处于一种非常贫穷的状态，一些虔诚的基督徒，尤其是女性，已经接受了这种赤贫的生活方式。

4. 基督教在萨赫勒西部地区

萨赫勒西部地区的大多数国家都被视为西非的组成部分，但是这些国家的宗教状况却与北非有更多的相似之处，撒哈拉地区的贫困国家绝大部分是穆斯林国家。

毛里塔尼亚是伊斯兰共和国，在毛里塔尼亚，根本就没有本土的基督徒。[②] 但是尼日尔是世俗国家，1995 年，尼日尔人口数量为 650 万，其中天主教徒 15000 人，新教徒 10000 人，本土宗教信仰者 4000 人，没有本土培养的天主教神父。

基督教在布基纳法索取得了很大进步。该国的人口主体是传统宗教信徒，此外，天主教徒占人口比例的 10.6%，这其中有很多是受过西方教育的精英，新教徒占 1.3%，穆斯林占 30.7%，其他的都是传统宗教信仰者。

第三节　殖民时期基督教在非洲的社会影响

殖民时期，作为西方侵略势力的伴生力量，基督教对当时非洲的社会稳定与经济发展起到了消极与破坏作用；作为一种外来的强势文化，基督教对非洲传统宗教与习俗的消融，以及非洲价值观念与日常生活的改变产生了广泛而深刻的影响。而有限的客观上的积极作用主要表现在

[①]　Rt. Rev. Daniel W Kasomo, *History of Christianity in Africa Made Simple*: *History of the Church in Africa*, LAP LAMBERT Academic Publishing, 2011, p. 182.

[②]　Ibid., p. 184.

部分传教士在非洲的毕生奉献，以及部分教会对非洲教育和医疗方面的推动。

一　教会的消极作用

不管是客观还是主观方面，基督教会在殖民时期非洲的社会影响更多的是消极与破坏。这种消极作用不仅表现在教会直接参与太平洋奴隶贸易、充当殖民主义者的先锋，还表现为其间接为殖民势力收集情报，出谋划策，用欺骗和卑鄙的手段骗取非洲人们的土地与财产，挑起部落间的矛盾与纷争，严重干扰甚至中断了非洲土著文明的自主发展道路。殖民势力的疯狂入侵与瓜分更使得非洲在此后的数年间沦为西方的殖民地，国家和人们失去统一与自由。

1. 参与奴隶贸易

15 世纪末 16 世纪初正是资本主义兴起和发展的时期，为了解决迫在眉睫的资本原始积累问题，资产阶级一方面对内扩充自己的政治经济势力；另一方面加强对外扩张与掠夺。从 15 世纪中叶开始到 19 世纪末结束的非洲黑人奴隶贸易正是资本家实现其原始资本积累的重要手段之一。近 400 年的奴隶贸易，欧洲列强以成千上万非洲黑人的生命为代价，构建了所谓的现代工业文明。而在奴隶贸易这一人类悲剧活动中，西方基督教会在其中扮演了殖民主义帮凶的角色。

15 世纪中叶，葡萄牙和西班牙的传教士就开始随同奴隶贩子进入非洲。1491 年，葡萄牙的一批多米尼加会修道士进入刚果河流域，他们的到来成功地使当时的刚果国王信奉了天主教，后者在皈依后要求全体臣民必须改宗天主教。进入这一地区的主教、神父、传教士等神职人员最初只是想和奴隶贩子勾结，从中谋取利益。但是，他们很快就不甘心如此，有的开始雇用奴隶为他们做事，成为奴隶主，还有的传教士甚至成为奴隶贩子，直接从事奴隶贩卖的勾当，以"救世主"自居的神职人员成为无恶不作的骗子，以清修为标榜的传教士此时也开始过上荒淫骄躁的生活。

1517 年，天主教著名"圣徒"多米尼加会修士拉斯·喀沙斯向西班牙皇帝查理五世建议，大量捕捉黑人奴隶贩到美洲出售。此后的 200 年间，西班牙政府打着"奉圣三位一体之名"先后贩卖了近 50 万黑人奴隶。这些奴隶在美洲的种植园中从事繁重的工作，遭受非人的虐待，平均 7 年就被折磨致死。

继葡萄牙、西班牙之后，荷兰和英国成为大量贩卖非洲黑人奴隶的欧洲国家，18 世纪，英国取代以上三国，成为最大的奴隶贸易国家。1713 年，英国通过与西班牙签订的乌得勒支条约（Treaties of Utrecht），获得在西属殖民地为期 30 年的贩卖非洲奴隶的特权。1713—1743 年的 30 年间，英国从西班牙殖民地获取了大约 144000 名黑人奴隶，每名奴隶的收购价为 33.33 庇阿斯特。而在这个条约上，就有英国主教布列斯托尔的签名。据统计，从 17 世纪中叶到 18 世纪中叶，英国人贩卖的黑奴达 300 万人之多。尽管有些传教士反对奴隶贸易，但是英国的教会自始至终支持奴隶贸易，它们宣称"拯救了黑人的灵魂，就足以使奴隶贩子的一切罪恶得到赦免"。

除了直接参与非洲的奴隶贸易，西方基督教会还以传教活动来掩盖奴隶贩子的罪恶行径，利用宗教麻痹黑人的思想，消融他们的反抗。1715 年，英国圣公会传教组织派出曾任剑桥大学基督学院院长的汤玛斯·汤普逊去西非的黄金海岸传教，这是英国基督教会派往非洲的第一个传教士。在汤普逊 1772 年写的一本书中，这位奴隶制度的忠实信徒竟然用圣经来论证奴隶贸易的"合理性"。美国的基督教会也极力宣扬其奴化思想"在美国基督教感化之下当奴隶，比在非洲当自由的异教徒要好得多"。著名的奴隶制维护者——长老会牧师詹姆士·斯密礼宣称：美国的黑奴制度是上帝批准的。1804 年，美国的美以美会在它的总议会的决议中号召所有的牧师必须要"利用一切机会劝奴隶顺服主人"。新教圣公会的教士则告诉奴隶"上帝的旨意是要他们安于他们卑下的地位"，奴隶们"要是不做好他们分内的工作，他们就要在地狱中永远受苦难"。①

长达 400 年的奴隶贸易为欧洲国家带来了巨额的利润，是资本主义原始积累的重要来源，但却是非洲历史上最黑暗的时期，对非洲的经济与社会发展产生了巨大的影响。奴隶贸易不仅使非洲丧失了上亿劳动力，

---

① ［美］威廉·福斯特：《美国政治史纲》，冯明方译，三联书店 1961 年版，第 125 页。

使非洲经济严重偏离其正常发展轨道，而且破坏了非洲社会内部结构，挑起了部族间的矛盾，阻碍了非洲政治上的统一与独立。而正是在非洲黑人数百年被贩卖、被奴役的血腥过程中，基督教会不仅直接参与了奴隶买卖，贩卖、雇佣和剥削了大量奴隶，而且还利用宗教教义、经典，以及信仰的力量麻痹和奴化非洲人们的思想，以维护奴隶制度的持续发展。

2. 充当殖民主义的先锋

在欧洲殖民主义入侵非洲的过程中，教会在其中起到了推波助澜的作用，这种作用在 19 世纪表现突出。19 世纪早期，随着资本主义工业更大规模的发展，欧洲资产阶级的海外扩张和对殖民地的掠夺进一步加强，并最终掀起了瓜分世界的狂潮，非洲大陆成为欧洲列强竞相争夺的重要目标。在争夺非洲的过程中，殖民主义将武力征服、贸易与传教结合，充分利用教会的力量，将传教士作为其冲锋陷阵的先锋。基督教会也积极承担了这项任务，为了帮殖民主义者探明非洲内陆的情况，收集情报资料，奴化非洲人们的思想，教会纷纷派遣传教士渗入非洲，这些传教士成为披着宗教外衣的殖民主义先遣队。

在以传教为名深入非洲内陆为殖民侵略开路为实的众"先锋"中，英国伦敦宣教会的传教士大卫·利文斯顿（David Livingston）大名鼎鼎。利文斯顿 1840 年开始深入非洲，先后发现了维多利亚瀑布和马拉维湖，记载了大量相关的地理与人文知识，从而向外界揭开了非洲内陆的神秘面纱。[①] 在此之前，欧洲人对非洲内陆几乎一无所知，在他们的想象中，内陆就是贫瘠与荒漠的代名词。列文斯顿探险以后，欧洲人开始知道非洲内陆也有宜人的气候，有肥沃的土地、茂密的森林、美丽的草原、丰富的水资源和分布广泛的居民。列文斯顿为殖民主义者侵略非洲所做的贡献主要在两个方面：第一，收集了大量有关非洲内陆地理、经济、政治文化、习俗等方面丰富而精确的资料与情报；第二，列文斯顿所到之处积极向非洲土著传教，设立布道会，利用信仰的力量博得了大量非洲

---

① Niall Ferguson, *Empire: The Rise and Demise of the British World Order*, Penguin Audiobooks, 2003, p. 69.

民众和部族首领的信任和好感，为日后英国殖民主义入侵铺平了道路，并为此得到了英国殖民主义者的大力赞赏与嘉奖。①

同样为英国殖民主义殚精竭虑的还有伦敦宣教会的另一位传教士罗伯特·莫法特（Robert Moffat）。自 1820 年以后，莫法特走遍贝专纳兰地区，并深入北部马塔别列人地区（今南罗德西亚）。南非的霍屯督人是当时武装反抗英国殖民统治最顽强的部落，英国殖民政府无计可施，悬赏捉拿他们的首领。莫法特正是在这样的背景下进入霍屯督人部落，最终成功使部落首领改宗基督教，并接受莫法特的任何安排与摆布，在莫法特的引见下，霍屯督人首领带领整个部族归顺了英国殖民统治者。至 19 世纪下半叶，贝专纳兰已经被英国完全吞并，在贝专纳兰被吞并后，南非未被沦为欧洲殖民地的就只剩下南罗德西亚了。

在英国人染指津巴布韦，侵占"南罗德西亚"的大片土地事件中，除了罗伯特·莫法特，其他传教士也在其中扮演了助纣为虐的角色，为英国的殖民活动服务。19 世纪，白人的钻石开采和淘金浪潮席卷南北。作为英国圣公会神职人员的儿子，同时也是英国殖民地南非政府议员和财政部长的罗德斯，为了实现其将整个非洲统一在英国国旗下的野心，在南非成立了不列颠南非公司（British South Africa Company），并成为南非钻石矿的最大占有者。而以其名字命名的"罗德西亚"的大片土地正是罗德斯利用传教士以欺诈和谎言从当地国王骗得。对于当时津巴布韦布拉瓦约（Bulawayo）的洛本古拉国王（Koenig Lobengula）来说，如果说在白人中间还有人值得信任的话，那就是传教士。尽管国王信仰传统宗教，但还是允许其好友——英国伦敦传教会的罗伯特·莫法特在其属土设立传教站点。罗德斯正是利用这一点，于 1888 年 2 月，利用传教士莫法特的儿子约翰·莫法特，通过蓄意误译关键段落的卑鄙途径，蒙骗洛本古拉国王签订了所谓的"友好协定"（"莫法特协定"）。就这样，洛本古拉国王在毫不知情的情况下已经"承诺"，这块土地在未获得英国人许可的情况下，其不得与任何人签署任何协议。这个精心设计的陷阱使得英国人事实上将土地使用、矿山开采以及贸易方面的各种权利牢牢地

---

① Tim Jeal, *Livingston*, New Haven: Yale University Press, 1973, p. 332.

攥在了手里。而蒙骗国王，使其心甘情愿在协议上签字的翻译正是一个传教士，他由此获得一笔可观的报酬。

无论传教士是心甘情愿还是身不由己，抑或是被殖民者不自觉地利用，事实上，他们在殖民时期的前几个世纪中已逐渐放弃了传教事业在政治、经济和文化方面的独立而委身于西方殖民统治。他们运用信仰与神学的广泛传播与影响力，深入非洲内陆，勘察地形，绘制地图，利用非洲人们的信任，获取各种信息与资料，为西方入侵非洲提供情报，有的甚至直接参与侵略方案的制订。很多传教士还贿赂非洲部族首领等上层人士，挑起部族间的纷争，利用威胁、利诱、欺骗等手段强占非洲人民的土地和财富。同时，以教会所拥有的大片土地、大量企业，以及强大的经济后盾和传教商会及船队为西方殖民主义在非洲的侵略和掠夺提供了支持。部分传教士与教会的不光彩行为使得他们在殖民活动中充当了先行者的角色，他们为殖民活动披上意识形态与神学的外衣，从而使其合法化，进而为欧洲帝国主义势力侵略和统治非洲铺平了道路。从一定意义上来说，在非洲被殖民化的过程中，教会负有一定的责任。[①]

3. 情报收集与出谋划策

资本主义在向垄断阶段过渡的过程中掀起了争夺殖民地的狂潮。1876 年，非洲仅有 10% 的面积被欧洲列强侵占，到 1900 年，列强入侵面积达 90%。在英、法、德等国家中，英国在殖民地面积，人口拥有方面独占鳌头。1866—1900 年，英国的海外殖民地面积翻倍，其中，在非洲的殖民地增加了 13 倍，面积达 920 万平方公里，是英国本土面积的 40 倍。英国在非洲的传教事业正是在垄断资本主义的大肆扩张中一路高歌，同时反过来又为英国资本主义在非洲的利益谋取发挥了重要作用。

与之前的经验与实践不同，这一时期，传教士的做法已经有了很大的改变。在奴隶贸易和殖民之初，有的传教士肆无忌惮，选择与殖民政府公开勾结，他们依然将非洲人视为没有思想，没有文化的存在体，而自己则充当着他们的引导者与监护者，例如荷兰传教士。但是这种做法

---

① ［德］汉斯·昆：《世界宗教寻踪》，李雪涛等译，生活·读书·新知三联书店 2007 年版，第 43 页。

引起了非洲人对基督教和传教士的强烈不满与对抗，并使殖民当局与教会后来同时认识到以往那种公开的狼狈为奸再也行不通，相反，教会与殖民统治越显得无关，则越能为殖民政府服务。因此，与荷兰传教士高高在上的姿态不同，英国传教士在非洲传教过程中极力宣扬平等、自由、博爱，宣称传教是为了拯救非洲人，并极力避免任何表现出他们是殖民国家代理人的行为，以获得非洲人的信任。

尽管这一时期英国教会为殖民统治服务的目的始终不曾改变，但服务方式和表面关系已变得隐秘很多。由于他们打着宗教的幌子，采取怀柔政策，因此比殖民统治者更具有欺骗性和麻痹性，也更能得到土著居民的信赖。美国一个帝国主义分子在非洲实地调查后认为："传教士比当地任何外国人更接近土著，更了解他们，从而能提供更为可靠的情报。"由之前公开的狼狈为奸与助纣为虐到暗中的情报收集与出谋划策，这些转变在部分传教士身上得到了充分体现。

在南部非洲，英国派往南非的传教士中，有一个被称为传教士政治家的约翰·麦肯齐（John Mckenzie）。此人1875年进入贝专纳兰传教，彼时的贝专纳兰人正在对英国的军事占领进行顽强的反抗。为了镇压贝专纳兰人，英国派查尔士·华伦带兵前往，并最终顺利镇压。而查尔士之所以能够在短时间取得顺利，一个非常重要的原因就是依赖了麦肯齐提供的准确情报及其在当地土著中的影响。华伦后来也指出，麦肯齐是他取得当地居民信息最可靠的来源，同时他指出"为在殖民者与土人之间保持和平，一个传教士抵得上一营军队"[1]。除了为殖民政府提供谍报，麦肯齐还为殖民统治建言献策，在完全征服贝专纳兰后，麦肯齐又向英国在南非的总督建议对贝专纳兰实行分而治之政策，保留四大部落，在部落制度的基础上实行殖民统治，这一分而治之的建议被南非总督采纳，并成为英国在其他非洲国家广泛采用的蓝本。麦肯齐的野心不仅仅是贝专纳兰与南非，而是要将非洲广大地区纳入英国的殖民体系。从1883年回到英国到1891年期间，麦肯齐在英国政坛、媒体四处活动，极力敦促

---

① ［英］唐纳·弗瑞塞：《非洲之未来》，伦敦1911年版，第179页，转引自杨真《殖民主义利用基督教侵略非洲史话》，《红旗杂志》1965年第3期。

英国自南非北上，以尽快占领非洲更多的地方。后来的英国媒体评价麦肯齐："从今以后，他将永垂于我们帝国的史册之中，是他在一个危急的关头，挽救了英国在非洲的地位。"①

在中部非洲，自列文斯顿发现通往非洲内陆的道路后，苏格兰教会于 1875 年随后到达，在中非尼亚萨兰的尼亚萨湖西岸建立传教据点。1891 年，英国宣布尼亚萨兰为其保护区，尽管在此进行了数次武力镇压，但很多部落依然坚持抵抗。在此情形下，苏格兰教会献计当局，由传教士深入该地区设法奴化当地人们。1904 年，英国传教士控制了当地局势，结果是英国不费吹灰之力，彻底吞并尼亚萨兰。为此，英国当地殖民总督致谢苏格兰传教差会："那些酋长居然已经甘愿接受新秩序，实在令我惊奇。这无疑是你们的人活动的结果……将来的人们对这一切或许全无所知，但了解开创殖民地历史的人，深知你们的伟大功勋。"②

在东部非洲，英国圣公会传教士斯图亚·瓦特（Stua Wald）1875 年从桑给巴尔到达肯尼亚，在肯尼亚的吉库优族定居后，他利用传教士的身份，骗取了当地部族酋长的信任，同时与当地居民建立良好的关系，在此期间，他不但考察了当地的风土人情，还调查了矿产资源。英国东非公司随后而至，在当地修建炮楼，最后派军队进入，并诱骗不识字的酋长在为期 999 年的土地租让条约上签字，最终使这片土地变成了英国的殖民地。③ 利用部族矛盾、挑起部族争端也是英国殖民者惯用的手段。为了征服肯尼亚的姆旺那·姆卡族，英国殖民者从其敌对部族马赛族中征集大量士兵帮助英国军队，将姆旺那·姆卡族人残酷屠杀，最终在斯图亚·瓦特的帮助下占领该地区。

在撒哈拉以南非洲的每一片英属殖民土地上，传教士都充当了侵略先锋、情报收集者等多重角色。他们与殖民者互相配合，帮助殖民军队进驻，如果当地居民反对，会先由殖民军队武力屠杀，然后再由传教士出面进行精神慰藉，并劝诱他们归顺殖民统治。

---

① 威尔逊·奈勒：《黑暗大陆的黎明》，纽约 1905 年版，第 229—233 页。转引自杨真《殖民主义利用基督教侵略非洲史话》，《红旗杂志》1965 年第 3 期，第 23 页。

② 约翰·奥吉尔维：《传教事业对我们帝国的贡献》，伦敦 1923 年版，第 41—47 页。

③ 杨真：《殖民主义利用基督教侵略非洲史话》，《红旗杂志》1965 年第 3 期，第 23 页。

在 19 世纪欧洲殖民非洲的过程中，英国是利用传教进行侵略最典型的国家，但绝不仅仅是唯一，葡萄牙、西班牙、美国、德国等国家同样利用教会势力为殖民统治服务。卫理公会教徒是传教士中最具冒险精神和影响力的，他们与英国军队同时来到东开普省，期间双方分分合合，关系反复无常。很多科萨爱国人士认为，传教士就是英国政府的重要代理人，英国政府利用他们在互相竞争的首领之间挑起分裂，卸下他们的武器：托洛茨基作家诺斯波·马杰克在 1952 年写道，卫理公会传教士"时刻准备着与政府合作"。①

美国传教士在南非与西非的传教始于 19 世纪 20 年代，1816 年，美国政府出资成立了"美国殖民协会"，在西非建立殖民据点。1821 年，"美国殖民协会"以烟草、雨伞、肥皂、花布等廉价物品从西非海岸"购买"了 5200 平方英里土地。美国基督教传教差会甚至厚颜无耻地宣称："对非洲传教的主要责任应在美国身上。美国有 150 万黑人，可以从中物色派往非洲的传教士。这是其他国家都没有的条件。"1884 年，美国取代英国教会取得比属刚果的传教权。19 世纪 90 年代，随着美国资本主义经济对英法的超越，美国更是大规模利用传教事业加紧对非洲的侵略，由基督教各教派派出的传教士广泛分布在南部非洲、中部非洲、东部非洲和西部非洲的各个地方，并且从其殖民政府中获取大量土地。第二次世界大战以后，美国新殖民主义利用宗教对非洲进行扩张的步伐有增无减。根据《华尔街杂志》1961 年的统计，在非美国新教传教士人数就达 8000多人，同一时期，美国在非洲大使馆、领事馆的工作人员才不过 700 人。

4. 殖民统治的维护者

欧洲列强瓜分非洲以后，各国建立了殖民统治。尽管一时的武力征服容易，但是殖民统治者期待的长期稳定却绝非易事，因为非洲各族人们对欧洲帝国主义和殖民主义的反抗从未停止过，而且殖民统治者越使用武力就越容易激发非洲人们的顽强斗志及其对殖民统治的仇恨。正是在这种新的时代背景下，作为配合殖民统治血腥镇压的怀柔政策，基督

---

① ［英］安东尼·桑普森：《曼德拉传》，陈子博、卫昱译，长江文艺出版社 2013 年版，第 12 页。

教会重新粉墨登场，承担了奴化非洲人们思想、维护殖民统治的使命。为了加强教会的服务力度，西方国家大肆扩张海外传教事业，在人力和财力上进行了大规模的投入。在海外传教士的派遣方面，1800 年，西方国家海外传教士不过百人，到 1900 年，海外传教士的数目已经剧增到15500 人；在传教经费的支持方面，1800 年，西方传教经费每年不过 8 万美元，1900 年，已追加到 1900 万美元，而且 1901—1913 年的 12 年间，传教经费又增加了一倍多。在非洲，自 18 世纪末以后，传教运动发展十分迅速。19 世纪 30 年代，大约有 150 名西方传教士在撒哈拉以南非洲活动，到 19 世纪末，活跃在非洲的各类教会人员已达 8000 人左右。

对于教会如何维护殖民统治，在非洲活动多年的英国传教士唐纳·弗瑞塞在其 19 世纪末编写的非洲传教士手册中有过经验总结："把一个部落划归（殖民）政府和平管辖是一回事，但要进一步使土人交出弓矛等武器，要他们纳税，还要他们在受欺凌时不想报仇，就不是那么简单了。现在大英帝国统治下的和平正逐步渗入非洲内地。这并不是单纯由于政府拥有一小支由土人组成、由欧洲人统辖的军队，还因为一种新的教导渗透了部落生活，消弭了好战精神，注入了忍耐和宽容精神。"并且以其长期活动的尼亚萨兰为例："特别在南非和尼亚萨兰，土人已经放弃了进攻白人的习惯，已经建立起和平。这种成就不是仅靠昂贵的军事行动，而是靠传教士在政府行动之前，对土人进行长期的教化，这样就节省了成千上万英镑。而在没有传教士作先锋的地区，要建立和平就必须进行讨伐战争。"①

为了消磨非洲人民的斗志，传教士从思想上对他们进行奴化，给他们灌输种族主义思想，让他们相信：人生来不平等，各民族的天赋和能力也高低不同，白人天生就比黑人聪明、能干，有色人种被白人奴役那是上帝的旨意，白人建立殖民统治也是为了更好地开发非洲资源，为非洲黑人发展经济、传播文明，因此，黑人应该接受白人的统治，安守本分。传教士宣扬"非暴力""爱仇敌"的思想，鼓吹基督的救赎，斥责武

---

① ［英］唐纳·弗瑞塞：《非洲之未来》伦敦 1911 年版，第 180—181、94 页。转引自杨真《殖民主义利用基督教侵略非洲史话》，《红旗杂志》1965 年第 3 期。

装反抗和武力斗争是犯罪，是对上帝的忤逆，其目的就是要瓦解非洲人民的解放斗争，维护殖民统治。

对于教会为什么能成为殖民统治的得力拥护者，美国长老会传教事业负责人罗伯特·斯庇尔认为，教会和传教士进行的"亲善友好"活动具有推进和平与秩序的强大力量。苏格兰教会海外布道会前负责人约翰·奥吉尔维也认为教会最有价值的地方正在于其非官方性。民间组织的姿态和"亲善友好"的幌子为传教士服务殖民统治提供了秘密而有力的武器，教会越表现出非政治性与亲民性，就越能为殖民统治服务。

正因为如此，布莱登贬斥基督教，认为西方基督教会从本质上是反黑人的，是以种族压迫和奴隶制的婢女身份出现在非洲人面前的。基督教来到非洲"不是为了拯救灵魂，而是为了统治人身"，它向非洲人展示的是傲慢、专横、藐视、缺乏慈爱和谦卑之心。因此，基督教摧残了非洲的文化、破坏了非洲社会的和谐，其对非洲历史文化的诋毁又进一步泯灭了黑人基督徒的个性，消磨了黑人的尊严，使他们逐渐丧失自我意识和创新精神。[①]

二 教会的积极作用

1. 部分传教士献身非洲事业

尽管西方教会很多时候因为得到殖民宗主国的支持而丧失其宗教活动自主性并沦为殖民扩张的工具，但不可否认的是，很多传教士和修女出于宗教信念和传教热情，对在黑非洲传教抱有很高的热情。他们带着纯洁高尚的传教动机、强烈的献身精神和对异教徒的拯救意识，克服了非洲艰难的环境和各种各样的困难，孤身进入非洲内陆和热带雨林深处，并终身生活在当地黑人社会中，在几十年的传教活动中，熟悉了当地人民的历史、文化和情感，并把自己融入了当地社会，使得在过去非洲"从未有过基督教的地方出现了许多基督教团体，而许多皈依基督教的信

---

① 张宏明:《基督教、伊斯兰教对非洲社会发展的影响——爱德华·布莱登的宗教思想透视》,《西亚非洲》2007 年第 5 期。

徒们又在自己的人民中进一步宣讲福音"①。传教士全心全意的工作和奉献精神，为当地的发展做出了自己的贡献，有些人甚至献出了生命。这其中，涌现出很多感人的事迹。

艾伯特·史怀哲（Albert Schweitzer, 1875—1965）是德国传教士，同时拥有神学、哲学和医学三大领域的博士学位，在音乐领域也颇有造诣。但是史怀哲最大的声誉不仅在其才艺，还在于其对人类苦难的同情及献身精神。他被称为"非洲之父"。从 1913 年来到加蓬建立丛林诊所从事医疗援助到其逝世，史怀哲在非洲工作了 50 多年，他将自己半个多世纪的时间与心血奉献给了非洲的医疗事业，被后人视为 20 世纪人类良知的代表和人道主义的象征。至史怀哲去世，曾经初始的小诊所已经发展为一座拥有 70 幢建筑物的综合医院，不仅拥有 350 张床位，还包含一个能容纳 200 名病人的麻风医院。为了表彰其在非洲的医务传教士工作，1952 年，史怀哲被授予诺贝尔和平奖。爱因斯坦对他的评价是：像艾伯特·史怀哲这样理想地集善和对美的渴望于一身的人，我几乎还没有发现过。尽管已辞世 50 多年，史怀哲仍是全球志愿者们最尊敬、最仰慕的人之一。为发扬其博爱精神而设立的国际艾伯特·史怀哲基金会（International Albert Schweitzer Foundation）延续了他在非洲的医疗援助事业。

英国圣公会传教士克拉普夫博士于 1848 年开始在肯尼亚蒙巴萨的拉拜地区传教。在传教的同时，克拉普夫还从事一系列的慈善活动，其创办的学校是东非第一所学校，同时，他还研究整理斯瓦希里语，编辑了第一部斯瓦希里语字典，并翻译出了《圣经》的部分章节。非洲著名的乞力马扎罗山和肯尼亚山也正是克拉普夫所发现。

1820 年，伦敦传道会有名的传教士约翰·菲利普（John Philip）被派往南非，此后作为伦敦传教会在南非的负责人直至 1850 年。在此期间，"菲利普指责殖民地在非洲好望角腐败的法律体系，以及对非洲人不公正的对待。他还认为东开普省问题的根源不是科萨人邪恶，而是因为布尔

---

① ［加纳］A. 阿杜·博亨：《非洲通史》（第七卷），中国对外翻译出版公司 1991 年版，第 425 页。

人和英国农民强占了当地人的土地"①。土地问题在南非一直是一个很有争议的问题。约翰·菲利普相信，如果没有所有个体的自由发展，没有个体政治、社会与经济上的自由及公民权利，基督教也不会得以很好传播。在马拉维，至 1927 年离开，利文斯敦尼亚（Livingstonia）的劳（Law）博士已经在这里坚持传教士服务长达 52 年，在此期间，马拉维很多社会劣习被废除，如奴隶贸易被停止，以毒药折磨作为手段的审判也不再实施。在非洲，福音带来了真正的转变，这种转变为人们的社会政治生活注入了神圣法则与人文关怀。

还有很多的传教士在传教之外，为非洲内陆开展教育、整理文字、传授欧洲先进的农业生产技术，尽管由于历史条件的局限，他们的愿望很多时候并未实现，但他们的这些努力与贡献都是值得肯定的。

2. 推动了非洲现代教育的发展

从客观上看，教会的工作也并不仅仅只是为了让异教徒皈依，他们还创办了大量的学校和医院，切实改善了非洲当地居民的教育和医疗设施，促进了当地人文化和科技水平的提高，这也是很多黑人皈依其中的重要原因。传教与教育并行的原则使得由教会主办的西式教会学校在殖民时期的非洲有了很大发展。尽管教会学校有着各种各样的问题，如学校分布不均、课程脱离非洲本土实际情况、教育的目的是为殖民统治培养人才等，但是，其对非洲教育及社会的发展客观上起到了积极促进的作用。

第一，小学、中学和大学的创办开启了非洲系统教育的先河，教会学校始终是独立前撒哈拉以南非洲新式教育的主体。据统计，当时非洲90% 的学校都是由传教士和教会创办并管理，早在 1840 年的各传教区中，就有 6000 多名儿童在教会学校就学。到 1849 年英国在非洲殖民地创办了14 所政府学校和 28 所教会学校。② 在南非，截至 1935 年，整个南非的教会学校登记在册的非洲学生达到 342181 人，据历史学家莱昂纳多·汤普

---

① F Nkomazana, "Livingstone's Ideas of Christianity, Commerce and Civilizatio", *Paul*：*Botswana Journal of African Studies*, 1998, 12 (1&2), p.47.

② 李建忠：《战后非洲教育研究》，江西教育出版社 1996 年版，第 33—34 页。

森记录，教会学校"已经覆盖了非洲所有的保护区"①。20 世纪中期非洲大陆独立前后，还有大约 70% 的儿童就读于教会学校。即使在独立后相当一段时期内，教会学校依然是非洲教育的主阵地。

第二，传教士创办的教会学校促进了西方思想在非洲的传播。传教士来非洲的重要任务就是要改变非洲人的生活方式，他们也是最先有意识地改变非洲社会和文化的人群，尽管商人及其他移民也会产生影响，但大多都是间接的无意识的。每个传教站都开设提供西式教育和西方思想的学校，这些学校使用的是西方课本，讲授西方知识远甚于非洲本土知识。不可否认，在许多方面，教会学校就其影响而言是建设性的：他们经常教学生如何建造较好的房屋、如何改进自己的农业方法、如何遵循健康法和公共卫生的基本原理。② 同时，英国还在借鉴美国黑人教育理念与实践经验的基础上形成了适应非洲殖民地的，极具非洲特色的实利主义教育政策，提倡学校与社区紧密相连，注重实用性；重视农业教育和行业培训在基础教育阶段的施行，重视非洲本土语言的教学、推广与使用。

第三，教会学校及其课程的设立不仅提高了非洲人识文断字的能力，还培育了撒哈拉以南非洲第一代接受系统教育的文化与社会精英。在非洲不同的殖民地，教育的差距是非常巨大的，以初等教育为例，条件较好的殖民地能为大约 50% 的小学学龄儿童提供教育机会，条件较差的殖民地为 10%—15%，在最差的地区如安哥拉仅为 2%。③ 教会学校的开办带动了当地学校的创办和教育系统的发展。"殖民时期当地人也开办了西式学校，这是 19 世纪末 20 世纪初的事情，其中最引人注目的是肯尼亚的吉库尤人，最多时他们建有 200 所学校，后来还发展了中学，形成了一个与政府机构平行的系统。肯尼亚的很多领导人都毕业于这一系统。"④ 南

---

① ［英］安东尼·桑普森：《曼德拉传》，陈子博、卫昱译，长江文艺出版社 2013 年版，第 12 页。

② ［美］斯塔夫里阿诺斯：《全球通史——从史前史到 21 世纪》，董书慧等译，北京大学出版社 2006 年版，第 218 页。

③ ［澳］W. F. 康内尔：《二十世纪世界教育史》，孟湘砥、胡若愚等译，湖南教育出版社 1991 年版，第 700 页。

④ 蓝建：《发展中国家教育研究基础》，开明出版社 2001 年版，第 27 页。

非第一位黑人总统曼德拉也是在教会学校接受教育，尽管他也谴责教会学校的家长统治式作风和帝国主义习气，但他对教会学校始终保持尊重。即使在狱中，他也会给以前教会学校的老师写信以追忆过往并表达谢意。[①] 殖民后期，教会学校推行的西式教育也立足本土进行了一些改革和完善，例如，扩大教育的受众面，基于非洲的具体情况修改课程内容，将教育的目的转向为非洲培养政府和各式人才。在加纳、尼日利亚、塞拉内昂和塞内加尔，越来越多的当地人进入中学和大学。[②]

3. 积极推动了非洲的反帝反殖民斗争

在意识到与殖民主义狼狈为奸的道路再也行不通后，教会开始与殖民主义逐渐脱离关系，并且在非洲人们反帝反殖民的伟大解放斗争中站到了黑人的一边，呼吁非洲是非洲人的非洲。

在早期教会中，尽管大部分人专注于单一的传福音，但还是有一些传教士，如列文斯顿，对传教事业有着更为系统的理解。"列文斯顿对传教事业的理解不同于伦敦传教会（London missionary society）以往大多数传教士，他认为传教事业的核心和目的不仅仅只是传播福音，更应该涵盖人类活动的方方面面。他将其分为三个范畴：商业、基督教、文明（包括好的政府，教育等）。"[③] 在列文斯顿关于传教活动的观点中，基督教正义问题尤为突出，列文斯顿认为，奴隶贸易构成了他想要消除的非正义。伍德伯尼和沙阿对此有以下评论："传教士以及他们的支持者是要求在殖民地立刻废除奴隶制和其他形式的强制劳动的主要倡导者与游说者。同时他们还站在反对鸦片贸易、反对殖民政府暴力荒淫，以及殖民政府征收当地人土地等不公平行为的队伍前列。"[④] 换句话说，对于本地居民所遭受的不公平对待和压迫，部分基督教传教士积极发声，坚决

---

① ［英］安东尼·桑普森：《曼德拉传》，陈子博、卫昱译，长江文艺出版社 2013 年版，第 12 页。

② *International Handbook of Education and Development*, W. K. Cumminqs & N. F. McGinn eds, Pergamon, 1997, p. 126.

③ F Nkomazana, "Livingstone's Ideas of Christianity, Commerce and Civilization", *Paul*: *Botswana Journal of African Studies*, 1998, 12（1&2）, pp. 44 – 57.

④ Robert Woodberry & Timothy Shah, "The Pioneering Protestants", *Journal of Democracy*, 2004, 15, p. 55.

反对。

　　传教士对正义的争取有助于将人文关怀引入殖民当局的活动。"大英帝国禁止奴役和强迫劳动，惩处恶毒残暴的殖民官员。比起其他欧洲殖民势力，哪怕是相对民主的法国和比利时，英国更想方设法地推进和平的非殖民化进程。历史证据表明，正是英国新教传教士发动了这些人道并有助繁荣的改革。"① 至少从这方面来看，基督教可以被视为社会和政治改革的前沿。转向基督及其王国的进步，这不仅与某种民主价值观相连，更是基于对上帝和人类的爱。在津巴布韦，20 世纪 60 年代非洲黑人解放运动期间，教会开始与殖民当局保持距离，并且开始着手教会领导层的"非洲化"。在南非，很多教会老师总是站在白人统治者的对立面，在科萨的民族发展中扮演着独立的角色。在赞比亚，民族独立的史实可以证明，赞比亚反对殖民统治的斗争是由宗教信徒推动的，殖民地政府是由宗教信徒的革命行动推翻的。② 在反对殖民主义和帝国主义的运动中，非洲独立教会表现尤其突出，独立教会重视与民族解放运动之间的合作，掀起了一次又一次的抗议、骚乱和起义，被称为具有宗教色彩的政治运动或民族主义运动。③

　　教会学校的教育也在一定程度上唤起了非洲的民族主义。对传统部族当权者构成最严重最直接的挑战来自非洲人中受过西方教育的阶层，由于在教会学校里接受了西方政治思想的教育，他们质疑应用于西方的自由主义和民族主义为什么就不能应用到非洲，为此他们不但向非洲酋长挑战，也向西方官员提出挑战。随着这个肇始于殖民时期的新式民族知识分子团体的不断扩大，他们对欧洲近代资本主义启蒙文化，以及自由和民主思想了解得日益深刻，并开始和来自北美洲、西印度群岛和南美洲的黑人知识分子建立了联系，他们成为 20 世纪非洲大陆民族解放运动和文化复兴运动的积极倡议者与领导者。④

---

① Robert Woodberry & Timothy Shah, "The Pioneering Protestants", *Journal of Democracy*, 2004, 15, p. 56.

② 张明锋：《赞比亚的宗教及其宪法保护初探》，《世界宗教文化》2011 年第 5 期。

③ 参见［英］拜齐尔·戴维逊《非洲的觉醒》，施仁译，世界知识出版社 1957 年版。

④ 刘鸿武：《黑非洲文化研究》，华东师范大学出版社 1997 年版，第 234—235 页。

在非洲艺术方面，长期以来，非洲人接触到的是白色的耶稣、白色的圣母玛利亚和白色的圣徒圣像。20 世纪 30 年代，绘画课才开始在非洲的课堂开设，英国圣公会传教士爱德华·帕德森（Edward Paterson）为非洲年轻人创建了锡列尼传教学校，并开设了艺术专科。本身即为艺术家的帕德森鼓励学生打破任何先入为主的艺术风格，代而以尽情发挥自己的想象力和创造力进行艺术创作。就这样，耶稣、玛利亚、圣徒，甚至亚当、夏娃开始以黑人的形象在非洲出现。

此外，基督教及其随之而来的西式文化与思想也在一定程度上悄然改变着非洲社会的行为方式与组成结构，教会的帮助在改善人们生活方面也起到了积极的作用。马什与金斯诺思合写的《东非历史简编》中转述了奥利弗在《传教士在东非之作用》中的话，在谈到传教团为非洲人新建的村庄时，奥利弗这样写道："村里的人全都得到了新的家具，生活也过得比较自在些了。掘地的木棒都换成了铁锄，有时甚至还换上了犁头……衣着尽管还不一定相称，至少也比较充足、比较卫生了。肥皂也在东非的生活中露了面。"[1]

---

[1]　丁刚：《传教士的非洲》，《东方早报》2010 年 4 月 7 日。

第 七 章

当代非洲传统宗教的现代化转型

现代化是人类社会发展的一个历史过程，其蕴含的内容非常宽泛。"现代化作为一个世界性的历史过程，是指人类社会自工业革命以来所经历的一场急剧变革，这一变革以工业化为推动力，导致传统的农业社会向现代工业社会的全球性的大转变过程，它使工业社会渗透到经济、政治、文化、思想各个领域，引起深刻的相应变化。"[①] 宗教作为人类精神生活的主要表现形式，其影响存在于人类社会生活的各个领域。现代化的过程不仅表现在政治经济领域的变化，还体现在包含宗教在内的精神层面和意识形态领域的影响，因此，宗教与现代化并不像某些观点所认为的那样互不相干或是相互排斥，而是密切联系、相互渗透、相容共生。在非洲当代社会变迁中，随着商业化和城市化的发展，其引发的效应在宗教领域亦有相应显现，但是相对基督教、伊斯兰教这些开放性的宗教，传统宗教在现代化过程中所做的改变要少得多，这不仅是传统宗教自身所具有的排他性所决定，同时也与社会所给予的理解和认可紧密相关。

第一节　当代非洲传统宗教与外来宗教

自 7 世纪伊斯兰教从阿拉伯半岛南部进入东部非洲，直至 15 世纪到达撒哈拉以南非洲时，穆斯林从来没有将非洲传统信仰定义为一种宗教，并认为非洲是没有宗教信仰的大陆。他们将非洲人称为"卡菲尔人"

---

① 　罗荣渠：《现代化新论》，北京大学出版社 1993 年版，第 16—17 页。

（Kffirs），意思就是异教徒、没有信仰的人。

也正因为如此，早期伊斯兰教并没有发动反对非洲宗教和信仰力量的圣战。但是事实证明，对很多非洲人来说，伊斯兰教是一种非常有吸引力的宗教，尤其是在北非。很多北非人发现伊斯兰教与他们本土的宗教之间有很多的共同点。在一些非洲国家，如利比亚和摩洛哥，伊斯兰教是占绝对优势的主导宗教。

15 世纪，葡萄牙人开始进入非洲，航海家亨利王子希望找到一条新的通往亚洲和非洲的航道，因为那里有胡椒、香料、黄金、象牙和珍贵的宝石。带着教皇的祝福，亨利王子及部分权威的葡萄牙人和西班牙人踏上了征服新大陆的征程，同时也开始了基督教的传教。远航探索队通常有牧师和神父相随。沿着西非和东非海岸航线，他们向所有遇到的人传播福音，甚至建立了基督教社区。但是让他们感到失望的是，非洲人虽然热情地接待了他们，但是这并不意味着他们想放弃自己的宗教和文化。传教士对非洲宗教和文化充满了蔑视，误解由此引发，受到挫折的传教士对非洲人们充满了敌意，后者同样如此，最终葡萄牙人发起的非洲基督教传教运动惨淡收场。

从 15 世纪末开始，基督教开始传入撒哈拉以南非洲。在一些非洲国家如埃及和埃塞俄比亚，基督教长期被人们所接受。最初进入非洲的是葡萄牙人带来的天主教，此后是 17 世纪进入的新教。不管是天主教还是新教，绝大多数传教士都将非洲的信仰和仪式视为迷信和巫术加以痛恨和排斥，他们认为那些他们看来是邪恶的事物中都包含了非洲信仰的某些元素。西方人对非洲的描述正如约翰·玻尔（John Baur）在其著作《非洲基督教 2000 年》中所说的："这是缘于两个误解，首先是欧洲人的偏见，认为非洲人是没有宗教的原始人；其次是在欧洲，人们已经普遍接受一种观念，那就是：巫术和其他神灵都是邪恶的。"①

19 世纪，欧洲国家宣称要在非洲大陆迅速建立帝国。事实上，这是一场在英国、法国、德国、荷兰，以及其他国家间展开的争夺非洲的战

---

① John Baur, *2000 Years of Christianity in Africa：An African Church History*, Nairobi：Paulines, 1998, p. 225.

争。这些国家也掀起了新一轮的基督教传教浪潮，来到非洲的传教士中不仅有葡萄牙和西班牙带来的罗马天主教牧师，还有各种冠以新教之名的牧师和一般信徒。

这些传教士在非洲设立学校和医院，并开始传播基督教福音，他们充满善意，但是却对非洲的文化了解甚微。他们的目的是要把基督教传入这块没有真正宗教的大陆，他们将非洲传统宗教视为迷信和无知，并试图将其消灭。而一直在非洲人中生活工作，传教团中的一些成员开始接受并慢慢欣赏非洲人和非洲宗教。他们开始努力去理解非洲文化，也正是这种努力，他们最终能够在基督教和非洲本土宗教中建立关联。基督教现在是非洲大多数人的信仰，拥有的信徒占非洲总人口的46%。①

不管是基督教还是伊斯兰教，他们对非洲传统宗教的态度从本质上来说都是敌对的，他们毁掉非洲传统宗教的雕像与神祠，将非洲古老的习俗视为邪恶的崇拜。殖民时期，殖民统治者及传教士对非洲传统宗教的信仰者严密监视，其结果就是人们只能秘密信奉，或是只能在晚上信奉传统宗教。很多非洲人白天信奉基督教，晚上参加传统宗教的会议和活动。

近代以来，这种态度有所转变，尤其是梵二会议鼓励天主教徒去所有宗教内部去看待上帝后，他们的神学态度发生了转变。此外，与世界教会联合会联合的反帝国主义运动也使得新教徒内部的思想发生了很大变化。之后，他们对非洲传统宗教的精神性与灵性有了更多的欣赏，并为他们过去的行为与偏见道歉。而对于非洲自身来说，政治独立带来的新变化使非洲人对自己更加自信，这不仅表现在政治方面，还表现在他们与传统宗教的联系上。很多独立后的非洲政府采取措施保护传统宗教的信仰者，有的甚至将传统宗教定为官方宗教。

第二节　当代非洲传统宗教的重新定位与社会影响

在全球政治民主化和经济一体化运动影响下，当代非洲社会尽管依

---

① Aloysius M. Lugira, *African Traditional Religion*, Chelsea House Publishers, 2009, p. 24 – 25.

然处于相对封闭、落后的状态，但是较之前还是发生了翻天覆地的变化。20 世纪 60 年代以来，非洲国家纷纷在政治上取得独立，这在非洲大陆的发展史上无疑是一次史无前例且影响深远的大规模革命。政治上的独立不仅标志着现代意义上的民族国家在非洲大量出现，非洲在经济、文化上最终取得自主权与决定权，同时还意味着非洲将作为现代主体或主动或被动地卷入全球现代化发展浪潮中。进入 21 世纪，非洲社会环境逐步稳定，经济发展不断推进，商业化和城市化得到较快发展。这些社会环境的变化都以相应的速度改变着非洲人的生活方式和非洲社会发展。

　　作为非洲古老社会最主要的信仰体系，非洲传统宗教不仅担负着抚慰非洲人心灵世界的重任，也在人们的衣、食、住、行等方方面面发挥着特有的功能。在部族林立、统一民族国家缺失的社会状态下，非洲传统宗教作为一个群体概念，以不同的宗教形态活跃在各个部族，能很好地起到黏合社会的作用。但是，民族国家的出现在强调统一民族认同的同时，弱化了以血缘关系为纽带的部族和家庭认同，城市化的发展更在其中起到了推波助澜的作用。社会环境和国民文化的变化要求人们的思维方式做出改变，而传统宗教则是塑造非洲人思维的源头。因此，在当代社会环境下，传统宗教若要谋求进一步的生存与发展，必然要摆脱原有的狭隘视域，以当代社会为服务对象，在内容与形式上调适自身，重新定位，以契合现代化转型时期社会和人们的精神与现实需求。

一　传统宗教与当代非洲社会发展

　　宗教与法律作为调整人类社会的规范，两者之间存在着千丝万缕、多个向度的联系。从目的指向来看，法律与宗教都关心人类生存的方式与意义；从思想和制度角度来看，法律中的许多思想和制度都发源于宗教律法和宗教规范；从功能上来看，法律和宗教都有凝聚和调适社会的功能，两者共同成为维系社会的纽带。从非洲法律的演进历程来看，其形成得益于人们从内心真正信仰宗教权威与规范的传统。传统宗教提供着社会本身所不能提供的约束力，提供着靠世俗的约束力所不能维持的道德和法律规范。①

　　非洲人朴素的法律思想与他们长期推崇的祖先崇拜和至上神崇拜有着非常紧密的联系。如前所述，我们知道非洲人对祖先的崇拜是非洲传统宗教三大崇拜中最热烈最持久的崇拜，在非洲人的思想观念中，逝去的祖先依然是家庭中的成员，他们并没有抛弃在世的亲人，而是超越死亡永存于精神世界，并且就在不远处，关注着家族的每一件事和家人的一举一动。对这些逝去祖先的崇拜会带给他们期待的祝福和保护，从而得到动力和福祉，而违背祖先的后果则是遭受祖先的诅咒和报复，因此，对于逝去的祖先，非洲人怀有一种既爱又怕的复杂心情。正是在这种心理与情感的支配下，非洲人始终将那些在家族中有威望的祖先的言行视为他们的行为准则和道德规范，这种行为准则、道德规范和价值取向成为非洲后代约定俗成的习俗与法规。除了祖先言行在非洲社会所具有的规范作用外，至上神也充当了重要的角色。至上神是天地万物的创造者与主宰，他创造了天地万物，包括人类以及管理人类的社会规范和法律法规，因此，非洲很多法律思想和法律条例与至上神及其神谕有着重要且直接的关系。

　　非洲的社会结构带有浓郁的宗教气息。尽管现代革新和现代化的浪潮试图将它们的思想强加在非洲传统的生活方式之上，但是据统计，今日非洲依然生活着大约 6000 种不同类型的部族，他们中的很多人都沿袭着祖辈世世代代的生活方式，即使是在离开他们的村子搬到城市生活后，大多数非洲人还是根据他们祖先的传统来确认自己的认同。

　　非洲的社会结构，从国王、酋长、族长、祖先，到家长，都带有浓厚的宗教色彩。在非洲，酋长作为部族的统治者、部族力量与团结的表征被神圣化，被视为神圣的化身以及沟通至上神与族人的中介，因此，酋长在部族拥有很大的特权，如优先挑选土地、支配部族的财富、控制部族群体、组织部族活动、审判部族事务并决定审判结果。在非洲很多地方，普通人不能穿与酋长一样的衣服，建的房子也不能高过酋长家的房子，否则被视为犯罪。在后殖民时代，非洲大多数国家和社会制度受

————————

① 《传统宗教与非洲法》，《全国外国法制史研究会第23届年会论文汇编》，2010年。

西方社会制度的影响很大，传统的社会制度与习俗很多瓦解，但是在偏僻的部族与农村地区依然存在。

二　当代非洲传统宗教对世界的影响

非洲传统宗教对非洲社会以及世界其他地区的非洲人都具有深刻的影响。所有这些具有非洲传统的人以文化为纽带与非洲传统宗教保持着联系，他们的环境塑造了他们的宗教情感和宗教思想。尽管他们中间有些人已经皈依其他宗教，但是却没有放弃他们生命中的重要组成部分——非洲性，而传统宗教正是非洲性的组成部分。不管他们是天主教徒、新教徒、东正教徒，还是穆斯林，像所有的非洲人一样，他们宗教情感的形成是基于他们的非洲根基。

事实上，传统宗教早已超越非洲大陆在世界其他地区产生了广泛影响。在西半球，非洲传统宗教中的一些元素就出现在很多当地的宗教传统中：例如海地的巫毒教（Voodoo）（又称为伏都教）正是源于非洲西部，巫毒教是贝宁的国教，并流行于尼日利亚等西非诸国，"巫毒"在芳语中是灵魂的意思。在南美洲最大的国家巴西，拥有众多信徒的"乌班达"崇拜运动就是非洲传统宗教崇拜与天主教思想、巴西印第安土著信仰和仪式相互混合的结果。"乌班达"崇拜作为一种既有非洲宗教特色，又有巴西新文化特征的非—巴混合型新兴宗教运动，显示出了传统宗教因素与现代社会生活相适应的能力。据相关资料显示，乌班达在巴西拥有公开承认的信徒就达 3000 万人，还有很多人虽然宣称信仰其他宗教，但参与乌班达的节庆活动。古巴的萨泰里阿教（Santeria）也吸收了多种宗教元素，其中就有西非约鲁巴人的宗教。此外，还有特立尼达人的桑戈教（Shango），牙买加的拉斯特法里教（Rastafarianism），而非洲移民又将这些宗教带到了美国。传统的卫理公会也可以追溯到奴隶时代，其产生就结合了一些非洲宗教的原始元素。

传统宗教还对世界宗教音乐有着重要影响。音乐，不管是声乐还是乐器，都大量运用在非洲传统宗教仪式中。音乐通常用来赞美上帝、超人类力量以及祖先，一般在祈祷者祈求赐予与关切时使用。鼓是非洲最主要的乐器，这是非洲人与上帝关联的关键，人们通过击鼓这一媒介来获得上界的神谕。黑人灵歌是美国宗教音乐的最早形式之一，是美国黑人在奴隶时期创造的一种音乐形式，现已享誉全球，人们通过灵歌来表达他们的悲伤和苦难，抚慰他们自己以及倾听者的灵魂。从美国到欧洲，再到世界其他地方，黑人灵歌在世界音乐史上打上了深刻的烙印。①

此外，非洲传统宗教对世界视觉艺术的创新与发展也产生了一定影响。视觉艺术是伴随着非洲历史的形成而开始的，在远古时代，非洲人就开始用视觉艺术来表现自己，远古的岩画现在已经在非洲很多地方被发现，石雕和木雕也大量存在于非洲普通的村庄和家庭。在一些博物馆，或是欧美收藏家的家里也可以发现很多真正的非洲艺术品。在非洲，几乎所有的视觉艺术最初都含有宗教的目的。

在西方古典艺术传统叙事技法穷途末路之时，包括20世纪最伟大的艺术家保罗·毕加索（Pablo Picasso）和亨利·马蒂斯（Henri Matisse）在内的一大批勇于开拓、锐意进取的现代艺术大师们都把目光投向非洲艺术。他们不仅高度评价非洲木雕的艺术价值，更是身体力行，从非洲面具和雕像中不断吸取灵感和艺术创造原动力，并且掀起了野兽主义、立体主义、表现主义、抽象主义以及超现实主义等一波又一波的现当代艺术思潮，使西方现代艺术在艺术观念和造型表现上呈现出某种一致的趋向性。② 马蒂斯向毕加索推荐非洲雕刻和象牙海岸的扁平面具，非洲艺术强烈的特色和简洁的线条对毕加索的艺术风格产生了很大影响，西方现代艺术运动中最重要的派别之一——立体派由此诞生。③ 毕加索对非洲艺术与宗教间的关联有着很好地理解，他写道："当我看到那些由非洲无名艺术家所完成的壮美雕塑品时，我获得了最强烈的艺术灵感。在他们的热情和严谨逻辑下，那些宗教艺术品是人类想象力最强最美的表现。"④

---

① Aloysius M. Lugira, *African Traditional Religion*, Chelsea House Publishers, 2009, p. 111.

② 周海金、崇秀全：《非洲造型艺术对西方现代艺术的影响》，《文艺争鸣》2010年第2期。

③ Aloysius M. Lugira, *African Traditional Religion*, Chelsea House Publishers, 2009, p. 112.

④ John Richardson, *A Life of Picasso*, New York: Random House, 1991, p. 64.

第三节　传统宗教现代化转型中的机遇与挑战

一　当今世界中的非洲传统宗教

在漫长的历史长河中，那些来自非洲大陆以外的人因为偏见与傲慢，对非洲传统宗教充满了误解，甚至想消灭它。西方势力对非洲的侮辱和亵渎严重地影响了非洲土著居民的传统文化，造成大量传统的宗教信仰、社会价值、民风习俗，以及社会仪式被毁灭或是被忽视。通常情况下，它们被视为异教徒的习俗和封建迷信活动被排除在非洲传统文化的行列之外。文化是人民在处理生存问题的过程中发展起来的生活方式之反映，因此真正的文化必然包含传统信仰与唯灵论。欧洲基督教的传入，将土生土长的非洲人与他们古老的精神根基，以及传统的属灵的身份认同剥离开来。①

即使在近代，非洲传统宗教还是被排除在世界宗教的范围之外，不被视为"真正的"宗教。非洲传统宗教被纳入世界宗教的组成部分还是梵二会议以后。伊斯兰教从10世纪开始影响非洲东部海岸，其信奉者穆斯林称当地的非洲人为"卡菲尔人"或"不信宗教的人"。15世纪基督徒到达非洲后，沿袭了穆斯林对非洲人的这个称谓，并且将所有的非洲人称为"卡弗拉里亚"（Kaffraria）。非洲人是没有宗教信仰的民族这种观念被广泛接受，非洲的宗教活动也被视为以迷信和巫术为主要内容的盲目崇拜。

非洲传统宗教作为一门真正的宗教得到学者的承认，这个过程大约花了300年。最初，这些学者将非洲的宗教信仰和宗教活动称为"原始宗教"（primitive religion），这一术语承认了非洲信仰的正当性，但是"原始"意味着事物的粗糙、未定型。

1957年，加纳摆脱殖民统治，获得独立，非洲独立运动的大潮由此掀起。政治上的独立意味着对非洲根的回归，也意味着从一种新的欣赏

---

①　Rev. Peter E. Adotev Addo, "The Loss of African Religion in Contemporary Africa", http://www.africaworld.net/afrel/lossrelg.htm.

的角度重新审视非洲。非洲人们终于回归了非洲性，非洲宗教也迎来了春天。与此同时，西方世界对非洲宗教的价值也给予了更多的欣赏和理解。

1964 年，第二次梵蒂冈会议召开，来自世界各地的天主教主教齐聚罗马，在这次会议上他们接受非洲宗教作为世界宗教的一个组成部分。梵二会议在天主教以外的世界范围内同样有着很好的影响与权威，因此，非洲宗教作为世界宗教的组成部分很快被广泛接受。①

非洲传统宗教成为专门的研究对象和研究学科更是新近的事情。早期研究非洲文化的学者倾向于去观察他们自己愿意去观察到的东西——那些奇异的、神秘的仪式对他们来说什么都不是，他们描述其中的颜色和奇异，却对此一无所知。此后，人类学家和社会学家对人类及其社会文化的研究引导了对非洲传统宗教的研究，从而也提高了学术界对非洲传统宗教的理解水平，他们的工作对非洲宗教能在世界宗教中获取一席之地有着重大的意义。

20 世纪 50 年代末期，随着非洲国家纷纷获得独立，非洲人对他们自身的宗教有了一种更强烈的觉醒意识，并且对之进行了前所未有的研究，涌现出一批相关的著作和教科书。1977 年，美国哈佛大学开始了非洲传统宗教的教学，从此，非洲传统宗教成为很多大学和学院广受欢迎的课程。②

非洲宗教往往被称为"传统的宗教"而不是"有组织的宗教"，原因之一是因为非洲宗教是一代代自发传承下来的。从某种意义上来说，非洲宗教没有选举出来的教会领袖，没有一个教会的僧侣集团来管理运作教会的事务，也没有具有约束力的宗教教义和信条。但是，非洲宗教有着自身内在的结构。作为一种动态和生活的宗教，非洲宗教领袖将他们的宗教视为一个包含了各相互协调部分的整体。近年来，非洲宗教领袖开始申请将非洲宗教组织和协会运用于应用实践。正因为如此，在非洲或其他有非洲传统宗教存在的国家，传统宗教正变得越来越有组织性。

---

① Aloysius M. Lugira, *African Traditional Religion*, Chelsea House Publishers, 2009, p. 106.
② Ibid. , p. 114.

　　传统宗教在其他方面也变得越来越有组织性，其中之一就是传统的草药和医治技术。事实上，所有的非洲国家都在积极主动地设立组织和协会，通过这些组织和协会，所有的医务人员都能在一起工作。例如，乌干达的中医文化协会、南非的传统医生协会。另外，国际上的药品公司对非洲男女治疗师们所拥有的那些治疗知识的关注正日益加强，并且试图努力去理解，尤其是草药治疗。在非洲治疗师那些非常珍贵的知识中，或许蕴含了新一轮的对非洲的"争夺"。①

　　在非洲，医术往往与宗教有着密切的联系。这主要有两方面的原因，首先，在非洲传统文化中，疾病的整体概念非常宽泛，其中便包含了传统宗教信仰；其次，非洲的疾病理论不仅试图解释疾病，同时还解释上帝与世界的关系，也因此，很多非洲传统社会的医生同时也是宗教领袖，反之亦然。尽管早期的基督教传教士试图抑制非洲医学，但是由于传统的医生和医术治愈了很多病人，因此传统的医学部门依然在不断壮大。传统医术采用科学的、非科学的或某些主观的知识和医治途径。科学的草药主要来自植物，很多传统医生推荐的草药即使用今天科学的方法来检测依然是得到认可的，这种经验知识在长时间的反复实验、实践和系统观察中不断得到发展。而那些非科学知识，或者说主观知识主要是来自一种认知，那就是相信各种神灵都对人的健康产生影响。② 以这种非科学知识为基础发展而来的社会学和心理学治疗方法往往也能起到很好的治疗效果，而对于非洲宗教来说，重要的是治疗师的知识和秘密从来不能与他们的宗教割断联系。

二　传统宗教现代化转型过程中的发展优势

　　当代非洲传统宗教的发展机遇与其内在的优势有关，那就是传统宗教在非洲社会依然根深蒂固。非洲大陆的宗教信仰整体状况为基督教、伊斯兰教、传统宗教三足鼎立，但个中情况甚为复杂。从统计数据来看，

---

① Aloysius M. Lugira, *African Traditional Religion*, Chelsea House Publishers, 2009, p. 115.

② Gordon L. Chavunduka, "Christianity, African Religion and African Medicine", http: // wcc-coe. org/wcc/what/interreligious/cd33 – 02. html.

基督教与伊斯兰教在非洲基本为平分秋色，拥有的信徒比例不相上下，相比之下传统宗教正以惊人的速度急剧萎缩，很多传统的部族宗教近乎消亡。但事实上，传统宗教在任何非洲黑人国家中都没有被基督教和伊斯兰教真正取代过。不管早期的基督教和伊斯兰教如何蔑视甚至痛恨传统宗教，但是在漫长的发展过程中，它们还是不得不调整心态与策略，在不断的碰撞中吸收融合传统宗教的内容，以保证自身在非洲的生存与发展。

传统宗教根深蒂固的影响表现在非洲社会生活的方方面面。即使很多人皈依了基督教或伊斯兰教，但是"他们的道德价值观仍更多来自旧的宇宙观，而不是新的信仰"。"许多大家庭、氏族或社团的团结仍然围绕对祖先神灵的信仰而存在，定期由专司此事的祭司通过专门的方式对祖先的神灵顶礼膜拜。"在非洲，人们从宗教中寻求各种需求的满足。治疗师、灵媒①、占卜者、唤雨巫师、牧师、年长者、统治者、王后、国王都可以为满足人们的宗教需求提供服务，他们通过继承或是学徒的途径获得这些地位。过去，这些人都是口传的，也就是说没有受到过正规的教育，但是现在很多非洲宗教的服务者都接受了系统的高等教育，有的甚至达到博士学位，他们不但为非洲的社区服务，还服务国外社区。

对于很多人来说，将传统宗教与基督教或伊斯兰教结合也是他们的一种生活方式，尤其是在本土化基督教和独立教会在整个撒哈拉以南非洲快速增长的背景下。姆比蒂提到的"宗教杂交"概念很好地概括了这一现象，在这个杂交混合中，多种宗教的积极有利因素被人们同时接收吸纳。伊多乌对此也作了客观的观察：

> 或许每个非洲人都希望他们在外人看来与当下流行的两种宗教之一有关，但是绝大多数非洲人从内心深处依然依恋他们自己的本土宗教。一些基督教传教士认为非洲教会的主要问题在于大多数教会成员对信仰的忠诚被分裂：一方面他们信仰基督教与西方文化，

---

① 又称"降神者"，被认为是有能力与上帝、死者的灵魂或另一世界或空间的力量进行交流的人。

另一方面同时信仰传统宗教。而实际上，这种论述还过于乐观。事实证明，在涉及非洲人人生的关键时刻与危难时机，传统宗教往往被大多数非洲人视为他们最后的救命稻草。①

从外部机遇来看，首先，非洲大陆整体要求复兴传统文化的呼声与尊重民族文化多样性和差异性的诉求有利于传统宗教在当代的生存与发展。作为非洲大陆祖祖辈辈的思想信仰和生活方式，作为联结非洲人情感的文化纽带，传统宗教的发展既是非洲当代社会发展的潜在需要，也是非洲人文化寻根和身份认同的迫切需求。很多非洲国家在独立后纷纷寻求自己的身份认同，他们拒绝欧洲的文化与习俗，寻求包括宗教在内的本土文化的复兴。加纳独立后第一任总统夸梅·恩克鲁玛（kawame Nkrumah）是倡导"非洲人格"的先驱，其目的就是为了恢复非洲"精神"，他废除了国会成立之初所采用的正式的基督教经文和传教士殖民者确立的风俗和惯例，恢复了对祖先的祭奠。在一些非洲国家，传统宗教的教学被列入中小学课程。② 大学生也被老师教导要抛弃殖民主义者留下的西方文化传统，重新维护他们过去的宗教传统。

乌干达作家欧夸特·毕特科（Okot P'Bitek）在他的《西方学术界的非洲宗教》中呼吁：

西方文明和非洲文明存在根本的冲突，这种冲突在于西方文化根植于犹太教、希腊—罗马文化、基督教信仰，以及工业文明之上。非洲真正的自由要基于西方政治和经济在非洲主导权的废除，非洲社会的重建必须基于非洲的思想体系，对非洲传统宗教的研究是理解非洲思想的一个重要途径。③

---

① E. Bolaji Idowu, *African Traditional Religion*: *A Definition*, Maryknoll, N. Y.: Orbis Books, 1973, pp. 205 – 206.

② Joel Marashe, Ndamba Gamuchirai Tsitsiozashe, "The Teaching of African Traditional Religion in Primary Schools in Zimbabwe: Challenges and Opportunities", *Religious Education*, Jan 2009.

③ Okot P' Bitek, *African Religions in Western Scholarship*, Nairobi: East African Literature Bureau. 1970, p. 119.

　　在传统宗教与民族主义和爱国主义如此紧密结合的情况下，基督教会与伊斯兰教面临的问题与挑战也必然是严峻的，而关于传统宗教的发展，那些未经思考的消极态度显然不是正确答案。

　　其次，当代国际社会所提倡的诸多理念及原则与非洲传统宗教的重要内容不谋而合。集体协作、环境保护、动植物保护，这些都是当代国际社会提倡并强化的原则，而这些原则正是非洲传统文化的重要理念。非洲人有很强的集体意识，他们认为，人只有生活在集体中，生活才更有意义。因此，在属于他们的大家庭中，所有成员互相帮助、互相照顾，大家都有强烈的集体归属感。非洲人对大自然的热爱和环保意识也是由来已久，这种人与大自然和谐相处的观念是基于他们对一切生命的敬畏。就意识层面而言，部族意识堪称传统宗教的思想支柱，尽管独立后非洲部族及部族意识因受政治意识形态的打压以及政治家的压制而趋于弱化，但从目前来看，部族这一社会实体在非洲依然普遍存在，部族意识更不可能在短期内消亡。而且，这种具有原始的国家权力特征的部族意识跨越时空，与当今国际法上的国家主权原则产生共鸣，为传统宗教的生存增添了活力。这些观念和原则上的互通为传统宗教在当代非洲的发展提供了良好的外部生存土壤，为传统宗教在当代的生存发展注入了活力与营养元素。

　　即使是在外来宗教竞争激烈的情况下，传统宗教在非洲社会依然活跃。纵然在自 15 世纪开始基督教就已经存在的西非沿海国家，传统宗教还是拥有众多的拥护者，在这些国家中，贝宁、莫桑比克、几内亚比绍、利比里亚和科特迪瓦五国都是传统宗教为主的国家。在塞拉利昂、博茨瓦纳、布基纳法索，传统宗教尽管不是主流，但信奉者都在 33% 以上。①这些数据只显示了那些主要信奉非洲传统宗教的人，但除此之外，还有一些基督徒和穆斯林，他们在自己主要的信仰之外，还信奉一些非洲传

---

　　①　非洲传统宗教信奉者超过 33% 的非洲国家有：贝宁：51.5%、塞拉内昂 46.4%、几内亚比绍 45.4%、博茨瓦纳 38.8%、莫桑比克 35.1%、利比里亚 34.1%、象牙海岸（今科特迪瓦）33.5%、布基纳法索 33.5%，以上数据来自 www. adherents. com。

统宗教的元素，也因此对非洲传统宗教信徒数目的统计往往具有多变性。因此，传统宗教在非洲尽管存在一定程度的衰退，但是依然被广泛信奉，并且日益影响到非洲以外的世界其他地区，非洲宗教的神职人员被要求为世界范围内的非洲宗教徒提供心灵服务。相关资料显示非洲传统宗教在美国与大不列颠联合王国呈上升趋势。① 此外，在美国还有世界其他国家存在一部分受非洲宗教影响的信徒。如果一种宗教的信徒数量能预示其未来存在的前景，那非洲宗教信徒的数量就是其未来继续发展的保证。

三　传统宗教现代化转型过程中面临的挑战

相对发展机遇，传统宗教在当代非洲面临的问题与挑战更为严峻。在世界范围内，因为其他信仰，或许仅仅是因为世俗化和西方化，传统宗教已渐渐失去其领地。西蒙和舒斯特在 1993 年的《亚特兰大宗教状况》中列出了 8 个以传统宗教为主流宗教的非洲国家，但在 2007 年的修订本中，已经降为 5 个。伊斯兰极端势力的兴起使得原先那些存在于伊斯兰教，或是得到伊斯兰教庇佑的传统宗教成分受到排挤。在基督教内部，所谓与传统宗教保持一致性的说法也变得越来越可疑，西方化使年轻人与他们的传统脱离并影响了本土教会。

传统宗教在当代非洲社会的挑战主要来自两方面，一方面是传统宗教残存的非理性特征及其所处的社会环境；另一方面则来自外部威胁。

事实上，西方殖民统治及传教士对非洲传统宗教的攻击除了有西方文化中心论的因素作祟外，也并非完全没有道理。在传统宗教内部，确实存在着很多消极的、非理性的因素。在这些因素中，不仅有动物献祭、经常用到的令人迷醉的饮料、使人过度亢奋乃至癫狂的仪式等值得人们思考，还有一些根植于传统部落仪式中的古老习俗。即便时至今日，由于非洲社会整体处于欠发达阶段，传统宗教依然保留着很多原始形态的劣迹，在偏远的农村地区尤为突出。如残酷的审判方式、砍断手脚或毁容的惩处、以人为牺牲的祭祀仪式、成人仪式中的女性割礼等，这些充

---

① Aloysius M. Lugira, *African Traditional Religion*, New York：Chelsea House Publishers, 2009，p. 131.

满血腥与暴力的行为充满了对人性与人权的漠视与践踏。还有神明裁判、巫术等宗教行为也与国际上通行的理念与实践格格不入。[①] 非洲传统宗教中的核心内容——祖先崇拜也被很多人类学家视为当代非洲社会创新与改革的障碍,因为它把不能归结到社会主要祖先身上的一切思想或行动都列为禁忌。[②]

以女性割礼为例,女性割礼是始于古埃及法老时期,盛行于中东和非洲部分国家的一种女性阴蒂割礼成人仪式。割礼一般在女性婚前进行,通过部分或全部割除女性阴核和小阴唇,甚至将阴道口部分缝合,以确保其婚前的处女之身,并消除其性快感。不管是男性割礼还是女性割礼,也不管是何种年龄段的割礼都被认为具有重要的宗教意义。

伊斯兰教兴起后,女性割礼逐渐在中东废除,但是在今日非洲依然存在,很多黑人妇女为此饱受煎熬。在埃塞俄比亚、厄立特里亚和冈比亚三国,几乎所有的女性都必须接受割礼。在非洲一些地区,会全部切除少女包括阴蒂、大阴唇、小阴唇在内的全部性器官,再用铁丝、荆棘把血淋淋的伤口缝合起来,只在阴道外留一个小孔。由于这种手术的操作者一般由民间的巫医、助产士或亲友施行,很少到正规医院,不但没有麻醉,手术用具也简单不消毒,因此,女性在经受剧烈的身体疼痛之余,还经常要面临大出血和术后感染而导致的破伤风、闭尿症、阴道溃烂等疾病的折磨。割礼这一对女性身心健康造成巨大伤害、践踏女性尊严的古老仪式在现代社会遭到了包括非洲在内的国际社会的高度关注和强烈反对。从 1979 年开始,非洲妇女组织在世界卫生组织的帮助下,先后在苏丹的喀土穆和赞比亚的卢萨卡召开专门会议,会议决议从女性割礼最盛行的东非和北非开始采取禁止措施,随后逐步延伸到整个非洲,以达到彻底废除非洲女性割礼的陋习。索马里与肯尼亚也都通过了立即废除女性割礼的法令。几十年来,尽管在非洲一些发达先进的城市,女性割礼已经废除,但是在很多落后的农村地区,这一习俗依然盛行。

---

① 《传统宗教与非洲法》,《全国外国法制史研究会第 23 届年会论文汇编》,2010 年。

② *The Cambridge History of Africa*:*c.*1600 *to c.*1790, Richard Gray ed. Cambridge, 1975, p. 386.

此外，当代传统宗教生存的主战场——非洲农村和偏远地区的封闭和落后也严重限制了其现代化发展。世世代代长期生活在这些地区的人们与外部世界几乎没有太多的接触，因此，在他们眼中自己的就是最好的，他们拒绝改变①，也不知道如何改变。根据笔者在喀麦隆对传统宗教的调研来看，绝大部分传统宗教拒绝外部世界对它们的了解，不管是活动还是仪式都很隐秘，如果不是信徒，很难得知其举行宗教仪式的时间和地点。有些传统教派的教徒只能是男性，任何女性不得参与它们的宗教仪式。还有的教派自称向所有人开放，其实不然，他们很怕别人认出自己是某一教派的信徒。这种极度封闭和排外环境以及对外界茫然无知的状态，使得大多数传统宗教在现代化发展的进程中注定滞缓落后，其做出的改变自然也非常有限。

传统宗教面临的外部挑战主要来自外来宗教的竞争压力和日益激烈的现代化进程的影响。② 这里的外来宗教主要指基督教和伊斯兰教，近年来发展迅猛的新兴宗教也不容小觑。尽管当代基督教和伊斯兰教都改变了对传统宗教的敌对态度，也会从传统宗教中吸收部分元素，但是宗教间的无形竞争却从来没有停止过。传统宗教由于其口传文化特征，及其多样性的形态和范畴，在竞争过程中很难抵御系统化的基督教和伊斯兰教的扩张，因此不断遭遇外来宗教的蚕食，生存空间日益受到挤压。

此外，随着社会的日益开放和不断变革，非洲城市化进程加快，传统宗教与现代生活矛盾加剧。例如，女权主义的兴起对传统宗教中男性主导的社会结构及众多禁忌提出了挑战：废除女性割礼，重塑传统女性观念，树立新的社会身份等。③

年轻人与传统文化和权威范式的偏离是另一个问题。非洲人口的城市化意味着很多年轻人对家庭、部族，或村庄的传统结构根本就一无所

---

① 笔者在调研喀麦隆传统宗教"波提"宗教中访谈了其宗教领袖，他就认为"波提"宗教是世界上出现最早的宗教，是最合适他们的，尽管时代发展了，但是他们的宗教依然发挥着强大的功能，无须改变。

② See Alphonse Kasongo, "Impact of Globalization on Traditional African Religion and Cultural Conflict", *Journal of Alternative Perspectives in the Social Sciences.* May 2012.

③ Aloysius M. Lugira, *African Traditional Religion*, Chelsea House Publishers, 2009, pp. 129 – 130.

知，而这些恰恰是非洲宗教的支柱。新兴的全球通讯方式，如互联网，为那些生活在都市里的年轻非洲人提供了他们渴望的新的文化形态，其结果是造成很多年轻人贬低，甚至否定老年人的地位和传统的集体智慧。这不仅打破了非洲人与传统宗教的联系，也给其他宗教团体，如基督教会，带来了不利影响。①

结　语

任何地区和国家的社会发展都不可能完全脱离其形成的民族传统，非洲亦然。非洲传统宗教具有顽强的生命力，几千年来，传统宗教以其独特的形态影响了几乎所有非洲人日常生活的各个方面。无论是殖民时期还是在当代非洲，外来的西方文化与宗教并没有从根本上改变非洲人的行为举止，特别是广大农民依然遵循古老的生活方式，将现代化阻挡在他们的生活之外。经历了殖民时代和独立后几十年的发展，很多非洲国家发现西方现代化的社会制度和宗教文化其实与非洲现实并不相符，也不能给非洲社会发展带来新的出路与福音，而脱离传统，切断历史只会让未来非洲的发展之路更加举步维艰。

事实证明，形式多样的传统宗教在非洲社会进化的过程中起到并扮演了"社会整合者"与"社会黏合剂"的作用和角色，为非洲传统社会的各个社会群体提供了一种聚合力、归属感和认同感，起到了强化群体意识的作用，同时传统宗教在非洲原始社会执行着全面规范人的社会行为和稳定社会秩序的功能。② 即使在现当代，对于非洲人来说，传统宗教也始终是一笔可贵的精神财富，有其存在的合理价值和生存土壤。而对于传统宗教的衰退，如果从德默拉斯世俗化的观点③来看，我们或许可以得出这样的推论：衰落的是"传统宗教"——即那些与超自然力量及其

① Aloysius M. Lugira, *African Traditional Religion*, Chelsea House Publishers, 2009, p. 130.
② 关于非洲传统宗教的社会与政治功能，详情请参见张宏明《多维视野中的非洲政治发展》，社会科学文献出版社 2007 年版，第 141—146 页。
③ ［英］斯蒂芬·亨特：《宗教与日常生活》，王修晓、林宏译，中央编译出版社 2010 年版，第 240 页。

组织化表现形式相关的信仰实践，而传统的"神圣信仰"经受住了考验，继续繁衍生息，只不过发生了一些转型，融入了当代社会环境，从而出现"神圣信仰"的社会现象——即无形的、民间的、隐形的信仰形式在日常生活中处于增长态势。

　　未来非洲的发展，可以充分继承并发扬传统宗教的积极作用，同时也要执理性批判态度，尤其是要扬弃传统宗教中充满蒙昧和血腥的非理性因素，在保持宗教自身独立性的同时，积极促成其现代化转型。而这些目标的达成，需要非洲国家对以下方面的问题做出思考与努力：第一，促进传统宗教自身的改革，使其在现代社会发展中找到新的生存形式并焕发出新的生机与活力；第二，加强各传统宗教之间的交流合作，整合各传统宗教的合理因素，使其在与外来宗教的抗衡中更具战斗力；第三，将传统宗教置于国际框架下，接受国际化大潮的洗礼，寻找其与世界其他文化的契合点，这是非洲融入现代世界的内在要求和必然选择。①

　　在处理与其他宗教的关系上，传统宗教应坚持平等对话、和平发展的原则。宗教是非洲文化传统中极为重要的组成部分，生活在非洲大陆的非洲人都属于这一传统，他们从文化的角度与非洲宗教保持着联系。但是在今天的非洲，并不是所有的人都是传统宗教的拥护者。他们中的很多人是基督徒、穆斯林，或是其他宗教的信仰者。不像之前的传教士那样试图将传统宗教从非洲大陆及世界上消灭，现在外来宗教的领袖们意识到他们必须与本土宗教进行一些有意义的交流。基督教会已经改变策略，审查非洲传统宗教、传统医术，以及其他的文化形态，并进一步将它们中的一部分纳为现代医学和信仰体系的一部分。一些基督教会还在着手为那些非基督教的宗教仪式和文化实践寻找出路。所以，今日非洲宗教间和平共处的一个重点就是宗教对话与合作，这是非洲宗教继续保持繁荣的进一步保证，这种对话是表达双方声音的、真诚的谈判与协商，而不是无计划的交流与合作，否则只会带来新的问题、矛盾和误解。

　　非洲是一片拥有希望的大陆，在通往未来的征程中，我们不希望非洲古老的部族文化和传统宗教消失殆尽。即使是在未来的时代，非洲的

① 《传统宗教与非洲法》，《全国外国法制史研究会第23届年会论文汇编》，2010年。

思想和非洲的宗教性依然对我们教益良多，非洲传统思想与宗教对共同体与团结的彰显，对传统价值与规范的强调以及对人与世界的整体把握，都对人类世界的和谐发展以及人类普世伦理的构建有着重要的启示意义。而现代化的发展也需要传统宗教自身积极应对，不断更新，综合社会发展需要和广大信徒的物质与精神诉求，及时调整自身的内容与表现形式，在面对现实时发挥其生命安顿的意义，并在超越性精神的前提下发挥社会批判功能，通过伦理建设和谐稳定的社会，以适应社会与时代发展的要求。

第 八 章

基督教在当代非洲的迅猛发展

20 世纪 80 年代以来，非洲[①]基督教呈迅猛发展之势。不但基督徒人数大规模增长，多种教派也如雨后春笋般大量涌现。当代非洲基督教的异军突起引起了国际宗教学界的广泛关注。然而，目前国内学界的相关研究还非常有限，领域也主要集中在非洲独立教会、基督教与非洲政治的关系方面[②]，对基督教在当代非洲的整体发展态势、原因及社会影响缺乏宏观的追踪与研究。

第一节　基督教在当代非洲的发展态势

如前所述，基督教传入非洲的时间早于伊斯兰教在非洲的传入。公元 1 世纪中叶，基督教最初由中东进入北非的埃及，此后以亚历山大为

---

① 这里的"非洲"主要指撒哈拉以南非洲，俗称黑非洲，因为北非主要是伊斯兰教，北非 6 国穆斯林人口比例均为 95% 以上，其中 4 个国家在 99% 以上，基督教所占的比例和社会影响微乎其微。详见周海金《伊斯兰教在当代非洲的传播与影响》，《世界宗教研究》2014 年第 4 期。

② 非洲独立教派的研究主要有：雷雨田：《论基督教的非洲化》，《西亚非洲》1990 年第 2 期。史纪合：《殖民统治时期非洲独立教会运动研究综述》，《高校社科信息》2001 年第 1 期；基督教与非洲政治的研究主要有：潘迎华：《论基督教在南非反种族主义斗争中的作用》，《浙江教育学院学报》2002 年第 5 期。潘迎华：《基督教与新南非的和平与稳定》，《浙江教育学院学报》2003 年第 2 期。张宏明：《多维视野下的非洲政治发展》，社会科学文献出版社 2007 年版。郭佳：《基督教会在非洲民主化进程中的角色探析》，《西亚非洲》2010 年第 3 期。郭佳：《非洲基督教会政治立场转变原因分析》，《西亚非洲》2012 年第 5 期。[美] 蒂莫西·郎曼、刘中伟：《教会政治与卢旺达大屠杀》，《西亚非洲》2012 年第 5 期。郭佳：《基督教会在巩固非洲政治民主化成果中的作用》，《世界宗教文化》2013 年第 3 期。

中心，逐步传到迦太基和埃塞俄比亚，并于 6 世纪沿尼罗河而上进入努比亚。这是基督教对非洲的最初渗透，但是除了几个重要的城市，基督教并没有在其他地方扎根，也没有横跨撒哈拉沙漠进入热带非洲。随着 7 世纪伊斯兰对北非的入侵与征服，基督教几乎销声匿迹，只有极少数教会在埃及与埃塞俄比亚得以续存。[①] 15 世纪，随着葡萄牙的海上扩张，基督教被带入撒哈拉非洲的西部和东部海岸，但是由于其与殖民政权的紧密相连，因此遭到非洲人的殊死反抗，在此后的数世纪中并没有多大进展。1948 年，在世界基督教会联合会（World Council of Churches，WCC，简称"世基联"）成立之初，除了埃塞俄比亚的正教会和埃及的科普特教会，整个非洲大陆仍是宣教地区。直到 19 世纪末，欧洲殖民统治牢固建立，基督教在非洲的传播才得以大规模开始。

20 世纪 60 年代，伴随着非洲国家在政治上取得独立，非洲教会在欧美母会的许可下也纷纷取得了教会独立自主的权利，并得以顺利成为世基联的正式成员。非洲教会的加入加强了非洲在世基联的行动与计划中的份额，促进了它们对非洲大陆的关切。消除非洲传统劣习、改变社会不公平制度、协助本土教会加强神学教育、缓解部族纷争、预防和治疗艾滋病等都成为世基联新的特别关注。到 2014 年，世基联已经拥有了 94 个非洲教会会员，会员人数超过 1 亿 7000 万人。近年来，五旬节运动带动了教会的迅猛发展，很多传统教会也产生了灵恩导向的转型，这种成长使得非洲教会继韩国教会后，成为成长最快速的教会，更因为其庞大的教会会友人数，普世基督教会分布的重心已由欧美南移到非洲。

在普世教会大放异彩的同时，非洲教会也创造了自身成长的奇迹。非洲教协（All Africa Conference of Churches，AACC）1963 年在乌干达的坎帕拉正式成立，总部设在肯尼亚的内罗毕，在多哥和洛美设有区域办事处。协会的成立标志着传教士时代的结束和非洲教会自治的开始，为解决大陆相关问题提供了一个能集体发声和集体行动的平台。当时坎帕拉大会的主题是"在基督中自由并团结"，希望非洲各国求同存异，消

① Benjamin C. Ray, *African Religions: Symbol, Ritual, and Community*, New Jersey: PRENTICE-HALL, INC., Englewood Cliffs, 1976, p. 193.

除分歧，团结一致，全心全意参与非洲国家的建设。

今日的非洲教协是一个在 40 个非洲国家拥有 173 个协会会员，信徒人数超过 1 亿 2000 万人的区域组织，这些国家分布在非洲五大区域，其中北非国家 5 个、东部非洲和太平洋国家 7 个、南部非洲国家 10 个、中部非洲 8 个、西部非洲 10 个。这种分布可以确保每个区域的诉求都在协会的决策中得到充分体现，同时还可以使协会更好地了解非洲各特定区域所面临的政治和经济问题，从而能够更好地为他们服务。协会自成立以来，在非洲国家去殖民化、民族国家建设，以及南非种族隔离废除中都扮演了非常重要的角色。

在教会不断本土化、非洲独立教会不断壮大等诸多因素的合力下，基督教在当代非洲得到了迅速的传播与发展，并表现出基督徒人口迅猛增长、教派运动蓬勃兴起、信仰交叉，以及国际化程度提升等新的发展态势。

一　基督徒人口不断攀升、增长迅猛

根据皮尤研究中心 2011 年 12 月发布的调查报告显示，在过去的一百年中，全世界基督徒人口总数大约翻了 4 倍，从 1910 年的 6 亿人增长到 2010 年的 21.8 亿人，占全球总人口的三分之一，为世界信仰人口最多的宗教。[①] 但与此同时，世界总人口也在快速增加，从 1910 年的 18 亿人增长到 2010 年的 69 亿人，因此基督徒在世界总人口中所占的比例（32%）与一个世纪前的比例（35%）相差无几。但是这种表面上的一致后面隐藏了一个重大变化：那就是基督教在全球区域分布上已经发生了翻天覆地的变化。过去百年间，全球基督教人口在亚洲与非洲成长最快，以欧洲为中心的基督教人口正逐渐扩展到非洲与亚洲国家。基督教在世界各地的分布如此广泛，并呈现出百花齐放的变化态势，以至于没有任何单一地区可称为无可争议的"基督教核心地区"。

---

① 截止 2010 年，全球穆斯林大约有 16 亿，占全球人口总数的 23.4%。See "The Future of the Global Muslim Population", http://www.pewforum.org/2011/01/27/the-future-of-the-global-muslim-population/. January 27, 2011; "Mapping the Global Muslim Population", http://www.pewforum.org/2009/10/07/mapping-the-global-muslim-population/.

　　一个多世纪以来，基督教在非洲南部、非洲东南部、非洲中部的很多国家，以及东北部和西部非洲的部分地区被大多数人所接受。基督教在撒哈拉以南非洲得到了长足的发展，成为全球基督徒人数增长最快的地区。[①] 1910 年，撒哈拉以南非洲的基督徒人口为 856 万人，占全世界基督徒人口总数 6 亿 1181 万人的 1.4%。[②] 2010 年，撒哈拉以南非洲的基督徒人口达 5 亿 1647 万人，占全世界基督徒总数 21 亿 8406 万人的 23.6%。[③] 从 1910 年的不足 900 万人到 2010 年的 5 亿 1647 万人，百年间撒哈拉以南非洲的基督徒人数增长了近 60 倍。至 2014 年上半年，非洲基督徒人口已达 5 亿 2012 万人，仅次于拉丁美洲的 5 亿 6257 万人和欧洲的 5 亿 6102 万人，排名第三。[④] 在增长率上，非洲以 2.63% 位居六大洲之首。[⑤] 根据现有大致的增长率，预计到 2025 年，非洲基督徒人口将达 6 亿 8039 万人，占世界基督徒总人口的 24%，2050 年，达 8.99 亿人，占世界基督徒人口总数的 29%。届时非洲将成为全球基督徒人数最多和基督徒人口增长比例最高的大陆。[⑥] 在非洲大陆内部，2000 年，撒哈拉以南

---

　　① 《2014 全球差传数据出炉，非洲基督徒成长最快》，http://jinriweixin.com/feed/109675435。

　　② 1910 年，其他地区基督徒人口数量及其在世界基督徒总人口中所占的比例为：美洲基督徒人口为 1 亿 6589 万人，占全世界基督徒人口比例的 27.1%；欧洲 4 亿 578 万人，占总比例 66.3%；亚太地区 2751 万人，占 4.5%；中东—北非地区 407 万人，占 0.7%，基督徒人口占全世界人口总量的 34.8%。"Global Christianity-A Report on the Size and Distribution of the World's Christian Population"，http://www.pewforum.org/2011/12/19/global-christianity-exec/.

　　③ 2010 年，其他地区基督徒人口数量及其在世界基督徒总人口中所占的比例为：美洲基督徒人口为 8 亿 407 万人，占全世界基督徒人口比例的 36.8%；欧洲 5 亿 6556 万人，占总比例 25.9%；亚太地区 2 亿 8512 万人，占 13.1%；中东—北非地区 1284 万人，占 0.6%，基督徒人口占全世界人口总量的 31.7%。"Global Christianity-A Report on the Size and Distribution of the World's Christian Population"，http://www.pewforum.org/2011/12/19/global-christianity-exec/.

　　④ Todd M. Johnson, Peter F. Crossing, "Christianity 2014: Independent Christianity and Slum Dwellers," *International Bulletin of Missionary Research*, Vol. 38, No. 1, 2014. （见附录表三）

　　⑤ 亚洲 2.21% 的增长率仅次于非洲的 2.63%，位居第二，欧洲 0.29%、拉丁美洲 1.19%、北美 0.65%、大洋洲 1.14%。Todd M. Johnson, Peter F. Crossing, Status of Global Mission, 2014, in the Context of AD 1800-2025, *International Bulletin of Missionary Research*, Vol. 38, No. 1, 2014.

　　⑥ Todd M. Johnson. Christianity in Global Context: Trends and Statistics. Prepared for the Pew Forum on Religion and Public Life. http://pewforum.org/files/2013/04/051805-global-christianity.pdf.

非洲基督徒占总人口数的42.7%。2012年，在摩洛哥埃尔加迪达大学举办的《在全球化背景下的宗教》大会中呈现的新数据显示，基督信徒占非洲人口的46.53%。[①] 预计到2025年这一比例将达到48.8%。[②]

对于基督教在非洲的快速发展，卡通戈勒（Katongole）引用了以下数据加以证明：

> 根据20世纪90年代的推算，非洲5.5亿人口中有41%是基督徒……这一比例在撒哈拉以南非洲更高：加纳1900万人口中超过60%是基督徒；65%的喀麦隆人是基督徒，75%的赞比亚人是基督徒，乌干达2000万人口中的78%也是基督徒……[③]这些统计数据证实，非洲，尤其是撒哈拉以南非洲，是一个基督教占主导地位的大陆。[④]

> 20世纪，非洲基督教的发展如此引人注目，以至于被称为"基督教扩张的第四时期"。根据多方引用统计，1900年，非洲有基督徒1000万；1970年，非洲基督徒人口为1.43亿；2000年，这一数字更是达3.93亿，这就意味着每5个非洲人中有1个是基督徒。[⑤]

在皮尤中心2010年统计的全世界基督徒人口数量最多的10个国家

---

① 此外，穆斯林占40.46%，非洲传统宗教人数占11.8%。在非洲59个国家和地区中，其中31个基督徒占多数，而穆斯林占多数的只有21个，其余以传统宗教或其他宗教为主。参照《基督信徒人数在非洲大陆居首位》，梵蒂冈电台，http://www.chinacath.org/news/world/2012-09-27/17834.html。

② David B. Barrett, George T. Kurian, and Todd M. Johnson, *World christian encyclopedia: A comparative survey of churches and religions in the modern world*. 2 vols, Oxford University Press, 2001, p.429. 与埃及圣公会主教毕晓普博士预计2025年，非洲基督徒人数6.73亿的数字差不多。参见谢弈秋《非洲基督徒的文化差异》，《南风窗》2011年第3期。

③ Paul Gifford, *African Christianity: Its Public Role*, Indiana University Press, 1998, p.61, p.133, p.183, p.251.

④ E Katongole, "Prospects of Ecclesia in Africa in the Twenty-First Century", Logos: *A Journal of Catholic Thought and Culture*, 2001, 4 (1), p.178.

⑤ D Maxwell, "New perspectives on the history of African Christianity", *Journal of Southern African Studies*, 1997, 23 (1), pp.141–148.

中，有 3 个在非洲，分别为尼日利亚、刚果民主共和国和埃塞俄比亚。其中尼日利亚排名第 6 位，基督徒 8051 万人，占全世界基督徒总数的 3.7%，成为非洲拥有基督徒最多的国家；刚果民主共和国排名第 8 位，基督徒 6315 万人，所占比例为 2.9%；埃塞俄比亚排名第 10 位，基督徒 5258 万人，所占比例为 2.4%。预计到 2050 年，全世界基督徒人口数量最多的 10 个国家中将有 4 个是非洲国家，分别为刚果民主共和国、尼日利亚、埃塞俄比亚和乌干达。届时，尼日利亚预计将成为世界第三大基督徒人口大国，位居美国和巴西之后。而刚果民主共和国将 – 升至第 4 位，预计拥有 1 亿 4500 万的基督徒。[①]

　　从局域分布情况看。北非地区由于伊斯兰教的传播基本已达到极限，因而，基督教的发展空间甚微，而中部和西部非洲国家受殖民历史的影响，基督教发展较快，基督徒相对集中。在各国分布比例方面，基督徒人口占所在国总人口比例达 90% 的国家只有 4 个，分别为圣多美和普林西比（97%）、塞舌尔（96%）、佛得角（93%）、纳米比亚（90%）。[②] 而这些国家除纳米比亚人口达百万以外，其他三国的人口基数都很小，因此，尽管比例很高，但基督徒人口总数较少。其中圣多美和普林西比基督徒 19 万人、塞舌尔 10 万人、佛得角 47 万人，加上纳米比亚的 216 万人，人口总数不足 300 万人。达 80% 以上的也仅有 5 个，分别为刚果民主共和国（80%）、莱索托（80%）、卢旺达（84%）和留尼旺（86%）。而比例在 40% 及以下的国家都为数不少。[③] 从以上的数据分析可以看出，在撒哈拉以南非洲，基督教未来还拥有较大的发展空间，就

---

　　① 皮尤研究中心：《世界宗教的未来》，《国际研究参考》2016 年第 5 期。

　　② 与此相比，2010 年非洲穆斯林人口比例在 90% 以上的国家和地区多达 14 个。且人口基数较大。详情请参见周海金《伊斯兰教在当代非洲社会的传播与影响》，《世界宗教研究》2014 年第 4 期。

　　③ 贝宁 30%、布基纳法索 23.2%、喀麦隆 40%、乍得 25%、埃塞俄比亚 40%、加纳 24%、几内亚 8%、几内亚比绍 5%、科特迪瓦 30%、利比里亚 40%、毛里求斯 32.2%、尼日利亚 40%、塞拉利昂 30%、多哥 29%。"African Religious Population in 2014", http：//www. religiouspopulation. com/africa/.

国别而言，基督教徒所占比例有望在 37 个国家中得到提高。①

二 教派运动蓬勃兴起

当代非洲基督教呈现出多种类型教会交织的局面，这使得非洲成为世界上极为复杂的基督教派聚居之地。概而言之，在非洲大陆，既有发展数千年之久的科普特教和正教，又有自地理大发现以来由西方差会带来的天主教、新教，有 20 世纪初产生、60 年代达到鼎盛发展的非洲独立教会，还有 20 世纪 80 年代以来骤然勃兴的以五旬节派（Pentecostal）和灵恩派（charismatic）教会②为代表的新兴教派。教派运动的蓬勃兴起使得基督教在当代非洲的发展日益多元化和复杂化。

非洲目前主要有以下几种不同类型的教派。③ 第一种是正教，包括古埃塞俄比亚教会和由非裔美国人、北非人及希腊人带到南部非洲的诸种正教会，主要位于非洲之角的埃塞俄比亚和厄立特里亚。自 4 世纪建立基督教正教会到 21 世纪，埃塞俄比亚大多数基督徒仍属于其独特的正教会。④ 当前，埃塞俄比亚的基督徒大约占全国人口的 63%，穆斯林人口占比大约为三分之一。

第二种是天主教和新教。这类教会（如圣公会、卫理公会和长老会）由之前的西方殖民者传入，至今仍在不断增长。教会旁边一般都有传教士们建立卫生诊所、医院和学校，后殖民时代非洲的第一批领袖基本都出自这类教会学校的培养。与新教相对自由宽松的环境不同，天主教会拥有明确的等级结构并和罗马教廷有着密切联系，在乌干达、肯尼亚、

---

① Amy S. Patterson, *The Church and AIDS in Africa: The politics of ambiguity*, First Forum Press, 2011, p. 14.

② 目前，学术界主流观点认为，由于五旬节派和灵恩派的基本观点一致，而属于这两个教派的教会又往往具有纷繁复杂的形式，很难将这两个名称区别开来，因此许多学者将它们视为相同的教派看待。

③ 主要采用了保罗·吉福德（Paul Gifford）对非洲基督教的分类。Paul Gifford, "Persistence and change in contemporary African religion", *Social compass*, Vol. 51, No. 2, 2004, pp. 169 – 176. 转引自 Amy S. Patterson, *The Church and AIDS in Africa: The politics of ambiguity*, First Forum Press, 2011, p. 17。

④ *World Christian Encylclopedia: A Comparative Study of Churches and Religions in the Modern World*, AD1900 – 2000, David B. Barretted: Oxford University Press, 1982, p. 283.

安哥拉、莫桑比克和尼日利亚，天主教徒在基督徒中占有很大的比例。而大多数新教则具有全国性的网络，隶属于全球性机构，并与前殖民宗主国的教会保持联系，如世界路德教联合会（the World Lutheran Federation）、普世圣公会（the Anglican Communion）和世界归正会（the World Communion of Reformed Churches）①。

第三种是非洲独立教会（African Independent Churches），又称非洲土著教会。从 19 世纪开始，独立于西方在非洲建立的大教会，非洲人已经开始着手建立一种新型的具有非洲特色的基督教会，这种本土的教会将西方基督教与传统宗教融合，在借助基督教中先知的反抗精神与弥赛亚信仰之基础上，以非洲人富有夸张色彩的宗教体验能力来证明自己作为强大的精神力量之存在。关于独立教会兴起的原因，学术界众说纷纭，不同学者从经济学、政治学、文化学、心理学、宗教学、社会学等不同学科不同角度对之加以了分析解读。② 政治学方面的分析认为殖民统治下，非洲人没有政治权利，得不到先进阶级的领导，只能转向独立教会这一切实可行的组织方式以表达其政治愿望与诉求；经济学学者则将土地剥夺、强迫劳工、苛捐杂税视为独立教会产生的原因；社会学解释为，殖民冲击下，非洲传统社会组织瓦解，非洲人只能在独立教会中寻求安全感和归属感；宗教学则认为独立教会是宗教内部运动规律作用的结果，因为基督教本身就是在不断分化和分立的。③ 显然，试图从任何一个单独的学科来解释非洲独立教会的起源那都是片面的。非洲独立教会作为一项区域分布广泛，教派纷繁复杂的运动，其形成的原因是多样的，只有综合各学科研究，从多方面的原因进行分析，才能对之加以全面深入地了解和把握。

非洲独立教会发展迅速，到第二次世界大战结束大约已发展到 800 余

---

① 该组织的前身是世界联合归正会（the World Communion Alliance of Reformed Churches），2010 年与世界基督教大会（The World Ecumenical Council）合并，成立了世界归正会。

② See H. W. Truncr, "A Methology for Modern African Religious Movement", *Journal of Comparative Studies of History and Society*, 1966, Vol 8; V. Lanternari, *The Religions of the Oppressed*, New York, 1963.

③ 史纪合：《殖民统治时期非洲独立教会运动研究综述》，《高校社科信息》2001 年第 1 期。

个。影响较大的有尼日利亚非洲浸会（1888 年）、非洲本土联合教会
（1891 年）、非洲教会（1901 年）、非洲联合迅达道会（1917 年）、喀麦
隆本土联合会和乌干达正教会（1929 年）等。随着 20 世纪五六十年代非
洲民族运动的高涨，独立教会迎来了发展的繁荣时期，至 1967 年，非洲
独立教会数量已达 6000 多个。① 非洲独立教会的迅速发展是 20 世纪教
会增长最引人注目的现象之一，20 世纪基督教能在非洲得以如此快速发展
很大程度上得益于独立教会的贡献。② 到 2010 年，非洲独立教会的信徒
已达108325000人。③ 其中在总人口为 4500 万人，基督徒占 82% 的南非，
独立教会信徒就达 1758 万人。④

　　尽管有西方学者批评独立教会运动是狂热的宗教运动，它愚昧落后，
妄想在现代文明面前退回到殖民前的非洲社会，因而是与近代民族主义
格格不入的。⑤ 但是，独立教会的发展顺应了当时非洲反帝反殖民运动的
需要，也为非洲黑人提供了另一种契合他们精神需求的宗教信仰。在非
洲人看来，曾经助纣为虐的欧洲教会宣扬的只是一位专于剥削和压迫的
伪上帝，它们对非洲人的思维方式、行为习惯，以及文化习俗都有着太
多的不理解，因此他们决定创立自己的独立教会。与那些被视为殖民工
具的西方传教会不同，所有这些独立教会都强调它们是由非洲人自己建
立并领导，它们的共同点是都制定了非洲倡导的而不是外国传教士强加
的议程。⑥

　　与欧洲教会完全由白人掌控不同，非洲独立教会不但完全由非洲黑

　　① 雷雨田：《论基督教的非洲化》，《西亚非洲》1990 年第 2 期。
　　② "African Independent Churches Overview", http：//www. the4gospels. net/current/religion/African. php.
　　③ *World Christian Database*, Todd M. Johnson ed. , Leiden：Brill, 2013；Todd M. Johnson & Peter F. Crossing, "Christianity 2014：Independent Christianity and Slum Dwellers", *International Bulletin of Missionary Research*, Vol. 38, No. 1.
　　④ 马恩瑜：《非洲宗教发展报告2011》，刘鸿武主编《非洲地区发展报告2011》，中国社会科学出版社 2012 年版。
　　⑤ 史纪合：《殖民统治时期非洲独立教会运动研究综述》，《高校社科信息》2001 年第 1 期。
　　⑥ "African Independent Churches Overview", http：//www. the4gospels. net/current/religion/African. php.

人自己掌管，拥有自己的领导层、信徒、先知、布道者和灵医，而且还可以按照自己的喜好决定他们的音乐、舞蹈以及举行弥撒的方式，并试图将基督教与非洲的传统文化和宗教协调起来，预言、巫医救治、祖先崇拜和一夫多妻制等原来被西方传教士批判并试图消灭的非洲文化在很多独立教会被接受。尽管在欧洲传教士看来，这是不入主流的歪门邪道，但是这种符合非洲实情，抛弃僵硬拘谨，倡导轻松活泼之圣事的教会却对非洲人富有吸引力，凝聚了一批又一批的非洲信徒。尼日利亚的上帝教 [the Church of the Lord（Aladura）]，刚果的津姆邦基斯特派（the Kimbanguists）和遍及南部非洲的锡安会（Zionist churches）都是非洲典型的独立教会。在当代，独立教会已走出非洲走向世界，津姆邦基斯特派不但在刚果盆地有数百万信徒，在巴黎和布鲁塞尔也拥有诸多的信徒。①

　　第四种是 20 世纪 80 年代在非洲异军突起的一种新兴基督教会——五旬节派。五旬节派是 1906 年洛杉矶亚苏撒街复兴（the Azusa Street Revival）之后由北美教会传入非洲，该教会强调救治与预言，并强调上帝借助圣灵在生活中积极地、无处不在地施展作用，讲不为人知的语言。最初的五旬节教会，如西非的苏丹内陆传教团（Sudan Interior Mission），将非洲的文化、语言视为传播上帝福音的障碍，但这类教会已日益减少，逐渐为新的五旬节派所取代。新的五旬节派借助非洲传统文化，甚至吸收、融合了非洲传统宗教的元素，从而成为非洲基督教派发展最为迅速的一支和当前国际非洲宗教学界极为关注的教会类型。②

　　五旬节派③的特点主要表现在两个方面：一是对精神力量的推崇，二是对成功与胜利的强调。④ 五旬节派教徒认为人之所以失败或者是受挫，

---

　　① Michael Harper, "An African Way: The African Independent Churches", *Christian History*, Issue 9, 1986.

　　② Paul Gifford , "Trajectories in African Christianity", *International journal for the Study of the Christian Church*, Vol. 8, No. 4, 2008, p. 275.

　　③ 此处和下文中的五旬节派指新的五旬节派。

　　④ Paul Gifford, "Trajectories in African christianity", *International journal for the Study of the Christian Church*, Vol. 8, No. 4, 2008, p. 275.

原因在于他受到了恶魔的威胁和诅咒。牧师的一项重要任务就是对信徒们进行精神治疗，祛除因灵魔带来的疾病和不幸。这一观念实际上与非洲传统宗教密切相关，在非洲传统宗教看来，物质世界和精神世界并没有分开。没有什么东西是纯粹物质性的，精神力量无处不在；没有什么事情不受祖先、精神和巫师以及最高神影响，而任何敌人都会通过精神的方式给人的生活带来厄运。[①]

　　另外，五旬节派注重对成功和胜利的追求。五旬节派教徒认为，基督徒本身就意味着成功，否则他所追求的就是错误的。以胜利者教堂（Winner's Chapel）为例，该教会 1983 年由尼日利亚人创立，截至 2000 年，已在尼日利亚拥有 400 所分支教堂，并扩展到 38 个非洲国家。胜利者教堂之所以能够如此大规模地拓展，其原因就在于它的教义注重对成功和胜利的强调，正如其教徒所宣扬的，"上帝之子必须拒绝贫困，拒绝无能"，"你脚踏的地方就是财富之处，在所有成功当中，物质上的成功是极为重要的"，"清除你所有的疾病；去对你的医生说，'我不会再来你的诊所'"。[②] 这种对成功和胜利的推崇使渴望成功的年轻人看到了希望，为五旬节派教会赢得了大量的支持与信徒。事实上，在当代非洲大陆的基督教中，胜利者教堂仅仅是冰山一角，还有许多类似于这种形式的教会，它们具有惊人的发展速度，拥有数量庞大的信众和广泛的跨国甚至跨洲传教网络。

　　新兴教派的兴起使得很多原本信奉天主教和新教的教徒转归到新兴教派，从而造成传统主流教派与新兴教派的人口比例发生了重大变化。以五旬节派为例，五旬节派在非洲大陆的迅速席卷大有压倒传统的天主教会和新教之势。由于注重精神的力量和对成功的关注，五旬节派更适应非洲社会的需要，与此同时，它们大胆地借助传媒吸引了大量传统基督教信徒的改宗。2008—2013 年，西非五旬节派的信徒增加了 25%，达 43 万。预计到 2025 年，五旬节派将在撒哈拉以南非洲地区比传统的新教

---

　　① 参见张宏明《传统宗教在非洲信仰体系中的地位》，《西亚非洲》2009 年第 3 期。

　　② Paul Gifford，"Trajectories in African christianity"，*International journal for the Study of the Christian Church*，Vol. 8，No. 4，2008，p. 284.

教会多出 1 亿 1500 万教徒。① 当代非洲五旬节派的快速发展必将引起非洲基督教版图的重大改变。由于传统教派与新兴教派在教义上具有较大的差异，未来，随着双方发展和地位上的不平衡加剧，势必会引起两种教派之间力量的对抗，这种对抗除了会引起神学理论上的争论，也可能导致传统的天主教会和新教现行宣教理念、教规制度等的重新调整。

三　信仰交叉现象普遍

在非洲基督教中，信仰交叉，尤其是基督教与传统宗教的交叉现象非常普遍。皮尤机构 2008 年 12 月至 2009 年 4 月在非洲 19 国的调查显示，撒哈拉以南非洲约有四分之一的基督徒相信神灵或祖先献祭能消灾辟邪。调查同时指出："基督徒和穆斯林群体中都有相当大比例的人相信咒符或护身符之类有保平安的能力，在很多国家中比例甚至达到或超过 1/4 之多。"② 尽管非洲教会的增长速度之快让人瞠目结舌，但是，值得人们注意的是，这些教会是从那些在非洲传统文化中成长起来的本土非洲人中兴起的，非洲独立教会虽然数量大幅增长，但是它们大多数不是建立在基督教圣经的原则基础之上，而是更多地建立在非洲传统之上。基督徒寻求将他们的基督教信仰与他们的传统宗教联系起来。③。

游离于两种宗教之间是非洲基督徒的困境所在。在殖民者的强势文化进攻下，非洲殖民地人民不得不接受了基督教，但同时他们又不情愿放弃自己的民族宗教信仰，于是非洲人在接受基督教的过程中，顽强地保留了不少传统宗教的成分，从而使后殖民时代的非洲宗教进入了一个基督教与非洲传统宗教相混合的阶段，也就是非洲基督教的形成阶段。④ 因此，很多信仰的转变往往是表面肤浅的，它并不能完全改变非洲人对生活的理解，以及他们与祖先神灵和上帝的关系。事实上，传统宗教在

---

① David B. Barrett, George T. Kurian, and Todd M. Johnson, *World Christian Encyclopedia: A Comparative Survey of Churches and Rreligions in the Modern World. 2 vols*, Oxford University Press, 2001, p. 29.

② 《皮尤调查显示 1/4 非洲基督教持有本地信仰》，《中国天主教》2010 年第 5 期。

③ Richard J. Gehman, *African Traditional Religion in Biblical Perspective*, Kesho Publications: Kijabe, Kenya, 1989, p. 6.

④ 任一鸣：《后殖民时代的非洲宗教及其文学表现》，《社会科学》2003 年第 12 期。

非洲社会生活的方方面面有着根深蒂固的影响，很多人即使皈依了基督教或伊斯兰教，但是他们的价值观念和行为习俗还是根植于非洲的古老信仰，人们依然从传统宗教中寻求各种需求的满足，依然将祖祖辈辈，世世代代所遵循的传统宗教与习俗作为他们的情感依托与身份认同的表征。这一现象早已为非洲学者所关注，曾在美国哈佛大学从事宗教研究并任尼日利亚总统奥卢塞贡·奥巴桑乔（Olusegun Obasanjo）顾问的万德·艾宾保拉（Wande Abimbola）博士曾经指出，基督教和伊斯兰教将所有上教堂或清真寺的人全部算为自己的信徒，但其中有不少人同时也在家中保留着传统信仰，且不乏有知识的人。[1] 正因为如此，非洲的基督徒并不如欧美基督徒那样有强烈的宗教执着，同时这也是他们在部族主义盛行的非洲政坛上不引人注目的原因。

1976 年，泛非基督教领袖大会（pan-African Christian Leadership Assembly）发表声明"外来的基督教永远无法解非洲人民的精神之渴"[2]。对于非洲基督徒来说，真正的基督教会是既要满足非洲人民深层次的精神需要，也能满足他们的文化需求。非洲基督教是西方殖民宗教基督教与非洲传统宗教交融碰撞、相互结合的产物，很难分清是传统宗教融入了基督教，还是基督教融进了传统宗教，因为在非洲的基督教教堂里，既有非洲风格的音乐伴奏的圣歌和舞蹈、非基督教的祷告词，还有驱鬼除妖的巫术。教徒们还用各种方式在教堂的祷告里涉及非洲的社会政治问题。与此同时，非洲殖民地人们在接受基督教的过程中，也并不是完全被动或被迫的，他们在经历了厌恶和抵抗的过程后，也开始思考基督教中一些可以被接受的因素，并主动地去完成两种宗教的嫁接和交融。[3]

四 国际化程度日益提升

当代非洲基督教广泛利用网络新媒体的趋势，使之逐渐具有了国际

① 张宏明：《传统宗教在非洲信仰体系中的地位》，《西亚非洲》2009 年第 3 期。

② Richard J. Gehman, *African Traditional Religion in Biblical Perspective*, Kesho Publications：Kijabe, Kenya, 1989, p. 8.

③ 任一鸣：《后殖民时代的非洲宗教及其文学表现》，《社会科学》2003 年第 12 期。

化的特点，并显示出由南向北、由非洲向欧美传教的新动向。当前，非洲基督教移民社团已经越来越多地出现在西欧和北美地区，一方面，他们借助网络可以与母国的教会、牧师联系，继续从事所在教会的活动；另一方面，更为重要的是他们开始在海外宣扬自己的教会理念，将非洲基督教传播到外部世界。依据相关研究，当前，位列英国前十的上百万人的教会中，有四个是由尼日利亚人领导的。西欧目前最大的宗教集会地是以伦敦为基地的京士威道国际基督徒中心（Kingsway International Christian Centre，KICC），而其建立者也是尼日利亚的五旬节派领导人马太·阿什莫罗沃（Matthew Ashimolowo）。尼日利亚的五旬节派已然成了英国的一种社会力量，甚至扮演了扭转英国社会世俗化的角色。① 此外，尼日利亚的基督教救赎会也在英国拥有了 670 个教堂。这些现象已引起欧美学者的关注，他们甚至设立了专项课题，研究非洲移民教会为什么会成为西欧国家发展快速的基督教会，这些教会如何向欧洲等世界基督教的中心地区传教，以及这种向发达国家传教的现象会对西欧国家的基督教和文化带来哪些影响，等等。② 2004 年 11 月的欧洲及非洲天主教及大主教会议，再度提出了欧洲信徒衰微的问题，并提议从非洲差派神父到欧洲一些极度需要神职人员的地方。非洲及马达加斯加的主教团委员会主席约翰·奥奈耶坎（John Onaiyekan）大主教认为 150 年前只有欧洲人传福音，现在该由两个教会同时分担，那就是非洲教会与欧洲教会。③

① Burgess R. Bringing Back the Gospel: Reverse Mission among Nigerian Pentecostals in Britain, *Journal of Religion in Europe*, 2011, 4 (3); Todd M. Johnson & Peter F. Crossing, Christianity 2014: Independent Christianity and Slum Dwellers, *International Bulletin of Missionary Research*, Vol. 38, No. 1.

② University of Birmingham, "Transnational Nigerian Pentecostal churches, networks and believers in three northern countries", http: //www. birmingham. ac. uk/schools/ptr/departments/theologyandreligion/research/projects/transnational-nigerian-pentecostal. aspx.

③ Kenneth Chan, "Fastest Growth of Christianity in Africa", http: //www. christianpost. com/news/fastest-growth-of-christianity-in-africa-260/#! .

第二节　基督教在当代非洲迅速发展的原因

经济的衰退、政治的不稳定、殖民压迫、疾病等都会促使宗教运动的产生。基督教信仰在当代非洲的迅速发展是一个历史问题，因素很多，但主要是非洲政治、经济、人口变化和社会结构共同作用的结果。

一　基督教的快速发展与非洲的经济形势密切相关

基督教的增长原因可以被置于非洲贫弱的经济背景下去分析，两者之间的相关性主要表现在两个方面：首先，非洲贫穷落后的经济环境造就了基督教的快速发展；其次，基督教及其组织积极参与非洲经济形势的改善与发展，尤其是教育、医疗、扶贫等民生工程为教会吸引了大量信徒。

第二次世界大战结束，大批亚非拉国家在殖民体系瓦解后获得独立，从表面看这些国家都站在了相同的起跑线上，但是时至今日，这些国家的差距却非常大。在欧美，产生于20世纪五六十年代的现代化理论在80世纪已经风光不再，对于新加坡、韩国等一些亚洲新兴国家来说，现代化也已然是它们取得的傲人成就。而作为一个整体，撒哈拉以南非洲却还被远远地抛在其他地区后面。在世界经济全球化浪潮中，非洲一直游走在边缘化的道路。美国著名非洲问题研究专家玛丽娜·奥塔瓦（Marina Ottaway）说：“不管以什么标准来衡量，非洲均处于一切全球化趋势的边缘……这个大陆不论在政治上、经济上还是文化上都正在日益被边缘化。”① 尼日利亚总统奥巴乔桑也曾感慨地说：“非洲发展的车厢，已与全球发展的火车脱钩。”②

非洲是全球最贫穷的大陆和最不发达的地区，世界上最不发达国家主要集中在非洲，长期以来，贫困、饥饿、战乱、高死亡率时常打乱非

---

① Marina Ottaway, " Africa", *Foreign Policy*, 1999, Spring, p. 20.

② Edmond J. Keller and D. Rothchild eds, *Africa in the new International Order*, Lynne Riennner Publishers, 1996, p. 17.

洲人的正常生活秩序。在过去的几十年中，贫困已发展成为急需采取实际行动的全球问题和全球议程项目，为此，联合国 2000 年制定了千年发展目标（MDG）。千年发展目标包含八大方面的内容，其中第一条就是：消灭极端贫穷和饥饿：靠每日不到 1 美元维生的人口比例减半；使所有人包括妇女和青年人都享有充分的生产就业和体面工作；挨饿的人口比例减半。在这个千年发展计划中，对非洲大陆贫穷问题的关注更甚于其他地区。非洲四分之三的贫困人口集中在西非和中非地区，大约有 9000 万人口生活在农村，以农业生产为生，这些国家五分之一的人口深受战争之苦。在安哥拉、布隆迪、莫桑比克、乌干达等受冲突蹂躏的国家，农村人谋生的能力已经被战争严重削弱，人均粮食产量下降，平均每 3 秒钟就有一个 5 岁以下的儿童因为艾滋病或极度饥饿死去。超过 10 亿人没有干净的饮用水。每年有 600 万 5 岁以下的儿童因为营养不良死亡。[①]

非洲的贫困不仅仅体现在经济方面，还表现在教育与人文方面。联合国开发计划署认为"贫困意味着选择受到局限，其实质是人类能力建设的不足"[②]。而能力建设与教育和文化程度息息相关。非洲不同层次人口入学率普遍偏低，受教育年限少，文盲率高。据统计，至 2010 年撒哈拉以南非洲仅有 12 个国家扫盲率刚刚超过 50%。整个非洲大陆有近 4 亿文盲，占全世界文盲总数的 40%，其中利比里亚以 78.1% 的文盲比例位居世界之首。此外，35% 的非洲国家学龄儿童入学率不到 40%，整个非洲有 20% 的男孩和 38% 的女孩无法进入小学，中学的失学率更高。[③]

人类艰难的生存处境正是宗教滋生的温床。经济的衰退、政局的动荡和严重的灾难往往引发宗教运动的发生和信徒数量的增长。[④] 布莱恩·

---

① *Poverty in Africa*, Thomas W. Beasley ed, Nova Science Publishers, 2009, p. 126.

② UNDP, "Sustainable Growth", Chapter 08 of South Africa Human Development Report 2003, Oxford University Press, p. 172.

③ Zachary C. Tyler and Sucharita Copal, "Sub-Saharan Africa at a Crossroads: A Quantitative Analysis of Regional Development", *The Pardee Papers*. 2010, pp. 3 – 10. 转引自王志章《非洲反贫穷的困境与中国扶贫模式植入的路径》,《上海师范大学学报》2013 年第 2 期。

④ David B. Barrett, George T. Kurian, and Todd M. Johnson, *World Christian Encyclopedia*: *A Comparative Survey of Churches and Religions in the Modern World.* 2 *vols*, Oxford University Press, 2001, p. 16.

斯托内（Bryan Stone）在《寻找今天的信仰》（*Finding Faith Today*）的调查报告中显示，在被报告者报告的各项因素中，亲友去世和生活磨难是促使人们在各个生命阶段寻找信仰最为普遍的原因。[1] 而这两种因素在高死亡率和贫困的非洲甚于任何其他大陆。南非天主教的主教团副主席迈克尔·科尔曼（Michael Coleman）也指出一些贫穷国家往往是传福音的好地方，因为有钱人从物质生活中确认了自己的存在，便不再归向神了。[2] 持同样观点的耶稣会神父托马斯由此担忧："非洲现在的情况很好，但一旦现代化了，会是什么样呢？一旦有了大购物中心，有了有线电视，有了所有那些新鲜东西，人们教育程度更高，那时会是什么样呢？"[3] 因此，从一定意义上说，非洲贫困的经济境况和艰难的生存处境为基督教在非洲的迅猛发展提供了土壤。

另外，基督教及其组织在非洲减贫运动中发挥了重要作用。非洲贫弱的经济状况使得政府不能为民众提供足够的服务，随着非洲城市化进程的发展，教会或许会成为唯一向生活在棚户区的贫困大众伸以援手的机构。在内罗毕吉不拉（Kibera）的贫民窟，有300多个教会为生活在那里的60万贫民提供服务。[4] 因此，对于很多非洲人来说，成为一名积极的基督徒比成为一名公民更能带来实惠。[5]

基督教会世界服务社（Church World Service, CWS）在非洲服务了50多年，在其名为"非洲倡议"（African Initiative）的活动中包含：建设和平、解决冲突和争端；帮助因战乱等原因被迫离开家园的人们获得

[1]　Bryan Stone, *Finding Faith Today*, www. bu. edu/cpt/fft, 2013. 斯蒂芬·亨特：《宗教与日常生活》，王修晓、林宏译，中央编译出版社2010年版，第107页。

[2]　Kenneth Chan, "Fastest Growth of Christianity in Africa", http：//www. christianpost. com/news/fastest-growth-of-christianity-in-africa-260/#! .

[3]　《天主教在非洲迅速发展》，http：//www. chinacath. org/news/kuanpin/2013-04-02/20598. html。

[4]　Amy S. Patterson, *The Church and AIDS in Africa：The Politics of Ambiguity*, First Forum Press, 2011, p. 20.

[5]　Philip Jenkins, *The Next Christendom：The Coming of Global Christianity*, New York：Oxford University Press, 2007, p. 90.

持久的生存条件；缓解饥饿和贫困；解决生活用水和防止艾滋病。①

　　乌干达教会在发展之初，致力于将这个非洲内陆穷困国家的教会发展为大教会，但是面对无处不在的贫穷与饥饿，他们的思想发生了很大转变，他们不再着眼于自身的发展，而是开始关注于照看那些贫困的人们，因此大教会的构想蓝图开始朝向为照顾当地最弱势的孤儿寡母之社区教会发展。至今，乌干达教会的小组达 2800 多个，这些"社区教会"到社区进行祷告，去社区发现问题，并努力解决问题，帮助那些贫困者。②

　　教会在津巴布韦抵御饥荒中也发挥了重要作用。2010 年，津巴布韦国家经济低迷，全国有 80% 左右的人口陷入贫穷，大量生活物质缺乏，大约 200 万人需要依靠外界提供食物援助。基督教组织号召为津巴布韦农作物收成以及贫穷同心祷告，希望能中止贫穷与饥荒的恶性循环。世界福音联盟、英国人道救援组织锑尔基金会、全球连接、全球祷告日、新先锋、撒玛利亚基金会、和平联盟、全球本土等机构纷纷表示支持。在 2010 年 9 月 26 日"津巴布韦全球祷告日"上，祷告的主要内容就是提升津巴布韦民众生活水准以及终止贫穷，并且呼吁"津巴布韦是一个美丽的国家，具有巨大潜力和许多上帝赐予的应许。这个国家仍在努力争取正义与和平，穷人还在继续受苦。呼声响起时，要回归上帝面前，团结起来帮助、培训那些农村的贫穷人口建立一种可持续发展的道路"。为此福音联盟与锑尔基金会提供资金，为 9 万津巴布韦农民进行教育培训。津巴布韦籍牧师莫尤表示："我们希望世界各地的基督徒加入祷告行列，彻底终止津巴布韦的饥荒与贫穷。"世界福音联盟总干事杰夫·杜尼可利夫也表示："我们相信通过祷告，将带出力量以及想出最有效的方法来解决贫穷问题。"③

---

① Eudora Chikwendu, "Faith Based Organizations in Anti-HIV/AIDS Work Among African Youth and Women", *Dialectical Anthropology* 2004, Netherlands: Kluwer Academic Publishers, 2004, p. 309.

② 《乌干达教会开拓者见证：教会要去在乎最贫穷痛苦者》，http：//www. gospeltimes. cn/news/2012_ 12_ 05/23584. htm。

③ 《津巴布韦饥荒持续恶化，世界福音联盟等祷告支援》，http：//www. christiantimes. cn/news/201009/08/934. html。

除了物质援助、宗教祷告，宗教首领及专家学者还根据非洲的现实状况，为非洲摆脱贫穷出谋划策。美国《基督教邮报》2009年9月25日报道，基督教领袖和专家学者在9月23日齐聚英国，出席由非洲发展论坛举办的非洲经济峰会，并就非洲经济发展的新模式进行了商讨。世界著名非洲经济学家，2008年吉尔伯奖获得者、牛津大学经济学教授保罗·科利尔（Paul Collier）在会上表示，从历史上看，非洲人民有能力掌握自己的命运。在谈到非洲的自然资源时，科利尔教授认为"上帝给予非洲丰富的自然资源，非洲面临的挑战是如何正确地利用这些资源，推动经济发展"。

长期以来，基督教会在非洲提供了大量的社会保障服务，无论是救济品发放、医疗救助还是学校教育和就业支持，基督教的这些服务都有效地促进了非洲贫苦民众的皈依。很多新兴教派由于注重精神的力量和对成功的关注，因而更适应非洲社会的需要。近十多年来非洲经济呈现出快速稳定的上升态势，基督教关注人们事业上的成功而非单纯信仰上的虔诚适应了当前非洲的发展形势，激发了传统基督徒的信仰热情。对于那些处于温饱线下的民众和期待获得成功以摆脱贫穷的年轻人来说，他们不仅从基督教中获得了心灵的慰藉和身份的认同，更获得了生存的勇气与希望，结果自然会对之顶礼膜拜。

二　基督教在当代非洲的迅速发展还得益于非洲大陆人口的急剧增加

由联合国主导的一项新研究显示，地球人口将在21世纪持续增加，到2100年可能会达到110亿人，而主要原因是非洲人口增幅巨大。由于生育率持续保持高水平，非洲总人口到2100年可能会增加3倍，由现在的约10亿人增加到21世纪末的40亿人左右，而在世界其他地区，人口可能不会有太大的变化。① 哥顿康维尔神学院2013年发表的《1970—2020年全球基督教情况》报告也预测，北方教会将随人口老化而衰退，

---

① 《全球人口本世纪末或将达到110亿，非洲或增三倍》，http://discovery.163.com/14/0922/09/A6O5KR3Q000125LI.html。

民众多转投无神论或不可知论的怀抱，南方教会则发展迅速，届时将带动全球教会增长。在非洲，信徒将按人口比例增加，由 1970 年的 1.43 亿人（38.7%）增至 2020 年的 6.3 亿人（49.3%）。[①] 像贝宁、莫桑比克、卢旺达、坦桑尼亚、乌干达和赞比亚这些在基督徒数量方面具有最高增长预期的国家都拥有很高的生育率。预计到 2025 年，尼日利亚、埃塞俄比亚、刚果民主共和国、苏丹、乌干达都将跻身于世界上人口最多的 25 个国家。届时，尼日利亚将拥有 2 亿人口，埃塞俄比亚的人口也会超过 1 亿人。[②]

三　电视、广播、网络等新媒体在传教活动中的广泛运用助推了基督教在非洲的快速发展

借助网络新媒体的力量扩大宗教的社会影响、产生更大的舆论效应，招募教徒甚至神职人员，这是当前基督教、伊斯兰教等世界宗教以及很多新兴宗教推崇的做法，并确实取得了良好的效果。2010 年 4 月，法国天主教花费 25 万欧元在全国展开招募神父的活动。他们向全国发放七万张展示神父形象的卡片，鼓励年轻人"让上帝来做老板"，为配合招募而在社交网站上开设的网页也很受欢迎，一周时间就吸引了 1200 人加入。非洲教会受资金的限制，在投入方面或许无法与欧美教会相比，但是非洲日益普及的电视、广播以及网络平台还是为基督教的传教及实践活动带来了巨大的发展空间。基督教教会相信媒体对大众所产生的巨大影响，在非洲，有数以百计的基督教传教广播台，其中多数是以当地语言广播，并且有专门针对妇女的节目。[③] "非洲的卫星电视所提供的福音节目也相当出色。透过一个在乌干达播出的节目，可以看见很多人排队等候被按手得医治。在南非，也已经安装了一条 24 小时

---

① John Beren, 2020 年基督徒人口将达到 26 亿，更新主义教会占 7.1 亿，增幅达 1032%，http: //www. sarawakmethodist. org/new/? p = 9213。

② Philip Jenkins, *The Next Christendom: The Coming of Global Christianity*, New York: Oxford University Press, 2007, p. 99.

③ 《阿布杜·拉赫曼·赛米特博士谈非洲基督教对穆斯林传教》，http: //www. ayuren. com/? 255/viewspace-14999. html。

开通的祈祷热线。"①

传统的天主教和新教由于受教义的限制，主要还是通过礼拜仪式、宣讲教义和圣餐等形式维系教徒的信仰。而新兴教派近年来之所以能在非洲迅猛发展，一个很重要的原因就在于它们有效使用了现代科技，借助网络传媒的力量推动其传教活动。以五旬节派为例，近年来五旬节派在非洲大规模地建立网络教会，借助各种媒体的力量、在多种场合开展宣教事业，因而很快成为非洲发展最快的基督教派之一。"对于传统主流的教派（天主教和新教）而言，网络仅仅是有关它们活动的信息资源而已；但对五旬节派来说，网络媒体意味着你可以通过它成为基督徒。"②而事实上，网络已经不仅仅是五旬节派传播的工具和途径，它与圣经文本和礼拜仪式一样，已经成为基督徒信仰必不可少的组成部分。对此加纳一名五旬节派的媒体负责人指出："教会必须使用一切新技术的原因在于，如果不使用，它们就会落伍和消亡，因为撒旦正在利用一切能利用的科技，因此我们也必须使用同样的武器与之对抗。"还有的教会通过网络已经在整个非洲大陆甚至全球建立了自己的分支机构，扩展其传播范围。

第三节　基督教对当代非洲社会的影响

南非总统祖马曾经说过：19 世纪欧洲传教士引进的基督教，摧毁了非洲传统社会为孤儿、老人和穷人编织的安全网。此后他再次重申：对于非洲人来说，在基督教和福音传入之前的漫长岁月中，我们有我们自己独特的行事方式。在被欧洲基督徒视为黑暗日子的那些时期，非洲没

---

① "Kenneth Chan. Fastest Growth of Christianity in Africa", http：//www. christianpost. com/news/fastest-growth-of-christianity-in-africa-260/.

② Asamoah-Gyadu, J. Kwabena, "Get on the Internet！" Says the LORD'："Religion, Cyberspace and Christianity in Contemporary Africa", *Studies in World Christianity*, Vol. 13, No. 3, 2007, p. 228.

有孤儿院和养老院，是基督教带来了这一切。① 为此，南非教堂理事会和反对派政党谴责总统的这一声明，认为声明极大地漠视了基督教会在南非解放及社会发展中的角色。祖马总统的批评言辞，以及教会和反对派为基督教的辩护清楚地显示，基督教对非洲社会生活的影响是非常巨大并显而易见的，这些影响是基督教在撒哈拉以南非洲快速增长的结果。

　　总体而言，基督教的快速传播和基督教组织的日益活跃对非洲的医疗卫生、教育文化，以及政治民主产生了很大的促进作用；但另外，基督教也导致了被视为异教和邪恶的非洲传统文化和习俗的衰亡，破坏了非洲传统的种族关系。

一　基督教对当代非洲医疗卫生的影响

　　尽管宗教在非洲医疗卫生中某些特定领域所发挥的作用存在争议，但不管是基督教还是伊斯兰教，自传入非洲伊始都致力于非洲的医疗卫生事业，在非洲各国设立众多的医院和诊所。其初衷或许一定程度上是出于传教的需要，但是客观上对非洲各国人们，尤其是偏远地区医疗卫生的改善起到了非常重要的作用。基督教对非洲医疗卫生的突出贡献表现在非洲艾滋病的防治方面。

　　非洲是最早发现艾滋病的地区之一，也是受艾滋病威胁最严重的大陆。自 1981 年非洲发现首例艾滋病以来，非洲各国为抗击艾滋病作出了不懈努力，然而，艾滋病在非洲大陆的蔓延并未得到有效遏制。

　　艾滋病在非洲的发展速度十分惊人。据统计，在全世界每年新增加的 570 多万艾滋病感染者当中，70% 都集中在撒哈拉以南非洲。十几年来，撒哈拉以南非洲已有 3400 多万人感染上艾滋病，总死亡人数达 1150 万人。仅 1998 年，非洲因艾滋病或与艾滋病有关的疾病而死亡的人数高达 200 万人，平均每天超过 5500 人，是这个地区因战争而死亡的人数的

---

① David Smith, "Jacob Zuma Blames Christianity for Breakdown of South African Traditions", *The Guardian*, 21 December 2011, www. guardian. co. uk/word/2011-/dec/21/Jacob-Zuma-blames-christianity.

10 倍。①

2007 年联合国防治艾滋病委员会公布的一份报告显示，2007 年 1 月至 11 月，死于艾滋病的非洲人达 240 万人，比 2006 年同期增加了 20 万人，其中撒哈拉以南非洲情况最为严重，是全球艾滋病危机的重灾区和核心地带，感染人数增加了 38 万人，使该地区艾滋病患者总人数上升到2530 万。2009 年，全球艾滋病感染者约为 4000 万人，仅撒哈拉以南非洲艾滋病患者和病毒携带者人数就高达 2600 万人。其中南非是世界上感染艾滋病人数最多的国家，南非人口约占世界人口的 0.7%，但艾滋病患者却占世界的 17%。目前该国有艾滋病患者 550 万人，感染人数居世界各国之首，每年死于艾滋病的人数在 30 万人以上。在 20 岁至 34 岁的妇女中，约有三分之一的人感染艾滋病毒。② 同时，艾滋病在南非的传播速度之快也非常惊人，1991 年南非的产前检测结果表明，只有 1% 的妇女是艾滋病患者，到 1999 年，这个比例猛增到 19.9%。③

随着艾滋病的迅速蔓延，非洲艾滋病防治已成为全球高度关注的公共卫生和社会热点问题。如果不及时采取措施，到 2025 年非洲可能会有8000 万人死于艾滋病，感染人数将会上升到 9000 万人。来自非洲 50 位专家起草的报告《非洲艾滋病：2025 年的三种情形》指出，根据采取措施的差异，20 年后非洲艾滋病将出现三种截然不同的情况：最好的情形是 2025 年时，4300 万人将免受艾滋病病毒的感染；最差的情形则是艾滋病在 2025 年耗尽非洲的资源，非洲的贫困和不平等将进一步加深。④ 艾滋病已经造成了非洲国家众多的社会与家庭悲剧，目前艾滋病已成为非洲的 "第一杀手"，尤其对妇女和儿童构成了严重威胁，在非洲，艾滋病

---

① 龙胜东：《非洲艾滋病现状及发展趋势》，http：//www. cetin. net. cn/cetin2/servlet/cetin/action/HtmlDocumentAction；jsessionid = 0C127D1ABAE853E9F489F6F4A3708167？baseid = 1&docno = 144829。

② 《艾滋病防控在撒哈拉以南非洲地区仍任重道远》，http：//news. xinhuanet. com/world/2009-12/01/content_ 12571088_ 2. htm。

③ Isak Niehaus, "Leprosy of a Deadlier Kind: Christian Conceptions of AIDS in the South African Lowveld", *Aids and Religious Practice in Africa*, Felicitas Becker & P. Wenzel Geissler ed, Brill, 2009, p. 296.

④ 《非洲艾滋病状况的二十年分析》，http：//www. 39. net/aids/channel/world/90742. html。

感染者大多是女性。

事实上，对于教会在非洲艾滋病防治中的作用，一直存在争议，这种争议既存在基督徒内部，也存在于基督徒与非基督徒之间。在西方人的经验中，尤其在艾滋病流行的最初年代，教会在其防治过程中是起阻碍作用的。在 2004 年第 15 届世界艾滋病大会上，一些专家也提出，宗教信仰在艾滋病传播中起到了推波助澜的作用，其中非洲、亚洲和拉丁美洲的情况尤其突出。例如，在非洲的卢旺达、布隆迪和刚果（金），宗教助长了艾滋病的传播，这三个国家都是基督教国家，80% 的国民信奉基督教。教会领导人拥有巨大的权力，但他们却属于最歧视艾滋病患者的群体之一，因为在圣经中，著名的摩西十诫之一就是勿通奸，人们认为艾滋病是患者与人通奸所致，因而是一种有罪的疾病。此外，很多基督教会尤以天主教为最，多年来一直反对人工避孕，对包括避孕套在内的一切避孕工具持否定和谴责态度。① 即使到 20 世纪 90 年代中叶，天主教教会依然拒绝妥协。因为专制主义的立场，天主教会在艾滋病防治期间日益变得边缘化。一些教会领导人还不准非政府组织工作人员在年轻人中开展性教育，担心这会导致不道德行为的发生。② 在基督教深入人心的黑非洲，所有这一切大大恶化了非洲的艾滋病问题。

进入 21 世纪以来，情况正在发生改变。很多宗教组织开始反思他们坚决反对的立场，逐渐修正自己对避孕套使用的态度并加入到防治艾滋病和救助艾滋病人的努力中来。在 2001 年 6 月召开的联合国大会艾滋病特别会议上，大量宗教组织公开支持避孕套的使用，同时他们也倡导通过暂时禁欲的方式推迟年轻人的性行为，呼吁人们要自愿检测与咨询、在性关系中相互忠诚。③ 在此次会议上，美国天主教主教会议还提出，基于非洲医疗保健和教育基础设施的恶化，他们决定与众多的国际机构及

---

① See Heike Behrend, "The Rise of Occult Powers, AIDS and the Roman Catholic Church in Western Uganda", from *Aids and Religious Practice in Africa*, Felicitas Becker & P. Wenzel Geissler eds, Leiden: Brill, 2009, pp. 21 – 22.

② Amy S. Patterson, *The Church and AIDS in Africa: The Politics of Ambiguity*, First Forum Press, 2011, p. 39.

③ World Council of Churches, Faith Based Organizations, 2001, op. cit.

非洲国家并肩作战，对抗贫穷、艾滋病及其他流行病，以促进非洲的和平、安全与发展。教会在艾滋病方面扮演了复杂的角色，这与它们多元化的历史经历、资源、领导方式和神学观点相关。

2010年7月18日，第18届世界艾滋病大会在维也纳召开。大会开幕前一天，来自非洲、亚洲和欧洲的约200名基督教、犹太教和伊斯兰教的代表举行了会前预备会议，他们一致呼吁宗教团体一起参与共同解决艾滋病问题。预备会开幕仪式上，世界基督教联合会秘书长——奥拉夫博士牧师在开幕词中呼吁，"信仰团体应该超越神学观点的差异，与正在遭受艾滋病折磨的患者并肩作战"。英国关注基督教发展的眼泪基金会（Tear Fund）经理奥沙利文说，目前在发展中国家，教会已经动员成千上万名志愿者参与照顾艾滋病人，现在已经达到有史以来最高峰。另外该机构的艾滋病部门经理还强调，教会面对艾滋病人，没有偏见或歧视的必要。

2011年12月1日是第24个世界艾滋病日，联合国艾滋病规划署公布当年的艾滋病主题为"朝零努力"（Getting to Zero）——零新增感染、零歧视和零死亡。在世界各地相继举行各种活动宣传艾滋病预防和关怀事工之际，有福音机构指出，基督徒在防治艾滋中承担着特殊的角色，基督徒更易于以"神的形象"去平等地接近和关爱艾滋病人，使他们感受到基督的恩宠，并引导他们在基督中获得重生。

在世人的眼中，艾滋病是不治之症，传染性很强，艾滋病人也是"自作自受"，因此对他们往往敬而远之。但是，基督教神职人员提醒基督徒，在《圣经》里面，耶稣接受、包容了税吏、妓女、强盗等恶人，因此基督徒也应该效仿基督去接受并饶恕那些艾滋病人，接纳这些最脆弱的社会成员，因为对他们来说，比艾滋病更可怕的是世人的冷漠和社会的隔离。圣经警戒说：神若鉴察罪孽，谁人还能站立得住呢？但却一再地包容饶恕了罪恶的世人，因此基督徒当用基督的爱去照亮艾滋病人的生命。

面对快速增长的艾滋病人，北美马鞍峰教会的主任牧师华里克2011年7月撰写专文指出，基督教会是对付艾滋病的"最强武器"，因为基督教会是世界上唯一一个比艾滋病感染率发展更快的组织，遍布全球各地，且基督教会的信徒都有一颗服侍的心，正如耶稣教导的"爱人如己"。基督徒的关爱是因着基督而发自内心的自然流露，因为能正确地认识人类本身是罪的实存，所以能"与哀恸的人同哭"。

很多机构和组织都致力于艾滋病防治工作。除了联合国艾滋病规划署（UNAIDS）、国际开发署（USAID）、联合国儿童基金会（UNICEF）、救助儿童会（Save the Children）等各种政府或政府间设立的反艾滋病部门，还有一些民间的非政府组织，它们打破南北界限，同当地立足社区的组织和卫生保健机构同心协力，给予成千上万的非洲艾滋病患者以关心和治疗。很多国际机构在项目所在国都设有办事处，这些政府和非政府组织直接针对妇女、青年、孤儿、父母、教师、农民等不同的人群提供艾滋病防治和护理服务。

宗教非政府组织是遏制非洲艾滋病流行的一股重要力量，这些组织由宗教团体发起，并在宗教资助下运转。不管这些组织是否属于同一教派，但是他们大多数都致力于帮助那些"政府项目不曾覆盖的人群，如妇女，老人、残疾人、精神病患者、穷人，或是其他各类被边缘化的人群"。① 在对抗非洲艾滋病方面，宗教组织拥有丰富的经验和丰厚的资源。在 2001 年联合国大会特别会议上，宗教组织指出，在消除贫穷、疾病和艾滋病方面，他们拥有很多优势，主要有：

1. 基督教会几乎遍布世界的每一角落，通过这些教会可以形成有效的沟通渠道和网络。

2. 宗教组织在医疗保健和教育服务方面有很多专门面向艾滋病人提供的关怀和治疗项目。

3. 宗教组织拥有为艾滋病患者及其社区提供身体、精神及情绪健康服务的综合性部门。

4. 宗教组织已经数十年在非洲坚持为那些陷入冲突、自然灾害、政

---

① R. J. Estes, *Internationalizing Social Work Education: A Guide to Resources For A New Century*, Philadelphia: University of Pennsylvania, 1992, p. 126.

治压迫、瘟疫，以及艾滋病的人们提供关怀和服务，拥有丰富的实践经验。①

世界卫生组织艾滋病毒/艾滋病司司长凯文·德考克（Kevin De Cock）博士说"宗教非营利组织是民间社会的一个重要部分。因为它们在发展中国家提供大量的保健，通常达及生活在不利境遇的脆弱人口，因此必须将宗教非营利组织确认为实现全面普及工作的重要贡献者"。联合国艾滋病联合规划署执行干事比特·皮尔特也认为"政治组织来来去去，政治家、商人、联合国机构来来去去，然而从长远眼光来看，只有基于信仰的团体和宗教组织一直存在于（艾滋病防治的）历史和未来当中"②。2007年，世界卫生组织在华盛顿特区国家大教堂发布一项《重视有用的资产：在赞比亚和莱索托计划、了解、转化和吸收宗教卫生资产》的报告。这个报告发现，在莱索托，基督教医院和卫生中心提供了大约40%的艾滋病护理和治疗服务，赞比亚几乎三分之一的艾滋病治疗设施也是由宗教非营利组织运作。此外，报告还指出，至2007年，非洲卫生基础结构的30%至70%为宗教非营利组织所拥有。从这份报告可以看出，宗教非营利组织在撒哈拉以南非洲提供的艾滋病毒/艾滋病保健和治疗方面所发挥的作用要比确认的多得多。③

在非洲南部和东部，教会联合抗击艾滋病毒/艾滋病（CUAHA）④ 是成立于2002年的一个网络组织，该组织主要专注五个核心领域：神学和艾滋病毒/艾滋病道德；关爱艾滋病人；教育与培训；信息与通信；互联网。教会联合抗击艾滋病毒/艾滋病在非洲南部和东部聚焦那些奋斗在安哥拉、博茨瓦纳、埃塞俄比亚、肯尼亚、马拉维、纳米比亚、卢旺达、南非、斯瓦士兰、坦桑尼亚、乌干达以及津巴布韦的艾滋病工作者。这个组织收集伦理与神学方面的素材，同艾滋病患者及护理者分享最新的

---

① World Council of Churches/ Faith Based Organizations, Increased Partnership between Faith-Based Organizations, Governments and Inter-Governmental Organizations (UNGASS), New York, 2001.

② 李峰：《全球治理中的国际宗教非政府组织》，《求索》2006年第8期。

③ 《宗教非营利组织在撒哈拉以南非洲的艾滋病毒/艾滋病护理和治疗方面发挥着重要作用》，http://news.pharmnet.com.cn/news/2007/03/01/189567.html。

④ 网站为 http://www.cuaha.org/。

培训方式、信息，及支持方法。①

　　世界宣明会是 1950 年成立的一个发扬人道与博爱精神的国际基督教慈善机构，其宗旨是以爱心服侍贫苦及有需要的人们，与他们一起面对贫穷和灾难，合力克服困境。宣明会在布隆迪、肯尼亚、坦桑尼亚、莱索托、马拉维、刚果民主共和国、莫桑比克、埃塞俄比亚、津巴布韦等多个非洲国家设有办事处。② 此外，该组织的志愿者还在非洲 25 个国家和地区参与扶贫、防治艾滋病、保护儿童、援助在冲突和自然灾害中的人们。宣明会是一个旨在"为儿童创造一个更好的世界"慈善机构，在非洲，他们一个重要的任务就是帮助那些自身感染艾滋病，或是因艾滋病失去父母的单亲孩子或孤儿。

　　天主教救助会是美国天主教主教会议的国际机构，在世界各地已经有 60 多年的人道主义援助经历，具有丰富的应对突发事件的经验。天主教救助会努力确保受灾人口的基本权利得到满足，使他们能过上有尊严的生活。多年来，天主教救济会集中关注食品发放项目，这些项目由美国政府资助，世界各地医疗诊所执行。像其他非政府组织、教会和基层组织一样，天主教救济会正在与社区一起努力解决与艾滋病相关的歧视、贫穷，以及妇女问题。在天主教救济会事工的 30 多个非洲国家中，受益人口已达 200 万。③

　　艾滋病教育和保健项目需要实质性的资助。天主教救济会能从联合国艾滋病规划署、世界卫生组织、联合国儿童基金会、美国国际开发署、世界银行、欧盟、食品和营养技术援助项目（Food and Nutrition Technical Assistance Projects）、明爱网络和抗艾滋病、结核和疟疾全球基金（Caritas Network and the Global Fund to Fight AIDS, TB and Malaria，以下简称"全球基金"）等组织和基金成功筹集资金。2003 年天主教救济会的营运支出总计 490307000 美元，其中 48302000 美元用于医疗健康项目，23966000 美元用于艾滋病项目，2 亿 7260 万美元用于紧急项目。其

---

① AF-AIDS eForum 2003: af-aids@ healthdev. net, 5 Sept 2003, Dar-es-Salaam.

② See http://www. worldvision. org. hk/child-sponsorship/mailing-addresses-of-national-offices.

③ Catholic Relief Services, Community Health Program Overview , www. catholiccrelief. org.

中教育占有的份额为 4250 万美元，福利占 2470 万美元，天主教救济会以赠款（1 亿 900 万美元）、协议、农业及其他大宗商品和货运等形式从美国政府获得 3 亿 7700 万美元的拨款。正是因为其强大的筹款能力，天主教救济会才能够深入非洲的偏远地区执行艾滋病管理项目。[①]

2002 年天主教救济会启动一个为期 3 年（2002—2004），名为"非洲崛起：希望与愈合"的艾滋病宣传活动，这个活动旨在反对针对艾滋病人群的歧视，改善他们的贫穷境况，倡导政府提供更良好的医药政策。此次活动呼吁对人类尊严、责任和社会公正的肯定，动员美国民众了解非洲面临的系列问题，同时施压美国政府、国际金融机构和企业改变政策，支持非洲发展。在地方层面，天主教救济会支持基于社区的项目，这些项目主要专注于咨询服务、消除艾滋病歧视、提供医学知识和孤儿护理。[②]

2003 年，全球基金拨出 150 万美元赞助天主教救济会在马达加斯加的一个 4 年项目。该项目计划在马达加斯加的两个地区对人们进行性病和艾滋病的治疗与教育。马达加斯加的艾滋病流行率不到 1%，该项目的目的正是要控制艾滋病毒在这个岛国的蔓延。[③]

天主教救济会支持的很多项目都立足贫困社区，并独立于教会卫生机构运转。天主教救济会在乌干达首都坎帕拉及其贫民区、马萨卡等边缘地区开展一些家庭关怀和免费药品项目，超过 6 万人从这些项目中受益并获得发展。

在夸祖鲁—纳塔尔省，南非天主教救济会在圣玛丽医院社区服务中心（St. Mary's Hospital Community Outreach Centre）配备了 350 名熟练的志愿者，为位于班德教区的农村地区提供家庭护理，这个项目是天主教救济会与南部非洲天主教主教会议（Southern African Catholic Bishop's Conference）及其抗艾滋病事务办公室共同合作的项目，受益人数达 4.5

---

①　Catholic Relief Services, *Making a World of Difference for 60 Years. Annual Report* 2003 E-dition 2003, Financial Summary.

②　Catholic Relief Services, "Africa Rising: Hope and Healing: HIV/AIDS in Africa", www. catholiccrelief. org.

③　Catholic Relief Services, "Receives Global AIDS Fund Grant 2003", www. catholiccrelief. org.

万人。天主教救济会还资助天主教教育学院（Catholic Institute of Educa-tion），该学院已经为南非 300 多所小学提供过艾滋病教育和生存技能培训。①

在津巴布韦，15—45 岁人群中艾滋病感染率达 33.7%，艾滋病夺去了大量青壮年的生命，使得大批儿童失去父母。据统计，津巴布韦大约有 150 万孤儿，占津巴布韦全国总人口的 12%，其中 90 万为艾滋病孤儿。天主教救济会为此开展了名为"津巴布韦年轻人"的项目，让父母、社区领袖、政府官员参与，帮助这些幸存的年轻人恢复原有的生活状态，此项目的年轻受惠者已达 3.4 万人。天主教救济会资助的另一个项目——中心（the center）是 1994 年在哈拉雷地区专为艾滋病人建立的一所免预约自助式诊所。符合这个项目资助的人数达 2500 左右，其中 70% 是妇女。马万博学习中心（Mavambo Learning Center）是一个专门关注 8—12 岁孤儿的项目，是美国国际开发署资助天主教救济会在津巴布韦对孤儿和其他弱势儿童的试点项目。② 与天主教救济会项目合作的津巴布韦本地机构也有很多，包括万基天主教教区（catholic dioceses of Hwange）、穆塔雷和奇诺伊（Mutare and Chinhoyi）、圣经联合会（Scripture Union）、活力青年项目、基督教卫生保健服务项目、耶稣会艾滋病项目（jesuits AIDS）、联合卫理公会（United Methodist Church）、主内兄弟会（Breth-ren in Christ Church）、伯大尼信托（Bethany Trust）、南部非洲主教区域间会议（The Inter-Regional meeting of Bishops in Southern Africa）。

尼日利亚有 350 万人受艾滋病毒感染，天主教救济会通过阿布贾（Abuja）、乔斯（Jos）、奈及利亚（Kafanchan）和伊达（Idah）天主教教区基于社区护理和支持的项目，与这四个天主教教区合作。每个教区成立一个艾滋病行动委员会以保证以社区为基础的咨询及艾滋病人的护理和服务得到落实。仅 2004 年，就有 4.8 万人从这个项目中受益。③

---

① Catholic Relief Services, "Fighting HIV/AIDS in South Africa", www. catholiccrelief. org/ where we work.

② Catholic Relief Services："Zimbabawe", www. catholiccrelief. org/ where we work.

③ Catholic Relief Services： "Four diocese Community-Based Care and Support Project ", www. catholiccrelief. org/ where we work/Africa. Nigeria.

在坦桑尼亚的达累斯萨拉姆教区，对艾滋病人的牧灵活动和服务项目通过 12 个教区诊所为艾滋病人提供了基本的咨询和关怀服务，并教导社区成员去照顾自己社区的艾滋病人。这个项目的目的是将关心和服务从教区诊所逐步推广到社区、村庄和家庭，此项目受益人数达 11 万人。①

天主教救济会资助的综合关怀计划在马拉维同样实施，在那里，他们为艾滋病人和垂死的人提供食物、水和卫生设备。这个项目改善了艾滋病患者中婴儿死亡率不断上升的问题，还对当地的人们进行了基本的农业技术培训。

包括艾滋病在内的医疗和卫生保健项目需要大量实质性的资金、物资和技术资助。非洲大多数国家受本国资金和技术的限制，政府无法为民众提供必需的医疗设备和医疗技术。而近年来，越来越多的双边和多边的援助者关注教会的艾滋病行动，他们以日益增加的资金和认可给予这些信仰团体更多的支持来对抗艾滋病。

二　基督教对当代非洲教育的影响

基督教对西方正规教育在非洲的产生与持续发展做出了重大贡献。基督教在非洲的教育事业是其传教事业的重要组成部分，早在公元 450 年左右，埃塞俄比亚的基督教会就创立了一套完整的教育体制，为埃塞俄比亚文化、艺术、科学的发展奠定了坚实的基础。

殖民时期，由基督教创办的教会学校是非洲现代教育的先驱。为了使基督教在非洲的传福音运动中取得更大的进步，就必须要求非洲人的识字和识数能力得到大幅度的提升，这一需求迫使西方传教士必须将严肃的教育计划视为其传教的重要组成部分。奥尔先生将非洲教育分为三类：第一类是"通识教育"（General Education），第二类是"工业教育"（Industrial Education），第三类是"精英教育"　（Education of Sons of Chiefs and Headsmen）。通识教育是传教士的社会责任，主要关注阅读和

---

① Catholic Relief Services："What is the PASADA HIV/AIDS Project"．

写作以便改变宗教信仰和培训非洲老师。① 基督教会，尤其是新教教会，更是通识教育的倡导者，因为新教强调要让所有的基督徒能用自己的语言阅读圣经。伍德伯尼（Woodberry）和沙阿（Shah）指出："路德教会的虔信派教徒首先提出'普遍识字'的观点，随后，扫盲运动在新教世界迅速展开。"② 因此，新教在非洲传教的同时，广泛推行了包括识字、算术、音乐、娱乐等内容的大众教育，同时印发了大量的圣经，这些文字的圣经对于推动大众教育起到了很大的作用。

事实上，共同承担教育责任的还有商业主体。列文斯顿认为非洲最大的成功与解放就是接受了基督教、商业与文明。"基督教能为道德指引提供准则，而正当的商业和教育能鼓励非洲人在肥沃的土地上制造出自己的商品来和欧洲人做生意。"③ 因此，那些与西方传教士合作的商人的角色与地位是不容忽视，也不容否定的。这种合作在 19 世纪后半期的肯尼亚同样存在，厄奇（Urch）曾经写道："商人和传教士都相信，受过良好教育的人口是商业和基督教传播的一个先决条件；欧洲第一个教育企业就是他们双方合作的直接产物。"④ 在促进西方正规教育在撒哈拉以南非洲的确立和发展方面，达努认为商人和传教士这对合伙人在其中所起的作用大致一样。但事实上，由于传教士的角色为更深的承诺和对上帝的忠诚所激励，他们对大众教育的承诺和贡献要胜过商人。⑤ 因此，毫不奇怪，识字率高的地区正是基督教强大的地区。⑥

殖民早期，教会学校数量不多，且都是为基督教传教和殖民统治服

① GE Urch, "Educational and Colonialism in Kenya", *History of Education Quarterly*, 1971, 11 (3), p. 254.

② Robert Woodberry & Timothy Shah, "The Pioneering Protestants", *Journal of Democracy*, 2004, 15, pp. 47 – 61.

③ F. Nkomazana, "Livingstone's Ideas of Christianity, Commerce and Civilization", *Pula: Botswana Journal of African Studies*, 1998, 12 (1&2), pp. 44 – 57.

④ GE Urch, "Educational and Colonialism in Kenya", *History of Education Quarterly*, 1971, 11 (3), pp. 249 – 264.

⑤ EHP Frankema, "The Origin of Formal Education in Sub-Saharan Africa: was British Rule More Benign?", *European Review of Economic History*, 2012, 16 (4), p. 2.

⑥ H Danu, "Primary Education in Sub-Saharan Africa—A Moral Issue, An Economic Matter or Both?" *Comparative Education*, 2000, 4 (1), p. 49.

务，目的是培养殖民统治人才。因此这一时期的教育主要重视观念和意识形态的灌输，很少学习实际的生存技能，也基本不能反映非洲本土的文化，教育成为当时非洲人寻求摆脱原有身份和困境，跻身上流社会的途径。"自从西方人入侵之后，非洲教育从民族的或本土教育为主，教授与当地文化、发展水平相一致的教育内容，采用传统教育方式进行，逐步转变为西式学校，或以西式内容为主的混合学校，民族的或本土的教育渐渐失去主导地位，即便能存在也难成气候。在强加的外来教育模式的基础上，受教育的目的也严重扭曲，成为谋求社会地位的主要途径"①。但是，由于教会学校主要教授读写，并且强调必须要将教育与宗教紧密结合。这就招致很多人的不满，他们呼吁要建立政府主导的世俗学校，并迫使政府不得不选派委员会参与非洲教育。然而，将教会从教育中边缘出来的尝试注定要失败，原因很简单，教会对撒哈拉以南非洲国家的教育有着巨大的贡献与影响，而绝非无关紧要。

即使在非洲独立几十年后的今天，尽管很多非洲政府都努力扭转以使教育国有化，但教会学校依然是非洲各式人才培养的重镇，在非洲教育中占有举足轻重的地位，占到学校总数的 60% —75%。据联合国 2005年的数据统计，仅天主教在非洲大陆就开有 11538 所幼儿园，31586 所小学和 8229 所中学，每年从这些学校毕业的非洲学生成千上万。② 在布隆迪，天主教会掌控三分之二的初级和中级教育，实现了接近 22% 的学龄儿童入学率。在南非，面对种族隔离及后种族隔离时代的教育危机，一些人开始怀念 1953 年《班图人教育法》(*Bantu Education Act*) 颁布前教会提供的良好教育。1953 年，《班图人教育法》颁布，将所有黑人学校收归政府管辖，终止了教会学校的存在，而政府接管后的学校只能提供给黑人质量低下的教育，目的也只是为了将他们训练成顺从的工人。③ 皮特斯 (Pieterse) 还引用维尔沃尔德博士的观点："教育对于当地人的意义只

---

① 蓝建：《发展中国家教育研究基础》，开明出版社 2001 年版，第 25 页。
② 丁刚：《传教士的非洲》，《东方早报》2010 年 4 月 7 日。
③ HJC Pieterse, *Preaching in a Context of Poverty*, Pretoria：UNISA Press, 2001, p. 47.

是将他们装备为特定形式的劳动力。"① 刚果（金）浸礼会与政府协作，保证了 600 多所小学和 400 多所中学的正常运转，它还同其他基督教会，特别是同为"刚果基督教协会"成员的教会学校一起，积极推动一些文化机构，如刚果新教大学、基督教福音派文学中心的发展建设。②

基督教对非洲教育的参与还延伸到高等教育。教会筹建了一批质量很高的大学，如利比里亚的唐·博斯科理工大学、乌干达的东非基督教大学、扎伊尔的洛瓦宁大学和伊利沙白维尔大学等。这些教会学校和文化机构改善了非洲的教育困境，为更多的孩子提供了受教育的机会和就业机会，教会为其成员提供各种技能培训。"那些管理宗教组织的人士依附教会学习领导技巧，建立庞大的网络，积聚有助于非政府组织和社会运动的资源。"③ 教育被教会视为实现所有目标最重要的手段与途径。南非颇有影响力的高等教育机构勒弗戴（Lovedale）早在 1863 年就已经开始培养铁匠、木匠、印刷工人、（书籍）装订工、教师和外交使节。④ 从欣奇立夫（Hinchliff）的著作中我们还可以知道，勒弗戴尔同时为黑人和白人学生提供通识教育，教育的目的是为了让学生们更好地理解彼此。换句话说，这个机构还强调另一个重要的价值观，那就是：良好的人际关系。独立后，教会在高等教育中参与的份额未减反增。根据吉福德的陈述："肯尼亚曾经有 7 所公立大学，但是这一数字如今已被私立学校所超越，而这些私立学校几乎全是基督教会学校。在乌干达，有 4 所公立大学和 18 所通过验证的私立大学，而在这 18 所私立大学中，有 11 所是基督教会学校。"⑤

基督教的西式教育对非洲传统的本土教育产生了巨大冲击。作为人

---

① Desmond Tutu, *Crying in the Wilderness: the Struggle for Justice in South Africa*, John Webster ed, Eerdmans Publishing Co., 1990, p. v.

② 郭佳：《非洲基督教会政治立场转变原因分析》，《西亚非洲》2012 年第 5 期。

③ Robert D. Woodberry. & Timothy S. Shah, "The Pioneering Protestants", *Journal of Democracy*, 2004, 15, p. 52.

④ P Hinchlif, "*The Church in South Africa: Church History Outline*", London: S. P. C. K, 1968, p. 87.

⑤ Paul Gifford, "Trajectories in African Christianity", *International Journal for the Study of the Christian Church*, 2008, 8 (4), p. 276.

类历史悠久的大陆，非洲有着自身的文化教育体系。这种教育以培养部落发展和延续的成员为目的，以人物榜样和口头传授为媒介，以家庭和村落为场所，世代相传，是一种带有原始教育性质的广义教育。而殖民统治下的西式教育本质上是一种奴化教育，由于西方人运用行政手段强行输入西方文化，压制非洲本土文化，从而中断了非洲本土文化的正常与健康发展。在很多非洲国家，英语、法语等欧洲语言取代了本土语言成为所在国的官方语言，这也使得很多口头传说、口传文学以及传统的文化习俗慢慢枯萎，最终随着最后一代老人的离去而消失，非洲也由此失去了一笔珍贵的文化遗产。

但是客观来看，欧洲殖民入侵带来的西方基督教文化也确实极大地推进了非洲的开化、文明和发展，为非洲培养了大批各式人才，有助于非洲技术教育和高等教育等现代教育制度的确立。在非洲大多数国家，国家领导人都在教会学校接受过教育。① 在男女受教育权方面，即使在教会早期历史中，教会对非洲教育的探索就已打破性别的藩篱。"教会的非政府背景使其在训练女性方面表现得尤为突出。而这些女性往往被排斥在社会生活以外。"② 这是传教士秉持的"人人平等"之价值观念促使的结果。事实表明，教会教育在开启非洲人的民主思想方面也起到了重要的作用。其传入的"自由""平等""人权"之西方先进文化和观念为非洲人民反帝反殖民运动提供了启示与支持。伍德伯尼和沙阿认为："研究表明，教育与民主有着一致的关联性。大众教育通过宣扬民主理想、提高经济增长、扩大中产阶级等途径孕育了民主主义。"③

三 基督教对当代非洲政治的影响

在非洲，政治与宗教如同神圣与世俗一样没有清晰的界限。即使很多非洲国家在宪法或国家体制上勾画出一幅政教分离的世俗化蓝图，但

① Julius Oladipo, "The Role of the Church in Poverty Alleviation in Africa", *Transformation: An International Journal of Holistic Mission Studies*, 2000 (17: 4), p. 148.

② Robert D. Woodberry. & Timothy S. Shah, "The Pioneering Protestants", *Journal of Democracy*, 2004, 15, p. 52.

③ Ibid. , p. 53.

是政治生活还是不可避免地与宗教信仰纠缠在一起。作为非洲主流宗教，基督教影响力的扩大和信徒人数的剧增使得其价值观念及派生的政治文化在撒哈拉以南非洲大行其道，基督教不仅在社会生活中占据了重要地位，而且还对该地区政治生态及政治格局的形成与发展产生了不可忽视的影响。教会自身的公共行为和私人行为都影响着政治，这一观点不仅适用于以基督教为主体的国家，同样也适应以穆斯林为主体的国家。①

贯穿政治的一项重要因素就是权力。权力可分为有形的权力和无形的权力，有形的权力通常体现在政府、物质资源、有利的竞选区域等；无形的权力则可以来源于道德权威、象征物，或是对众多非洲人而言的精神世界。"精神信仰提供了获得其他权力的机会。"② 教会和主教在非洲拥有强大的有形权力，以全非教会联合会（All Africa Conference of Chur-ches）为例，这一组织在非洲 40 多个国家有教会、教务委员会和神职机构，拥有近 2 亿的非洲基督徒。而在无形权力方面，精神信仰给他们提供了获取有形权力的机会与途径，寓于宗教意象或文本的象征隐喻可以成为他们动员民众的重要工具。

殖民时期，基督教在非洲政治方面的积极作用主要体现在对各国反帝反殖民运动的帮助与支持上。随着当代非洲国家的独立，教会在政治方面的作用也随之发生改变，除了参与政治活动，积极促进国家构建与社会整合外，在冷战后兴起的民主化浪潮中，教会也曾经扮演了鼓动者、策划者、监督者、调解者甚至仲裁者的角色，推动了非洲民主化进程的发展。在非洲国家构建起民主政治的制度性框架后，教会依然关注社会民主制度的发展与完善，通过扮演政治监督者、调解者与民主政治文化教育者的角色，巩固民主政治成果。③

在当代，教会对政治的参与与影响依然体现在方方面面。在南非，

---

① Amy S. Patterson, *The Church and aids in Africa: The Politics of Ambiguity*, FIRST FO-RUM PRESS, 2011, p. 3.

② Stephen Ellis and Gerrie ter Haar, "Religion and Politics in Sub-Saharan Africa", *Journal of Modern African Studies*, 1998, 36 (2), pp. 175 – 201.

③ 郭佳：《基督教会在巩固非洲政治民主化成果中的作用》，《世界宗教文化》2013 年第 3 期。

自 1994 年白人统治结束以后，以曼德拉为首的非国大登上历史舞台，从此拉开了新南非的历史序幕。尽管人心所向，万民欢呼，但大家心知肚明的是新南非面临的困难和挑战也是前所未有的艰巨，种族歧视、党派纷争、贫富悬殊、宗教冲突、治安恶劣、教育不平衡等各种问题层出不穷。在这些社会矛盾和冲突的化解中，基督教组织，尤其是南非的本土基督教组织发挥了重要的作用，为新南非在维护公平、公正、民主之基础上实现重新整合，推进政治稳定与和平发展起到了积极作用。一方面，南非本土基督教会把非洲传统文化中的团结、相互关怀、协同合作、整体和谐等核心思想与西方基督教思想中的民主精神结合，在民主的基础上突出社会整体的原则，从而为新南非的民族与国家重建等世俗事务的解决提供了宗教方面的理论基础；另一方面，南非本土教会积极关注社会公正、财富分配等问题。1992 年，南非天主教牧师声明南非当前的当务之急是实现"经济的更大增长和财富的更公平分配"。[①] "南非基督教协会""南非教堂理事会"等大部分主流教会都支持领导者，促使政府实现公正，并为穷人服务。教会还关注讨论人们的工作、生活、住房、人权等，以期从整体上实现上帝对人类的关怀。总而言之，教会成为南非新政府的守护者，它强调爱，关爱他人、关爱集体的思想有力地帮助曼德拉政府卸下种族制度留下的包袱，与其他正义力量一起促使南非各民族在和平稳定中走向融合与繁荣。[②]

在赞比亚，喀麦隆、津巴布韦等非洲国家，教会也经常会以发表声明、牧师信件、传道，抑或是通过媒体等其他方式来对政府的贪污腐败、以权谋私、专制独裁、任人唯亲、社会不公平等政治领域中存在的诟病与问题表达不满并提出警告。例如，20 世纪末，赞比亚的"基督教委员会"，喀麦隆的"喀麦隆英语区长老教会""喀麦隆罗马天主教会"，津巴布韦的"津巴布韦教会理事会"和"福音派团契"都在本国的民主化

---

① Tristan Anne Borer, *Challenging the State*, University of Notre Dame Press, 1998, p. 192.

② 潘迎华：《基督教与新南非的和平与稳定》，《浙江教育学院学报》2003 年第 2 期。

巩固、调解教派纷争和民主政治文化的建设方面发挥了自己的积极作用。①

　　政治是一个决策制定的过程，这一过程包含了对资源的分配和对特定价值观念的接受。政治活动既发生在立法机构、竞选活动和官僚机构等正式的竞技场所，也存在于公民社会组织、工作场所和家庭，当教会行为直接或间接地挑战了社会权力结构，它们也试图影响对资源的分配和价值观接纳方面的决策。当全非教会联合会前秘书长奎西·迪克逊博士（Kwesi Dickches）和博茨瓦纳天主教会博尼法克·赛拉留西（Boniface Setlalekgosi）主教在艾滋病和贫困问题上挑战政府，当内罗毕救治会预言家露西·纳杜塔（Lucy Nduta）利用信仰指向超自然力量时，当开普敦浸礼会（Baptist Church）向非洲社会边缘群体施以援手的时候，他们其实都参与并影响了政治。②

四　基督教在非洲的其他人道救援

　　除了医疗、教育和政治领域外，基督教对非洲社会的影响在其他方面的人道救援活动中也有参与，主要表现在扶贫减贫、调节冲突与促进和平等领域。教会世界服务社（Church World Service，CWS）在非洲关注的主要领域就包括饥饿、贫穷、发展、饮用水、艾滋病、难民、灾后重建、教育、食品安全等。③

　　在扶贫减贫方面，一方面，教会和基督教非政府组织会通过与国际扶贫基金组织、世界银行等国际性组织以及政府、民间等各种渠道，募集资金，并设定专门针对非洲经济发展状况的一些项目和专项资金。④ 这些项目包含现代农业科学技术的推广，工业设备的转让、品种的开发等，

---

① See Paul Gifford, "Chiluba's Christian Nation: Christianity as a Factor in Zambian Politics 1991 – 1996", *Journal of Contemporary Religion*, Vol. 13, No. 3, 1998; Terence O. Ranger, *Evangelical Christianity and Democracy in Africa*, Oxford University Press, 2008.

② Amy S. Patterson, *The Church and aids in Africa: The Politics of Ambiguity*, FIRST FORUM PRESS, 2011, p. 2.

③ "Church World Service", http: //www. linkedin. com/company/27743? trk = ppro_ cprof.

④ Julius Oladipo, "The Role of the Church in Poverty Alleviation in Africa", *Transformation: An International Journal of Holistic Mission Studies*, 2000, 17, p. 4.

为提高非洲的农业发展技术和工业现代化水平，以达到抗击饥饿、发展经济、提高就业率的目的。另一方面，教会还关注由天灾或人祸所导致的非洲人民面临的生存危机，并为他们提供力所能及的帮助。20 世纪 60 年代以来，尽管非洲国家在政治上纷纷取得独立，但是在很多国家，经济落后和部族纷争等诸多因素导致的战争和政局动荡时常发生，而这种社会境况下的直接受害者无疑是广大的普通百姓。因为饥荒，因为战争，他们或面临着饿死的威胁，或流离失所、无家可归。在灾难援助方面，教会及其宗教组织的人道救援活动功不可没。20 世纪 80 年代，索马里国家每况愈下，严重的旱灾和种族冲突导致大量难民背井离乡，颠沛流离，正是从那时候起，世界宣明会开始向索马里提供各种人道援助。宣明会在索马里建立了 32 个难民营，向大约 7 万名难民提供食品、教育、医疗卫生等方面的救助。① 世界宣明会对苏丹的救助活动开始于 1972 年。1955—1972 年是苏丹第二次内战爆发时期，这场内战导致了大约 190 万南苏丹平民死亡，400 多万人被迫离开家园，是第二次世界大战后平民死亡人数最多的一场战争。为了给苏丹人民提供干净的饮用水源、为饱受战争之苦的苏丹百姓提供医疗和药品援助及教育，也为了帮助苏丹人民重建被战争摧毁的城市与家园，宣明会与南部苏丹重建委员会合作，开始了在苏丹的人道救援工作。2011 年，西萨赫勒地区的干旱与粮荒使数百万人面临着生存危机，面对这一艰巨而又时间紧迫的救援，很多宗教组织纷纷投身其中。教会世界服务社也制订行动计划，对马里、尼日利亚、布基纳法索等国开展粮食发放和营养补给的人道安全救援。②

基督教对非洲社会的影响还体现在其致力于调停非洲冲突，促进社会和谐。冷战结束后，非洲国家长期被压抑、被掩盖的冲突和矛盾终于得到释放。部族矛盾、宗教冲突、党派纷争纷纷席卷非洲国家，引发了普遍的内部冲突。苏丹、索马里、塞拉利昂、安哥拉、卢旺达等国都出现了不同规模的种族冲突。为了帮助非洲人民应对这些冲突导致的人道

---

① 马恩瑜：《宗教非政府组织在非洲国家的角色参与及影响》，《西亚非洲》2009 年第 4 期。

② "Christian Aid Launches West Africa Crisis Appeal"，*Christian Today*，2012，March 15.

主义灾难，基督教及其组织以各种不同的方式介入。"世界宗教和平会议"在乌干达、苏丹、利比亚设立协调员，2006年，这些协调员协助国际法庭在当地展开调查，成功调解了塞拉利昂、利比里亚和几内亚等国的冲突。

结　语

在全球基督教由西向东、由北往南转变的发展趋势下，基督教在当代非洲由于人口的快速增长、非洲内部社会经济形势以及现代媒体等方面的影响，信徒数量迅速增加，教派种类不断扩大，并开始走出非洲，影响海外。当代非洲基督教出现的这些发展态势，不仅是现代化进程中非洲大陆展现的重要变化，也是全球化背景下基督教发展的时代要求。未来，处于快速发展和剧烈变化中的非洲大陆将继续向世人呈现纷繁复杂的非洲基督教发展图景。而从长远来看，非洲基督教的诸多变化，势必对非洲社会发展产生复杂的作用，也将对全球基督教的走势产生潜移默化的影响。

非洲作为一个相对贫穷和落后的大陆，即使在世界范围内普遍高速发展的今天，依然在忍受着疾病、高死亡率、高失学率、腐败等各种问题的困扰。这些问题的解决需要世界各国及社会各界力量的参与。宗教及其组织凭借广泛的宗教资源和跨民族跨人种的服务信念，在非洲消除苦难的各类活动中长期发挥着作用，并且取得了很好的社会成效。尽管一些宗教教义或宗教组织被利用作为从事不法活动的幌子，但是，作为宗教本身，不管是基督教还是伊斯兰教，它们所恪守的乐善好施、悲天悯人、扶危济困思想都注定了其在非洲所发挥的社会功能更注重慈善与人道主义救助。

第 九 章

伊斯兰教在当代非洲的复兴

在 20 世纪初期的非洲，基督徒和穆斯林都还属于少数，大多数非洲人信仰传统宗教。但过去的一个世纪中，非洲的宗教信仰发生了翻天覆地的变化，无论基督徒还是穆斯林都有了突飞猛进的增长。根据皮尤研究中心发布的调查报告显示，穆斯林原多居北非，但近年来，从中部撒哈拉沙漠到南端的好望角，穆斯林的增长已高达 20 倍。1900 年非洲约有 1100 万穆斯林，但 2010 年已达 2 亿 425 万人之多。明显地，伊斯兰教在当代非洲社会正得以快速传播，并呈现出由北向南扩展的态势。

第一节 伊斯兰教在当代非洲的快速传播及新途径

如果将整个非洲大陆按地域分为五大部分：北非、东非、西非、中部非洲和南部非洲来看，伊斯兰教在非洲的传播显现出较大的地域差异。7 世纪，伊斯兰教最初由中东传到埃及，随后以埃及为基地逐渐向北非西部推进，并沿尼罗河南下扩张，最终于 12 世纪实现了整个北非地区的伊斯兰化。伊斯兰教传入西非始于 10 世纪的阿拉伯商人，但当时规模较小。11 世纪柏柏尔人对加纳王国的进攻加速了伊斯兰教在西非的迅速发展，并于 18—19 世纪获得了更广泛的传播。19 世纪，伊斯兰教随着西方殖民传播到东非、中非的内陆国家，从而进入非洲内地。而南部非洲由于撒哈拉大沙漠的阻隔，成为伊斯兰教发展最晚最慢的地区。因此，伊斯兰教在非洲的传播与渗透的大致方向与欧洲列强的殖民入侵方向正好相反，不是由西向东，而是由东北向西南倾斜渐次展开。这与信奉伊斯兰教的黑人穆斯林在撒哈拉以南非洲的密度由北向南递减的分布格局亦相吻合。①

　　当代伊斯兰教在非洲的传播及人口分布依然大致遵循着原有的地域分布模式：以北非和东北非为核心地，西非、东非次之，中部非洲和南部非洲则由于地理位置的原因居后，这从非洲各地区穆斯林在人口总数中所占的比例可以看出。但 2010 年以后，形势有所改变，中部非洲和南部非洲的穆斯林人口比例有较大提升，分别为 37.79% 和 6.93%；北非 91.34%，在原有的基础上略有增加；东非和西非则分别下降到 27.56% 和 50.8%。② 就国别分布而言，更新近的数据显示，穆斯林人口比例在 90% 以上的国家和地区达 15 个，分别为：阿尔及利亚（99.7%）、科摩罗斯（98%）、吉布提（96%）、马约特（97.85%）、埃及（95%）、冈比亚（90%）、利比亚（99%）、马里（90%）、毛里塔尼亚（100%）、摩洛哥（99%）、尼日尔（95%）、塞内加尔（94%）、索马里（100%）、苏丹（97%）、突尼斯（99%）。北非 6 国穆斯林人口比例均为 95% 以上，其中 4 个国家在 99% 以上。人口总数达 2 亿 132 万③，占整个非洲穆斯林人口总数的 34.6%。④

---

　　① 莫里斯·坎托：《黑非洲的权与法》，法文版，法国法学及司法判例出版社 1987 年版，第 102 页。引自张宏明《多维视野中的非洲政治发展》，社会科学文献出版社 2007 年版。

　　② 以上数据是根据 Houssain Kettani, "2010 World Muslim Population"（in *Proceeding of the 8th Hawaii International Conference on Arts and Humanities*, Honolulu, Hawaii, January 2010）中列出的 2010 年非洲各地区及国家穆斯林人口数量和所占比例统计而来。2010 年前中部非洲为 15%，南部非洲 1%—2%，北非 89%，东非 29%，西非 54%，http://www.30-days.net/muslims/statistics/about-africa/。

　　③ 其中阿尔及利亚 3819 万人，埃及 8047 万人，利比亚 644 万人，摩洛哥 3226 万人，苏丹 3317 万人，突尼斯 1079 万人。

　　④ "Africa Muslim Population in 2014", http://www.muslimpopulation.com/africa/. 2010 年统计出来穆斯林人口比例在 90% 以上的 14 个非洲国家和地区：科摩罗（99%）、马约特（97%）、吉布提（99%）、索马里（99.99%）、尼日尔（98.55%）、冈比亚（90%）、马里（90%）、塞内加尔（93.8%）、阿尔及利亚（99%）、埃及（94.12%）、利比亚（99.97%）、毛里塔尼亚（99.99%）、摩洛哥（99.07%）、突尼斯（99%）。分别见 Houssain Kettani, "2010 World Muslim Population" 中的 Table 3.1. 2010 Estimate of the Muslim population in Southern Africa religion; Table 3.2. 2010 Estimate of the Muslim population in Eastern Africa religion; Table 3.3. 2010 Estimate of the Muslim population in Middle Africa religion; Table 3.4. 2010 Estimate of the Muslim population in Western Africa religion; Table 3.5. 2010 Estimate of the Muslim population in Northern Africa religion。

　　以上数据表明，伊斯兰教在北非的传播已基本达到极限，而南部非洲由于人口数量的快速增长，穆斯林绝对人口数量也日益增加，且存在巨大的传播空间。① 皮尤研究中心 2011 年发布的调查报告显示，接下来的 20 年，撒哈拉以南非洲的穆斯林人口数量预计以 60% 的增幅上涨，将从 2010 年的 2 亿 425 万人发展到 2030 年的 3 亿 859 万人。但是因为非穆斯林人口的增长比例也非常迅速，因此穆斯林在撒哈拉以南非洲地区人口中所占的比例并不会得到很大的提高。②

　　关于非洲穆斯林的人口数量，众说纷呈，没有确切的定论。2008 年出版的《新非洲百科全书》根据各方数据统计，认为非洲穆斯林人口已经超过 3 亿，约占全世界穆斯林人口总数的四分之一，占非洲总人口的三分之一，这就意味着每 3 个非洲人中，就有 1 个是穆斯林。③ 纽约理工大学教授豪塞·克塔尼（Houssain Kettani）在其公布的 2010 世界穆斯林人口报告中称，非洲穆斯林人口比例为 43.3%，人口总数约为 4.47 亿人，占世界穆斯林人口总数的 27%，从而成为继亚洲后世界穆斯林传播的第二大洲。④ 世界宗教人口网站对全世界各宗教信徒人口数量的调查则显示，至 2014 年非洲人口总数已达 10 亿 971 万人，其中穆斯林人口为 5 亿 8189 万人，占非洲总人口比例的 53.05%，占全世界穆斯林 20 亿 8000 万人中的 27.98%。⑤

　　随着全球化趋势的加深，以及新媒体和新技术的广泛运用，伊斯兰教在非洲的传播方式有了新的变化。传统伊斯兰教在非洲的传播途径主要有两种：一种是武力征服，借助战争的方式征服和控制非洲部落及社

---

　　① 穆斯林在南部非洲各国家总人口中的比例及人数分别如下：赞比亚 15%（213 万），安哥拉 2.5%（54 万），津巴布韦 10%（130 万），马拉维 36%（587 万），博茨瓦纳 3%（6 万），纳米比亚 3%（7 万），南非 3%（159 万），斯威士兰 10%（12 万），莱索托 5%（11 万），这 9 国穆斯林人口总数为 1179 万人，仅占整个非洲穆斯林总人数的 2.026%。以上数据及统计根据网站 http：//www.muslimpopulation.com/africa/2014 数据而来。

　　② "The Future of the Global Muslim Population：Projections for 2010–2030".

　　③ *New Encyclopedia of Africa*, John Middleton ed., Vol. 3. The Gale Group, 2008, p. 40.

　　④ Houssain Kettani, "2010 World Muslim Population", in *Proceeding of the 8th Hawaii International Conference on Arts and Humanities*, Honolulu, Hawaii, January 2010.

　　⑤ 依据 "Africa Muslim Population in 2014", http：//www.muslimpopulation.com/africa/, 及 "Religious Population", http：//www.religiouspopulation.com/共同统计而成。

会，并最终迫使当地人改宗伊斯兰教。这种方式在伊斯兰教传入非洲之初尤其常见，即使在 20 世纪初，通过圣战促使伊斯兰教传播的现象在非洲依然可见。另一种是和平渗透。主要依靠长期以来阿拉伯商人在贸易过程中带来的宗教影响，以及来自中东和随后产生的宗教职业者的游说。阿拉伯商人带来的实际利益诱使当时的统治者主动接受伊斯兰教，由此在一些地区实现自上而下的改宗。当代非洲伊斯兰教的传播有了新的传播主体和传播途径，新移民、留学生、网络新媒体，以及其他新媒介在其中都扮演了非常重要的角色。

　　首先，移居海外或在外留学的穆斯林成为伊斯兰新思潮在非洲的主要传播者。在世界各国人口流动日益频繁的今天，移居海外或在外求学的穆斯林成为伊斯兰新思潮的主要传播渠道和当代非洲伊斯兰复兴的重要力量，他们是非洲伊斯兰教与当代世界伊斯兰社会联系日趋加强的生力军。[1] 伊斯兰主义在当代中东和西方国家非常盛行，而非洲的海外留学生目前依然主要集中在包括埃及、沙特阿拉伯在内的中东国家及一些西方国家，每年有数千名撒哈拉以南非洲穆斯林青年学生奔赴中东接受教育。[2] 这些国家的大学也就成为他们学习和接触伊斯兰新思潮的基地。他们建立伊斯兰社会组织联合会、穆斯林学生协会等组织，关注和讨论伊斯兰教在世界各地的行动与发展，并为非洲伊斯兰教的发展谋求新的路径。[3] 这些深受伊斯兰主义影响的穆斯林留学归国后大多成为所在国的社会精英，他们积极宣传，促进了伊斯兰激进主义思潮在非洲社会的传播与影响。当前，世界各地，尤其是中东地区的各种穆斯林思潮与运动、与伊斯兰有关的热点问题都会在非洲伊斯兰社会引起回应。[4]

　　其次，网络新媒体的发展促进了伊斯兰教在非洲社会的传播和发展。

　　[1]　*Islam and Muslim Politics in Africa*, Benjamin F. Soares and Rene Otayek ed, Palgrave Macmillan, 2008, p. 256.

　　[2]　Charlotte A. Quinn and Frederick Quinn, *Pride, Faith, and Fear: Islam in Sub-Saharan Africa*, New York: Oxford University Press, 2003, p. 6. 转自李文刚《非洲伊斯兰教的现状与发展趋势》，《西亚非洲》2010 年第 5 期。

　　[3]　Angel Rabasa, *Radical Islam in East Africa*, RAND Cooperation, 2009, p. 32.

　　[4]　See Angel Rabasa, *Radical Islam in East Africa*, RAND Cooperation, 2009; *Islam, Politics, Anthropology*, Edited by Filippo Osella and Benjamin Soares, Wiley-Blackwell, 2010.

微博、视频、网络论坛、电视论坛等现代信息技术手段在当代伊斯兰教的传播中被充分利用，受到广大穆斯林尤其是年轻受众的热烈欢迎。互联网、卫星电视的使用为年轻穆斯林提供了一种多对多的交流平台，是他们自我展现、互助分享、广泛联系的网络空间，也为当代非洲伊斯兰教参与社会，弘扬伊斯兰信仰、教法和文化提供了更加广阔的空间和更为灵活的手段。[①] 新媒体的广泛使用提高了伊斯兰教在非洲的影响力和受众面，使伊斯兰教更好地贴近普通信众，成功地吸引了更多年轻人的关注。

此外，国际性会议的举办，大量相关报纸、杂志和书籍在非洲的出版，以及穆斯林妇女积极参与传教工作[②]，这一切都为伊斯兰教在当代非洲社会的传播与复兴开辟了新的途径。

第二节　伊斯兰教在当代非洲快速传播的原因

在伊斯兰教传入之前，非洲的传统宗教已经有了悠久的历史和根深蒂固的影响，即便是同为外来宗教的基督宗教，也早已进入非洲社会。伊斯兰教之所以能够后来居上，在当代非洲得以快速传播，主要原因如下：

第一，与传统宗教文化在思想和价值观念方面的相容是伊斯兰教在当代非洲快速传播的坚实基础。

就伊斯兰教形成的社会历史背景而言，当时阿拉伯半岛正处在社会经济大变动时期，原始公社解体，阶级社会开始产生。具体到宗教信仰，当时的阿拉伯人宗教信仰极不统一，原始宗教盛行，人们崇拜各种自然物体，各部落都有自己的部落神，偶像崇拜极为普遍。伊斯兰教义中保留的那个时代的诸多痕迹与特征，与当代非洲社会至今依然流行的传统宗教文化非常相通，并能与后者很好地加以融合。大多数改宗伊斯兰教

---

① Ousman Murzik Kobo, *Unveiling Modernity in Twentieth-Century West African Islamic Reform*, Brill, 2012, pp. 238 – 260.

② Sean Hanretta, *Islam and Social Change in French West Africa*, Cambridge University Press, 2009, pp. 191 – 195.

的非洲居民亦往往把信奉一神安拉与其传统宗教信仰中的神灵结合起来，只是把安拉奉为最高神。伊斯兰教不但在内容上与许多非洲国家的社会制度相适应，而且在《古兰经》中，很多伦理道德、社会规范及价值观念与非洲部落文化和部族社会相适应。相对传教士带来的基督教，伊斯兰教更能迁就非洲传统的社会和宗教习惯制度，如魔法、巫术、一夫多妻和村社制度。因此在非洲，做一个穆斯林并不需要同传统根本决裂。[①] 故而布莱登指出："伊斯兰教作为一种外来宗教，它并未取代或动摇非洲社会的传统信仰和习俗。"[②]

在价值观方面，非洲人有很强的集体意识。他们认为，人只有生活在集体中，生活才更有意义，正如一个古老的祖鲁谚语所言"如果没有其他人，人就不能称其为人"。"传统的非洲社会是集体的，和西方的相比，个人的需要和成就与多数人的相比是第二位的。"[③] 因此，非洲黑人文化是建立在集体主义和集体经验基础上的"我们"的文化。[④] 在属于他们的大集体中，所有的成员互相帮助、互相照顾，分享一切，这与伊斯兰教义强调的集体与团结观念是一致的。正因为两种文化存在诸多的相通之处，加上伊斯兰教对非洲文化与社会的包容，非洲人按照自己不同的文化和习俗对伊斯兰教加以理解吸收，从而形成了各种风格的非洲伊斯兰教。

对此，布莱登指出，伊斯兰教已经通过双向适应实现了与传统宗教的成功融合。伊斯兰文明的传入不仅没有破坏非洲社会固有的传统和习俗，而且非洲的上层建筑和习惯法在通过对伊斯兰教的吸收与融合中得到了充实与完善。究其原因，布莱登认为正是与殖民主义完全无关的伊斯兰教摒弃了一切基于种族与肤色的偏见，强调人类平等，主张互相尊

---

① K. 阿萨雷·奥波库：《殖民地时期非洲的宗教》，见联合国教科文组织编写的《非洲通史》第 7 卷，A. 阿杜·博亨主编，中国对外翻译出版公司 1991 年版，第 424 页。

② Hollis Lynch, *Edward Wilot Blyden* (1832 - 1912): *Pan-Negro Patriot*, London Oxford University Press, 1967, p. 68.

③ ［美］耶鲁·瑞奇蒙德、菲莉斯·耶斯特林：《解读非洲人》，桑雷译，中国水利水电出版社 2004 年版，第 5—6 页。

④ 周海金、刘鸿武：《论文化的互通性与差异性对中非关系的影响》，《浙江社会科学》2011 年第 6 期。

重，追求人自身价值的特质给非洲人带来了安慰与尊严。因此，他深信伊斯兰教是非洲外部世界中最适合非洲文化特质和社会发展的文明，它增强了非洲社会的凝聚力、维系了非洲人的尊严，有益于非洲文化和黑人个性的完善与发展。[1]

而在约翰·阿勒米拉哈·阿祖玛（John Alembillah Azumah）看来，现实生活中被本土化了的非洲伊斯兰教已经不再是严格的一神教，各种学派、传统和声音在许多非洲国家争夺主导地位的较量非常普遍。[2] 伊斯兰教能在当代非洲快速传播，一个非常重要的原因就是伊斯兰教在非洲成功地实现了本土化发展，完成了与非洲传统宗教的顺利融合。"伊斯兰教在非洲得以迅速而广泛传播是由诸多因素的交互作用促成的，但其中最关键和起决定作用的因素是伊斯兰教与非洲传统宗教的相互融合，并且这种融合在更长的时期内是以和平方式，通过双向适应实现的。"[3] 也正是这种融合，非洲伊斯兰教较传入之初变得更温和，更宽容。

第二，为非洲民众提供的现实的政治、经济利益，以及由此赢取的众多信众是伊斯兰教在当代非洲快速传播的重要保障。

伊斯兰教为非洲社会精英进入社会政治领导阶层提供了更多的方便与可能。[4] 殖民时代，伊斯兰教和穆斯林集团在很多非洲国家的政治生活中基本处于"边缘化"地位。非洲国家普遍独立后，殖民主义的失势在使基督教失去政治依托的同时，客观上也强化了伊斯兰教的竞争地位。[5]

20 世纪 80 年代，随着世界范围内穆斯林经济实力的逐步壮大，非洲穆斯林再也不甘心在国家政治生活中继续处于边缘状态，开始就国家的

---

① 张宏明：《基督教、伊斯兰教对非洲社会发展的影响——爱德华·布莱登的宗教思想透视》，《西亚非洲》2007 年第 5 期。

② See John Alembillah Azumah. *The Legacy of Arab-Islam in Africa*：*A Quest for Inter-Religious Dialogue*, London：Oneworld Publications, 2001.

③ 张宏明：《多维视野中的非洲政治发展》，社会科学文献出版社 2007 年版，第 262 页。

④ *Islam and Muslim Politics in Africa*, Benjamin F. Soares and Rene Otayek ed, Palgrave Macmillan, 2008, p. 12.

⑤ 柴玲玲、周海金：《论西方殖民主义对非洲伊斯兰教的影响》，《世界宗教文化》2013 年第 3 期。另可参见张宏明《多维视野中的非洲政治发展》，社会科学文献出版社 2007 年版；李维建《西部非洲伊斯兰教历史研究》，社会科学文献出版社 2011 年版。

政治发展纷纷提出自己的主张和诉求，并在非洲众多国家中取得了显著成就。2012 年 6 月，埃及穆斯林兄弟会下属的自由与正义党前任主席穆罕默德·穆尔西当选为埃及总统，这标志着埃及穆斯林兄弟会成立 83 年来首次赢得国家最高权力选举。此外，"从政治层面看，伊斯兰教对非洲社会精英阶层和普通民众都有一定的吸引力。对前者来说，与伊斯兰世界建立联系，非洲国家除可以得到阿拉伯国家的经济援助外，还可在反对西方国家干涉非洲国家内政时得到中东国家的支持……对非洲普通民众来说，伊斯兰政治文化也提供了关于治理国家的一些原则和做法，他们据此可以评判国家领导人的所作所为"。①

　　经济方面，伊斯兰国际组织及非政府团体在非洲拥有大量用于教育、医疗卫生和难民救援等方面的资金和项目，这些实际的好处对吸引非洲普通民众选择伊斯兰教起到了非常重要的作用。伊斯兰教在非洲很多地区开设诊所，若是在非穆斯林地区，会要求病人先改宗伊斯兰教才给予诊病。比如，在中非的布隆迪有提供产科护理的伊斯兰医院，但要求孕妇先答应将来培育孩子成为穆斯林，还要给婴儿改一个伊斯兰的名字。在教育方面，很多伊斯兰宗教学校不仅提供免费的教育，甚至还有免费的校服、书本和膳食，而入学的唯一条件就是要求孩子及父母改宗伊斯兰教，经常参加伊斯兰祈祷聚会。伊斯兰教也从事难民救援工作，特别是在贫穷的非洲地区。在埃塞俄比亚、坦桑尼亚、布隆迪和马拉维等国，有伊斯兰救援组织要求受援者必须先改宗伊斯兰教，然后才派发食物。②虽然在自由、开放地区的人民来看，这是强迫入教，乘人之危，但对非洲贫穷地区的人来说，这无疑是一种生存的途径。

　　此外，伊斯兰组织提供的小型贷款或小型经济支援是其宣教的另一有效手段。伊斯兰组织向家庭或企业提供低息贷款或小型经济援助，但唯有穆斯林才有资格受惠，所以很多人为了借贷而皈依伊斯兰教。主办单位会向社区广泛宣传入教的好处，例如，可以获得更多的穆斯林供应

---

　　① 李文刚：《非洲伊斯兰教的现状与发展趋势》，《西亚非洲》2010 年第 5 期。

　　② See Günther Schlee with Abdullahia A. Shongolo, *Islam & Ethnicity in Northern Kenya & Southern Ethiopia*, James Currey, 2012; Sean Hanretta, *Islam and Social Change in French West Africa*, Cambridge University Press, 2009.

商和穆斯林顾客，还能获得穆斯林商业顾问和伊斯兰支持。类似情况在撒哈拉以南非洲十分普遍。此外，"伊斯兰教所主张的无息贷款对急需资金的非洲国家很有吸引力，而成为一个穆斯林国家无疑更有助于获得此类资助。对非洲国家而言，本国的穆斯林越多，他们得到富裕的中东阿拉伯国家发展援助的可能性就越大"。①

第三，与伊斯兰世界及国际伊斯兰组织的密切合作是伊斯兰教在当代非洲快速传播的坚强后盾。

与殖民时期西方国家限制非洲与阿拉伯国家交往不同，当代非洲国家与阿拉伯世界进行了长期友好的交往与合作。随着全球化时代的到来，为了协调彼此间的政治、经济及社会利益，一方面，阿拉伯国家接纳非洲国家加入各种国际性伊斯兰组织；另一方面，通过向非洲提供大量援助来不断推广伊斯兰文化。2005 年 12 月，伊斯兰会议组织②首脑会议制定了 10 年行动计划，其中帮助非洲成员国减贫、教育和妇女儿童问题是重要的内容。2011 年，伊斯兰会议组织向索马里提供 3.5 亿美元的援助，以帮助解决"非洲之角"饥荒问题。③ 此外，国际资金在维持非洲伊斯兰教运作中也发挥着重要作用。非洲经济落后，来自宗教信徒的奉献很少，国际伊斯兰组织的经济支持非常重要，这些资金主要投放在教育以及与国际伊斯兰组织的联系方面。国际资金支持下的伊斯兰教育对巩固伊斯兰信仰至关重要，不但能有效地防止信徒流失，还推动了非洲本土伊斯兰组织的扩大，加强了各地伊斯兰组织间的联系。④

第四，现代化的通信设备和资料来源加速了伊斯兰教的传播。

在互联网与电子通信飞速发达的今天，宗教对新媒体的利用也是史无前例，尤其是如佛教、基督教等世界性宗教，伊斯兰教也不例外。从 20 世纪下半期开始，电台、电视、期刊、报纸已经成为引导社会主流意

---

① 李文刚：《非洲伊斯兰教的现状与发展趋势》，《西亚非洲》2010 年第 5 期。

② 伊斯兰会议组织，是伊斯兰国家政府级的区域性政治组织，正式成立于 1970 年，截至 2011 年，共有 57 个成员国，其中非洲成员国 23 个。2011 年 6 月，正式改名为伊斯兰合作组织。

③ 《伊斯兰会议组织宣布向索马里提供 3.5 亿美元援助》，http://news. xinhuanet. com/world/2011-08/18/c_ 121874557. htm。

④ See Rabasa, *Radical Islam in East Africa*, RAND Cooperation, 2009; *Islam and Muslim Politics in Africa*, Benjamin F. Soares and Rene Otayek ed, Palgrave Macmillan, 2008.

见的重要资料来源。事实上，早在 20 世纪初，埃及出版的杂志《灯塔》已经有力地推动了伊斯兰现代主义在多国的发展。20 世纪 90 年代，在马来西亚和印度尼西亚，电视被作为重要工具用来传输伊斯兰教学说和主办讨论伊斯兰教事务的论坛。在网络媒体方面，以马来西亚为代表的东南亚穆斯林社会是先行者，他们愿意承担风险，与全球通信网络连接。因此，新的媒介和电子通信设备已经成为影响伊斯兰教主体，特别是年轻一代的方式，是未来伊斯兰世界生活图景的关键部分。[①] 尽管由于经济原因，非洲地区在这方面相对经济发达的欧美和东南亚而言还落后不少，但是，新媒体正越来越多地运用于非洲穆斯林社会，尤其是在北非，年轻一代受众的传播交流越来越依赖于新媒体。在西亚北非的众多网站中，脸书（Facebook）和推特（Twitter）等社交网站最受欢迎，截止到 2010 年年末，用户高达 1700 万人，其中北非的埃及有 500 万人，突尼斯 200 万人，占网民总数的大部分。在 2010 年席卷整个阿拉伯世界的革命浪潮中，互联网社交网站和现代移动通信技术在其产生和发展过程中均扮演了非常重要的角色，为此，西方媒体甚至将之称为"社交网革命"。

　　人口的快速增长也是非洲穆斯林快速增长的主要原因。撒哈拉以南非洲的高生育率，预计将使其成为人口增长最快的地区，从 2010 年占世界人口的 12% 增至 2050 年的约 20%。中东北非地区的人口也比世界人口的增速更快，从 2010 年占世界人口的 5% 微涨至 2050 年的 6%。这两个地区人口的持续增长将会使非洲和世界穆斯林人口的数量增长。相比而言，世界其他地区预计在世界人口中所占的比例有所下降，亚太地区将由 2010 年的 59% 降至 2050 年的 53%。欧洲人口将从 11% 降至 8%，拉美和加勒比海地区人口将从 9% 降至 8%，而北美将从 5% 降至不足 5%。

　　除了以上这些原因，伊斯兰教之所以能在当代非洲如此快速传播，还有很重要的一点，那就是其所具有的传统根基：伊斯兰信教家庭往往世代相传，对于穆斯林家庭的孩子来说，他们生而为穆斯林，不必像基督教那样要经历对信仰的自我摸索、决志、栽培，然后经过洗礼才能加入教会，而且穆斯林遵从"生养众多"的教导，因此人口增长很快。伊

---

① 周燮藩：《当代伊斯兰教发展趋势的多维透视》，《世界宗教研究》2014 年第 6 期。

斯兰教在非洲的日益壮大正是上述各种因素综合作用的结果。

第三节　伊斯兰极端势力在当代非洲的扩张

撒哈拉以南非洲伊斯兰极端主义的历史仅有半个多世纪，仍可视其为当代非洲社会的新现象。[①] 长期以来，非洲伊斯兰教以温和与宽容著称。尽管早期传入的途径有武力征服，但是日益本土化的伊斯兰教对非洲传统的社会习俗与传统宗教非常宽容，皈依的黑人教徒甚至无须改变其固有的生活方式，这也是非洲穆斯林人数迅速增长的原因。殖民时期，虽然基督教的发展如日中天，但是伊斯兰教不但并未因此中断，反而有所缓慢发展，究其原因，主要也是因为其最终秉承的宗教宽容之态度，在武力抵抗无效之后坦然接受，如此反而能于夹缝中求生存。也正因为如此，宗教冲突在非洲绝大多数国家从来就不是特别引人注目的社会现象。

非洲伊斯兰极端势力的萌芽源于 20 世纪 70—80 年代沙特阿拉伯、利比亚、伊朗等中东国家瓦哈比主义的输入。"瓦哈比主义"是近代伊斯兰复古主义思潮，由阿拉伯学者穆罕默德（1703—1792）于 18 世纪中叶创立的瓦哈比教派是阿拉伯半岛传播最广、影响最大、教徒众多的一支伊斯兰教派。世界上绝大多数的瓦哈比教徒主要集中在内志、卡塔尔和阿联酋。[②] 瓦哈比教派在武力征服阿拉伯半岛后，成为沙特阿拉伯的国教，教派的教徒在沙特占 22.9%，在阿联酋高达 44.8%。瓦哈比主义坚持伊斯传统的基本伦理准则，主张一切应严格遵循《古兰经》，杜绝西方文化对沙特传统文化和习俗的任何腐蚀，禁止电影、电视等所有文艺娱乐活动，男人不能剃须，女人禁止教育、时尚及社会工作，违抗者皆被视为异教徒和敌人。瓦哈比主义被西方乃至阿拉伯国家的某些媒体列为当前最主要的伊斯兰极端主义思潮，并经常把它与"塔利班""基地"组织等

① 李维建：《撒哈拉以南非洲伊斯兰极端主义》，《世界宗教文化》2013 年第 3 期。

② 范静雯：《伊斯兰"瓦哈比主义"的起源及"圣战观"》，《云南警官学院学报》2015 年第 5 期。

挂起钩来。① 20世纪70年代，借助经济援助与宗教文化交流，瓦哈比主义迅速向外输出并传播。在很多贫困国家和地区，沙特通过伊斯兰银行的资本输出以及世界范围内非官方的伊斯兰运动，成功传播了瓦哈比宗教思想。正是在这种背景下，信奉传统，推崇保守的绝对化信仰——瓦哈比主义进入非洲，使得非洲伊斯兰教内部的教派格局发生变化，除了长期温和的伊斯兰主流苏菲派，伊斯兰极端主义开始萌芽壮大。

自"9·11"事件以后，在美国的强力打击下，"基地"组织的势力和地位被大大削弱。尤其是2011年奥萨姆·本·拉登被击毙后，基地组织在阿富汗和巴勒斯坦的势力和地位被大大削弱，甚至有人认为"基地"组织将会随着本·拉登的去世而不复存在。然而，事实是，"基地"组织不仅从阿拉伯的觉醒中获得了新生，还在整个阿拉伯世界里构建起它最大的庇护所以及未来十多年可运作的基地。国际伊斯兰极端势力正着眼全球，重新寻找新的势力范围，而经济贫穷、政局动荡的非洲无疑为伊斯兰极端势力的生存和发展提供了空间。利用革命性变化的混乱，基地组织已在突尼斯、埃及和利比亚等北非阿拉伯国家发展了一批可运作的基地和新据点。② 极端主义恐怖活动在非洲"烽烟四起"并呈合流之势。2012年，英国一家军事机构发布报告宣称，全球反恐行动的焦点已转移到非洲。在2013年举行的非盟首脑会议上，各国也承认了非洲安全局势出现恶化。③ 英国皇家三军联合研究所发布的报告——《全球杰哈德通过非洲延续》也显示，在阿富汗战争中被削弱的"基地"组织正在非洲重新集结。④

在北非地区，阿尔及利亚、摩洛哥、埃及等国都面临极端主义的威胁，并且存在一些境内或跨境的极端组织。只是由于这些国家对极端势力的打击比较严厉，北非极端势力的力量相对得到有效控制。

① 钱学文：《沙特的瓦哈比主义》，《阿拉伯世界》2002年第3期。参考希文《"回归传统"的瓦哈比主义》，《世界宗教文化》2003年第3期。

② Bruce Riedel："Al Qaeda's Resurgence", Yale Global, 22 October 2012. http：//yale-global. yale. edu/content/al-qaedas-resurgence.

③ 《非洲三大恐怖组织呈合流之势》，《北京青年报》2013年2月8日。

④ 《非洲极端势力大肆扩展，各国严防"不稳定之弧"》，《人民日报》2012年4月16日。

　　但是，从非洲东部的索马里，一直到西部的马里、毛里塔尼亚，这一片横贯东西的地区由于民族、宗教和地理位置复杂，因而成为极端势力最猖獗，极端组织最集中的地带。东非索马里的"青年党"、"伊斯兰法院联盟"、乌干达的"圣灵抵抗军"、西非尼日利亚的"博科圣地"、中非刚果（金）的"M23运动"等宗教极端组织在当地及周边地区非常活跃。这些极端组织和极端势力并不是孤立的，它们之间在很多恐怖活动中会相互支援，共同策划，呈现出联合发展的趋势。近年来，马里的军事政变、阿尔及利亚的人质危机，以及索马里、尼日利亚日益频繁的恐怖袭击事件都表明，宗教极端主义活动已成为非洲国内政局动荡和地区冲突的重要因素。

　　造成极端势力在当代非洲大肆扩张的原因很多，主要有以下三种：第一，非洲部分国家的政治动荡和民族宗教冲突为伊斯兰极端势力的扩张提供了机会。非洲极端势力活跃的地区几乎都是政局动荡和安全形势失控的地区。非洲大部分国家政治发展水平较低，很多国家和民族尚处于构建过程之中，因而往往出现政局动荡，政府管理失控，社会无序，而这些都为极端势力拓展生存空间提供了很好的机会。此外，战争和政治动荡还使得非洲伊斯兰力量获得了大量精良武器。第二，非洲国家长期的贫困为极端势力的滋长提供了土壤。贫困落后，经济萧条、财富不均、失业率高，年轻人无所事事，人们生活绝望，对政府怨声载道，这些都使得极端组织能顺利招揽到大量成员，并拥有一定的社会基础。尽管非洲很多国家近年来发展迅速，但是政府管理不力、贪污腐败等诸多因素使得经济发展并没有完全惠及普通百姓，很多人被排斥在财富和机会之外。尼日利亚阿布贾大学政治学教授卡伊认为：经济和社会资源分配不均，广大民众生活困苦，政府缺乏民主合法性才是造成尼日利亚宗教极端力量不断得势的真正原因。同样，这一观点也适用于其他饱受宗教折磨的非洲国家。第三，极端组织的相互合流以及境外极端组织的支持为极端势力在非洲的迅猛发展提供了重要的外部支撑。通过援建清真寺、伊斯兰中心或宗教教育机构、资助朝觐和非洲留学生、宗教慈善等方式，沙特阿拉伯将自己的官方信仰——瓦哈比主义——输往撒哈拉以南非洲。沙特政府控制下的两个伊斯兰非政府组织——穆斯林世界联盟和世界穆斯林青年大会在撒哈拉以南非洲的办事处占全球的一半以上，可见其对撒哈拉以南非洲的重视。1974 年成立的沙特基金则是沙特援助撒哈拉以南非洲的官方渠道，1975—2002 年，该机构向撒哈拉以南非洲直接援助了近 30 亿美元。①

在非洲伊斯兰极端组织中，阿尔及利亚的"伊斯兰马格里布基地组织"、"索马里青年党"、尼日利亚的"博科圣地"，以及埃及伊斯兰圣战组织都有相当的实力与广泛的社会影响，这些组织都与"基地"组织有关，是基地组织在非洲最重要的分支。

一　伊斯兰马格里布基地组织

"伊斯兰马格里布基地组织"（Al-Qaeda in the Islamic Maghreb, AQIM），是基地全球极端组织在北非的分支机构。该组织的活动范围主要在萨赫勒地区四国：阿尔及利亚北部沿海地区以及南部部分沙漠地区、马里北部、毛里塔尼亚东部和尼日尔西部地区。主要资金来源包括欧洲一些团伙的财政资助、走私，以及进行敲诈勒索和绑架所得的赎金。②

伊斯兰马格里布基地组织的前身是 1998 年哈桑·哈塔卜（Hassan Hattab）创建的"萨拉菲宣教与战斗组织"（Salafist Group for Call and Combat, GSPC），"萨拉菲宣教与战斗组织"是伊斯兰武装集团（Armed Islamic Groups, GIA）的分支，而后者是当时阿尔及利亚最大、最极端的恐怖主义团体。③ 2001 年，"萨拉菲宣教与战斗组织"被联合国安理会列入基地组织制裁名单。④ 2003 年 9 月，"萨拉菲宣教与战斗组织"发表声

---

① David McCormack, *An African Vortex: Islamism in Sub-Saharan Africa*, Center for Security Policy, Occasional Papers Series, No. 4. January 2005. 转引自李维建《撒哈拉以南非洲伊斯兰极端主义》，《世界宗教文化》2013 年第 3 期。

② "The Organization of AL-Qaida in the Islamic Maghreb", http://www.un.org/chinese/sc/committees/1267/NSQE01401C. shtml. 2014 – 5 – 26.

③ Osman Bencherif, "Algeria Faces the Rough Beast", *Middle East Quarterly*, December 1995.

④ 详情请参见联合国安全理事会关于基地组织及有关个人和实体的第 1267（1999）号和第 1989（2011）号决议所设委员会。http://www.un.org/chinese/sc/committees/1267/NSQE01401C. shtml.

明，表示效忠于"基地"组织。2006年9月，该组织与"基地"组织正式结盟，并于同年12月更名为"马格里布基地组织"，成为基地组织在北非的分支机构。马格里布基地组织现有成员约500—800人，主要来自阿尔及利亚、利比亚、毛里塔尼亚、摩洛哥、突尼斯、马里、塞内加尔、尼日尔、乍得、苏丹等国。①

深受赛义德·库特卜极端主义思想的影响，结合其建立伊斯兰国家的理论，伊斯兰马格里布基地组织提出了"总体战"（Total War）的理念。它将人作出了二元划分：要么是伊斯兰的敌人，要么是圣战的支持者，并认为，如果政府不具有合法性，那么政府的支持者也应在打击之列，政治领域的冲突就这样转化为宗教价值的对立。② 为此该组织的目标是，推翻阿尔及利亚世俗政权，建立一个伊斯兰哈里发国家。近年来，随着组织的日益扩大，其目标也从推翻阿尔及利亚政权扩大至"加入全球圣战"。

为了实现建立一个西起摩洛哥、东至菲律宾的大哈里发帝国，伊斯兰马格里布基地组织不仅对阿尔及利亚的安全和执法机构及设施发起了多起攻击，还在欧洲建立了广泛的招募和后勤网络，并在欧洲策动多起恐怖袭击。在与基地组织正式结盟后，伊斯兰马格里布基地组织扩大了目标，宣布打算袭击西方目标。2006年年末和2007年年初，该组织对阿尔及利亚的外国人车队进行了数起攻击。尽管如此，伊斯兰马格里布基地组织长期以来都是基地组织中比较弱的分支之一。然而自2011年穆阿迈尔·卡扎菲倒台后，他们抢劫了利比亚的军火库，伊斯兰马格里布基地组织从利比亚军火库中获得的先进武器，很可能让它在今天成为基地组织在全世界装备最精良的分支机构之一。摩洛哥和法国的领导人将马里的伊斯兰马格里布基地组织视为未来十多年间地区稳定的最严重威胁。③

---

① 谨健：《伊斯兰马格里布"基地"组织概况》，《国际研究参考》2014年第1期。
② 李意：《"伊斯兰马格里布基地组织"萨赫勒化及其对阿尔及利亚的影响》，《国际论坛》2011年第6期。
③ Bruce Riedel："Al Qaeda's Resurgence", Yale Global, 22 October 2012. http://yaleglobal. yale. edu/content/al-qaedas-resurgence.

2012 年，在马里军事政变中，"伊斯兰马格里布基地组织"与马里"伊斯兰卫士"结成同盟，一起在马里北部地区扫荡政府军，并一度占领了北部大片区域，面积占马里的三分之二。双方随后还发起了图阿雷格人的独立运动。"伊斯兰马格里布基地组织""伊斯兰卫士"和图阿雷格叛军的联合是错综复杂和危险的，对马里国家政局稳定和萨赫勒地区安全构成了严重威胁。2013 年，该组织被美国和欧盟列入恐怖组织名单，是美军全力围剿的非洲三大恐怖组织之一。[①] 在美国和欧盟的严厉打击下，伊斯兰马格里布基地组织在马里的势力范围大大缩小，但其实力并未严重折损，而是退守马里边远山区以游击战、伏击战等手段继续与反恐部队展开周旋，同时还加紧向阿尔及利亚、尼日尔等国渗透蔓延，2013 年以来在阿尔及利亚、尼日尔等国策动多起重大恐怖袭击，对地区与国际安全的威胁日增。[②]

伊斯兰马格里布基地组织的恐怖活动给萨赫勒带来的影响是多重的。首先，恐怖活动严重威胁了萨赫勒地区的和平与安全。由于该组织的活动以阿尔及利亚为总据点，辐射到马里、毛里塔尼亚、尼日尔等萨赫勒国家，因此使得该地区成为"基地"组织在北非策划恐怖事件的一个新据点。伊斯兰马格里布基地组织长期从事的绑架、贩毒、走私军火等非法活动不仅使得该地区恐怖事件频繁，政局动荡，还加剧了当地种族和部落之间的权利及利益之争。2011 年 5 月，马里外交和国际合作部部长苏梅卢·布贝耶·马伊加在萨赫勒地区四国部长会议上指出，萨赫勒地区国家和人民面临着前所未有的恐怖主义威胁。[③] 此外，长期的动荡与混乱对萨赫勒地区的经济与社会发展造成了极大破坏，对当地居民的正常生活、人身和财产安全构成了严重威胁。

---

① 另外两个是索马里的"青年党"和尼日利亚的"博科圣地"组织。

② 谨健：《伊斯兰马格里布"基地"组织概况》，《国际研究参考》2014 年第 1 期。

③ "Ministerial Meeting of the Sahel Countries in Bamako", El Moudjahid, May 18, 2011. 转引自李意《"伊斯兰马格里布基地组织"萨赫勒化及其对阿尔及利亚的影响》，《国际论坛》2011 年第 6 期。

二　索马里青年党

索马里青年党，又名伊斯兰青年运动（Harakat al-Shabaab al-Muja-hideen，HSM，以下简称青年党），成立于 2007 年，是东非国家索马里主要的反政府武装组织，武装人数为 7000—9000 人，曾支持恐怖主义头目本·拉登及"基地"组织。青年党经常在索马里境内及利比亚、肯尼亚、埃塞俄比亚、乌干达等周边国家制造恐怖事件，试图推翻索马里政府和非盟。

青年党的滋生和发展与其所处的环境——索马里绵延不断的动乱局面和无政府状态息息相关。1991 年，索马里内战爆发导致穆罕默德·西亚德·巴雷（Mohamed Siad Barre）军事独裁政权垮台，此后该国长期处于军阀混战的无政府状态。受北非伊斯兰运动的影响，索马里政府出现了奉行伊斯兰教法的宗教法庭，2006 年，"伊斯兰法院联盟"成立，意图通过武力征伐，将索马里变成一个政教合一的国家，短短 3 个月，该组织便夺取了包括摩加迪沙在内的索马里中南部地区。2006 年，埃塞俄比亚介入索马里内战，在索马里政府军和埃军的联合打压下，伊斯兰法院联盟迅速溃败并分裂成若干股小的武装力量，名号也不复存在。

然而，积蓄在索马里境内多年的宗教极端势力不可能就此销声匿迹。就在伊斯兰法院联盟解散后，该组织的一个分支却逆势而起，成为索马里众多武装派别的后起之秀，那就是索马里青年党。2007 年 1 月，青年党成立，该组织主要由逊尼派穆斯林组成，在其控制区内实行严格的伊斯兰教法，并宣称要对"伊斯兰的敌人"发动"圣战"。青年党因为能够为在混乱局势中的当地人提供安全和生活保障而大获支持，因而势力不断壮大，一度控制了索马里中南部的大部分地区。①

尽管宗教色彩浓厚，但青年党其实是由索马里多个部族如拉汉文、达鲁德、伊萨克、哈维耶等组成的武装联盟，下辖民兵最多时达 1.5 万之多。青年党与"基地"组织过往甚密，甚至被外界视为"基地"组织在非洲的重要分支机构。由于制造过多起绑架、杀害外籍人士的案件，并

---

① Al-Shabaab joining al Qaeda, *monitor group says*, CNN. February 9, 2012.

迫使国际人道主义救援活动中断，该组织已被美国、英国、挪威、加拿大等西方国家列入恐怖组织"黑名单"。[①] 2009 年，索马里青年党领导艾哈迈德·阿卜迪·古丹通过向本·拉登宣誓，宣布效忠基地组织。2012年，"基地"组织正式接纳青年党。

索马里青年党的实力不容小觑。在政治上，该组织试图武力统一索马里，建立政教合一的神权国家；在装备和经费上，青年党不仅能从厄立特里亚获得大量武器和资金，在控制了基斯马尤港的转口贸易后，每年也能由此获利 3500 万—5000 万美元，此外，来自中东和欧美的地下筹款也源源不断；在人员招募上，该组织特别重视引进"外援"。根据联合国报告，索马里青年党的骨干成员多为来自埃及和其他阿拉伯国家的外籍恐怖分子，他们负责训练索马里人如何使用先进的武器和自杀炸弹战术。而该组织如此热衷招募外国，特别是西方"圣战者"，一方面是打算让这些人日后返回西方，在本土实施恐怖袭击；另一方面则是因为这些人比较忠诚，不易受索马里国内长达 20 年的部族争斗影响。从这个角度讲，索马里青年党之所以战斗力较强，与其很大程度上超脱了国籍、种族、部族乃至性别的羁绊，而以宗教极端思想为纽带凝聚全球"圣战者"有很大关系。

索马里青年党现任领导人谢赫·阿布迪·高代（Shaykh Abdi Go-dane）是索马里本国人，生于 1977 年，曾经在巴基斯坦学习，是阿富汗战争的志愿军，2001 年返回索马里，注重圣战国际化。2008 年青年党前领袖死于美军空袭后，由高代继任。高代成为青年党领袖的首次讲话就宣称要效忠于本·拉登，并将对美国实施直接的恐怖袭击。2008 年，青年党被美国列入恐怖组织名单，高代被称为"需要特别注意的全球恐怖主义者"，并于 2012 年悬赏 700 万美元索取他的人头。但他处事低调，偶尔发表重要讲话也是以录像方式通过网络传播，行踪极其隐秘，至今仍然处于被整个非洲和西方国家的通缉之中。[②]

---

① 刁炜：《解密索马里青年党：凝聚全球"圣战者"》，http：//war.163.com/13/1010/13/9AR2KSCF00014J0G.html。

② 吕友清：《"不稳定之弧"与非洲国家面临的反恐维稳形势》，http：//www.21cbh.com/2013/10-15/1OMTI1XzgONjE1OA.html。

2010 年 7 月，青年党在乌干达首都坎帕拉制造连环恐怖袭击，造成 78 人死亡，89 人受伤，这一严重挑衅促使非盟痛下决心，调重兵前往索马里"剿匪"。截至 2012 年 2 月，非盟在索马里的部队已达 1.77 万人。2011 年，肯尼亚和埃塞俄比亚强力介入，派兵进入索马里境内参战，索马里反恐阵营的实力大大增强。青年党也由此节节败退，不仅失去了对首都的控制，还失去了诸多叛军据点，2012 年 10 月，还失去了最大的财源地基斯马尤港。从外媒报道推断，目前索马里青年党控制的地盘，已从鼎盛时期的"半壁河山"被压缩到西南一隅，仅控制着巴尔代雷、巴拉维等人口稀少、土地贫瘠的南部小城镇，而该组织麾下的武装人员，也从全盛时的 1.5 万人锐减至数千人（根据外媒提供的资料，已低于 6000 人）。

青年党采取暴力手段削弱索马里政府的治理，打击所有试图通过对话来结束战争实现和平的人士，策划大量恐怖爆炸。所有这些活动不仅极大地扰乱了索马里的社会秩序，而且阻止了索马里现代民族国家的构建，对非洲地区和平乃至世界安全带来了极大的威胁。[①] 目前，在多方围剿下，青年党势力渐趋式微，只能进行一些零星骚扰，无力发动大规模的反击，但这并不意味着索马里从此天下太平，滋生宗教极端势力的社会基础依然存在。青年党本身是个成分复杂、派系繁多的武装组织，即便解体，依然具备强大的"再生能力"。一旦外力减轻，那些蛰伏地下的反叛力量便会伺机作乱，沉渣泛起，因而始终是索马里国家安全的一大隐患，从长远来看，索马里前景仍然堪忧。长期战乱使这个国家满目疮痍、民不聊生。大量难民涌入邻邦，对地区安全构成严重冲击。由于生计无着，年轻人要么"落草为寇"，走上绑架勒索、洗劫商船的歧途，要么投靠极端势力，变身叛军。而封闭落后的自然经济、根深蒂固的部族传统，以及四分五裂的政治格局，也让索马里"建设强大、统一的中央政府"的目标变得越发遥不可及。

---

① 详情可参见王涛、秦名连《索马里青年党的发展及影响》，《西亚非洲》2013 年第 4 期。

三　博科圣地

博科圣地 (Jama'atu Ahlus-Sunna Lidda' Awati Wal Jihad/ Boko Ha-
ram)① 是尼日利亚一个反现代文明的宗教极端组织。2002 年尼日利亚人
穆罕默德·优素福 (Mohammed Yusuf) 在尼日利亚迈杜古里创建博科圣
地。"博科圣地"在豪萨语中的意思是"西方教育是罪恶"。因此，该组
织最初的目的是反对在穆斯林中推行"西方教育"，支持伊斯兰教育、宗
教法律、北部独立，并将尼日利亚建成一个伊斯兰国家，实现真正的伊
斯兰化。

博科圣地被称为"尼日利亚的塔利班"。2009 年，该组织在迈杜古里
对监察局和其他政府大楼发动一系列攻击，促使尼日利亚政府对其总部
进行突袭，优素福在突袭中丧生。自此，博科圣地由阿布巴卡尔·谢考
(Abubakar Shekau) 领导，并开始使用恐怖主义伎俩，从事暴力反叛活
动。谢考在 2012 年 11 月发表的讲话中表示，博科圣地将与阿富汗、伊拉
克、北非、索马里和也门的基地组织附属人员站在一起。他还鼓励非洲
各地和其他地区的战斗人员进行恐怖袭击。②

博科圣地一直与伊斯兰马格里布基地组织保持关系，目的是获得培
训和物资支持，例如从伊斯兰马格里布基地组织那里学习制作简易爆炸
装置的知识。2012 年和 2013 年，博科圣地的一些成员和与基地组织有关
联的团体并肩作战，之后带着恐怖主义方面的专门知识，回到尼日
利亚。③

作为一个活动频繁的极端组织，博科圣地的经费来源是多元的。自
该组织走上反政府、反社会的道路后，资金来源多依靠抢劫银行、绑架

---

① "博科圣地"的阿拉伯文意思是"致力于传播先知教导和为圣战献身的人"，因此"博
科圣地"是一个不太规范的缩略语。该组织目前正式的名称叫"伊斯兰教传统的追随者和圣战
者的同盟"。"博科圣地"是豪萨语的缩写，意思是"西方教育是罪恶"。

② See Freedom C. Onuoha, "The Islamist Challenge: Nigeria's Boko Haram Crisis Ex-
plained", *African Security Review*, Volume 19, Issue 2, 2010; Abimbola Adesoji, "The Boko Ha-
ram Uprising and Islamic Revivalism in Nigeria", *African Spectrum*, Vol. 45, No. 2, 2010.

③ 《联合国安理会将博科圣地列入恐怖组织名单的理由陈述》，http://www.un.org/chi-
nese/sc/committees/1267/NSQE13814C.shtml。

勒索获取赎金，或通过敲诈地方政府收取保护费等获得活动经费，此外，国际宗教资金也是博科圣地活动经费的重要来源。博科圣地还通过与马格里布基地组织等其他伊斯兰极端组织的联系，得到如沙特阿拉伯等一些中东石油富国的支持。西方国家的穆斯林群体或组织也将他们的捐赠通过各种渠道输送给"博科圣地"，其中英国穆斯林给予的数额最大。①

近年来，博科圣地在尼日利亚、尼日尔、喀麦隆、肯尼亚等周边国家制造了一系列重大恐怖袭击，包括2012年1月在尼日利亚卡诺制造的严重爆炸事件，一天之内就炸死了180多人。另一次重大袭击是在2011年8月26日轰炸位于阿布贾的联合国总部大楼，造成至少21人死亡，数十人受伤。博科圣地还是2011年12月25日袭击尼日利亚马达拉的圣特丽萨天主教堂的罪魁祸首，该袭击造成37人死亡，50人受伤。2012年夏季以来，博科圣地对尼日利亚的学校和学生发动暴力袭击。2013年6月，该组织攻击尼日利亚迈杜古里和达马图鲁的学校，打死至少22名儿童；7月，该组织攻击尼日利亚马穆杜（Mamudo）村的一所学校，打死42人，其中大部分是学生。2013年9月29日，博科圣地又袭击尼日利亚约贝州的一所农校，打死50名正在宿舍睡觉的学生。2014年4月14日，博科圣地在尼日利亚北部的一所学校绑架了大约300名女生。之后，博科圣地的好战分子于2014年5月5日攻击救助人员的中转基地，打死了310人。2009年至2014年，估计博科圣地在尼日利亚北部的袭击已造成8000多人死亡。②

尼日利亚是世界上最具宗教信仰的国家之一，北部地区的穆斯林人数大约占尼日利亚人口总数的50%，南部地区的基督徒约为总人口的40%，多年来，尼日利亚深受基督教和伊斯兰教冲突之苦。博科圣地是尼日利亚近年来国内动荡的主要幕后元凶，其制造的多起爆炸和袭击事件不仅加剧了尼日利亚长期以来南部与北部的分裂，更使得尼日利亚在2012年"全球恐怖主义指数"排行榜中位居非洲第一，并成为全世界恐

①　李维建：《解读"博科圣地"：宗教研究的视角》，《西亚非洲》2015年第2期。
②　苑基荣：《非洲宗教极端主义呈蔓延趋势》，http：//citiccard. world. people. com. cn/n/2014/0514/c1002-25017371. html。

怖活动最猖獗的十大地区之一。其在尼日利亚、尼日尔、喀麦隆和乍得四国边境造成的人道主义危机也正引发国际社会的广泛关注。

四　埃及伊斯兰圣战组织

埃及伊斯兰圣战组织（简称"圣战组织"）是1993年在埃及成立的一个宗教激进主义极端组织。至1997年，埃及伊斯兰圣战组织会同埃及另一宗教武装组织发动多次袭击活动，共造成1200名埃及人死亡。1998年，埃及伊斯兰圣战组织与本·拉登的"基地"组织合并，并宣布发动"圣战"。2001年，联合国安理会依照第1333（2000）号决议，将埃及伊斯兰圣战组织列入基地组织制裁名单。

埃及伊斯兰圣战组织领导人埃曼·扎瓦赫里（Aiman Muhammed Rabi al-Zawahiri）1951年出生于埃及，曾经是一名家境殷实的医生，父亲是药理学教授，祖父是埃及著名的爱资哈尔清真寺的大伊玛目。1973年，当时还在就读医科的扎瓦赫里加入了伊斯兰极端组织。1974年，扎瓦赫里毕业于开罗大学医学院，这是埃及最有名的医学院系，在取得外科硕士学位后，他在开罗郊区开办了一间诊所。20世纪80年代，因为支持抵抗入侵阿富汗的游击队，扎瓦赫里与本·拉登在巴基斯坦相遇，从此成为亲密的"战友"。20世纪80年代曾经在法庭上为扎瓦赫里辩护的律师塔塞尔·扎耶特评价"扎瓦赫里对于本·拉登来说，就像是他的大脑"。1993年扎瓦赫里成为埃及伊斯兰圣战组织的头目。1998年，埃及伊斯兰圣战组织与本·拉登的"基地"组织合并后，扎瓦赫里更是成为"基地"组织中的二号人物和本·拉登的左膀右臂，许多大规模的袭击活动都是由他策划。美国联邦调查局曾为扎瓦赫里的人头悬赏2500万美元。美国《新闻周刊》援引情报人员的分析说，对美国威胁最大的恐怖分子不是本·拉登，而是扎瓦赫里，因为他才是象征性领袖本·拉登背后真正的掌权者。

在基地组织的大力支持下，埃及伊斯兰圣战组织在世界各地开展活动。1998年，美国驻肯尼亚和坦桑尼亚的使馆几乎同时遭受汽车炸弹袭击，造成大量人员伤亡，策划这起袭击的正是扎瓦赫里。2001年，震惊世界的"9·11"事件更是被称为"基地"组织战略家扎瓦赫里的"大手笔"。

伊斯兰教作为顺从真主的宗教，在教义上追求和平与安宁，反对暴力与战争。在现代化和全球化的大背景下，决定未来伊斯兰教主流的，不是极端主义和恐怖活动，而是伊斯兰教渗透在人们日常生活中的教育、大众传媒、现代通信及通俗文化等领域。① 只是少数极端势力和极端组织毁坏了伊斯兰教的形象，加上当前国际形势下，伊斯兰暴力恐怖活动确实呈增加趋势。对于其带来的破坏与危害，毋庸置疑，必须加以密切关注与防范，但更重要的是找出极端主义产生的根源，从本质上消灭极端势力与恐怖活动。

第四节　伊斯兰教对当代非洲社会的影响

伊斯兰教的快速传播对当代非洲的政治局势、社会经济及民生发展产生了深刻而复杂的影响：

第一，从政治层面来看，伊斯兰教在当代非洲政治中的积极参与，有助于非洲政治民主化和现代化进程；但另一方面，伊斯兰极端势力的日益活跃又对非洲统一民族国家的建构与整合造成威胁。

非洲国家独立之初的 20 年间，在一些穆斯林居民占人口绝对或多数的国家和地区，伊斯兰教仍保持着持续的影响力。一些有影响的穆斯林上层人物凭借宗教习惯和传统权威，与世俗的国家政权建立合作，一方面为世俗政权提供"宗教服务"；另一方面也通过政权领袖和新生的政府表达伊斯兰教的政治诉求和宗教观念。加纳和塞内加尔在这一时期表现突出。加纳著名的苏菲长老易卜拉欣·尼亚斯（同时是提加尼教团的长老）作为调解员，顺利撮合了提加尼教团②与加纳首任总统恩克鲁玛的合

---

① 周燮藩：《当代伊斯兰教发展趋势的多维透视》，《世界宗教研究》2015 年第 6 期。

② 提加尼教团是近代伊斯兰教苏菲派兄弟会组织。由马格里布著名苏菲主义学者艾布·阿拔斯·艾哈迈德·提加尼在摩洛哥非斯创立。该教团为近代伊斯兰教在非洲的进一步传播起了推动作用。现主要分布在摩洛哥、阿尔及利亚、毛里塔尼亚、塞内加尔、几内亚、马里、尼日利亚、苏丹等一些非洲国家。

作。① 在塞内加尔，最有影响力的穆里德教团在首任总统桑格尔世俗政权的紧要关头中亦起到了重要作用，帮助后者成功化解过很多国内危机。②

　　伊斯兰教在非洲的政治影响力除了上述表现方式外，还以政党的形式走上政治舞台。埃及的自由与正义党、突尼斯的伊斯兰复兴运动党、阿尔及利亚的伊斯兰拯救阵线、摩洛哥的正义与发展党，这些伊斯兰性质的政党在阿拉伯国家具有一定的群众基础和号召力。虽然有些政党还未成为所在国的执政党或政治主流，但是它们作为一支重要的政治力量，将伊斯兰教义注入了国家意识形态，并且从未放弃其对政治的向往与追求。③ 尽管非洲穆斯林的社会政治地位并没有与其强势的发展态势同步，但日益强大的伊斯兰势力在政治上的积极参与，从主体和内容上扩大了非洲政治的内涵与外延，有利于当代非洲政治民主化与现代化进程。

　　另外，伊斯兰教在当代非洲的复兴也带来了极端势力的迅猛发展，从而引发了宗教内部及宗教间系列的冲突与暴力恐怖事件。20 世纪 70 年代末，以伊朗"伊斯兰革命"为标志的当代伊斯兰主义作为一种重要的政治意识形态在世界范围内迅速崛起。介于非洲国家穆斯林与阿拉伯国家的历史文化渊源及地理优势，伊斯兰主义不但在西亚北非迅速发展，并程度不同地影响到整个非洲大陆的众多国家。④ 在西非、中非和北非的许多国家都出现了伊斯兰主义的组织和活动。伊斯兰主义与世俗政权相对抗，致使社会动荡不安。

　　"9·11"事件以后，基地组织在美国的大力反击下放眼全球，开始找寻合适的发展空间。贫穷、动荡的非洲成为首选。近年来，北非的极端组织开始向西非等地转移，非洲极端势力锐增。"基地"组织及其北非

---

① See Ousman Murzik Kobo, *Unveiling Modernity in Twentieth-Century West African Islamic Reform*, Leiden: Brill, 2012. Sulemana Mumuni, *Islamic Organizations in Accra: Their Structure, Role and Impact in Proselytization of Islam*. M. Phil., University of Ghana, 1994.

② See Sean Hanretta, *Islam and Social Change in French West Africa*, Cambridge University Press, 2009.

③ 参见李维建、王宇洁《伊斯兰教与近期埃及政治运动》，《中国民族报》2011 年 3 月 8 日。

④ 参见张宏明《多维视野中的非洲政治发展》，社会科学文献出版社 2007 年版，第 279 页。

分支等极端势力在非洲大肆扩展势力，给当地社会治理和经济发展带来了极大威胁。非洲的贫穷落后、政局动荡和战乱不断，与近年来伊斯兰极端势力的扩张不无关系，极端势力的滋长将严重影响未来非洲国家的政治安全和走向，不利于非洲现代统一民族国家的建构。① 以肯尼亚为例，肯尼亚人口总数的大约45%是新教徒，33%左右是天主教徒，穆斯林人口大约为10%。作为少数族群，穆斯林在以往时期都能与基督徒和平共处，共同维护国家的统一与稳定。但近年来受极端主义的煽动，肯尼亚穆斯林也希望实行伊斯兰教法，并强烈要求制宪会议赋予当地伊斯兰法院与世俗法院在商业贸易与民事纠纷方面同等的权利，同时他们还开始参与外来极端组织在尼日利亚的恐怖活动。

第二，伊斯兰教的复兴对非洲经济而言同样是一把双刃剑，在促进发展的同时阻碍因素也应运而生。

伊斯兰教的复兴在一定程度上促进了非洲经济的发展，这主要与以下因素相关：

首先，伊斯兰教义鼓励穆斯林追求两世的吉庆，号召人们积极投身于社会生产活动，鼓励人们通过经商获取合法利益。因此非洲穆斯林自古就有经商的传统，他们利用非洲得天独厚的地理优势，以牛羊的养殖、屠宰、加工、贩卖为主要经营项目，到城市从事相关的商业活动。他们恪守伊斯兰教诚实守信、公平买卖的商业原则，靠着吃苦耐劳的品格和灵活的头脑从无到有，由小到大，逐渐成为非洲社会的富裕户。② 今日非洲，大量穆斯林的经济活动依然为非洲社会发展做出重要贡献。

其次，世界伊斯兰经济的总体利好和国际穆斯林机构的实力壮大为非洲经济的发展提供了援助、投资等多渠道的外部推力与机遇。

一方面，为了更全面、深入地传播伊斯兰文化，协调彼此间的利益，阿拉伯国家向非洲国家提供了大量的经济援助。"伊斯兰开发银行""阿拉伯经济及社会发展基金""阿拉伯援助非洲特别基金""对非技术援助

---

① Wafula Okumu and Anneli Botha, "Domestic Terrorism in Africa: Defining, Addressing and Understanding Its Impact on Human Security", *Institute for Security Studies*, 2007.

② See Anson P. Atterbury and F. F. Ellinwood, *Islam in Africa: Its Effects; Religious, Ethical and Social; Upon the People of the Country*, G. P. Putnam's Sons, 2011.

阿拉伯基金""非洲经济发展阿拉伯合作银行"等基金或银行为非洲国家的发展计划提供全部或部分的财政支援及技术协助。① 伊斯兰发展银行是当代伊斯兰国家按禁止利息的教法建立的国际金融信贷机构，主要向伊斯兰国家和非伊斯兰国家的穆斯林团体提供无息贷款，援助其经济发展和社会进步，是"伊斯兰会议组织"的专门金融机构，不少非洲国家从中获得过援助与无息贷款。2012—2014 年，伊斯兰发展银行在两年内向尼日利亚提供总额为 6.7 亿美元的无息贷款用于促进尼日利亚基础设施建设。②

　　另一方面，随着近年来中国、日本和印度等国在非投资力度的加大，伊斯兰世界对非投资兴趣日增。沙特阿拉伯是非洲中南部最大的投资者，拥有非洲大量农田。据肯尼亚《民族日报》2009 年 8 月报道，包括伊斯兰开发银行在内的一批沙特阿拉伯投资机构投资 10 亿美元在马里、塞内加尔、苏丹、乌干达等非洲国家租用 70 万公顷土地种植水稻。③ 2005 年，科威特 MTC 集团也开出 33.6 亿美元的巨额支票，收购非洲第一大移动运营商 Celtel。截至 2008 年第一季度，Celtel 已在 15 个非洲国家开展移动通讯业务，用户数接近 3000 万。同时，伊斯兰世界最大的私营企业扶持机构——伊斯兰私营企业发展公司也于 2005 年开始将触角从中东、东南亚地区伸向非洲，在塞内加尔等伊斯兰会议组织非洲成员国中投资具有良好发展前景的经济项目。

　　在促进经济发展的同时，伊斯兰极端势力对非洲经济发展的阻碍和破坏作用也日益凸显。以尼日利亚"博科圣地"为例，自 2009 年以来，博科圣地不断将袭击目标宽泛化和平民化，从而给尼日利亚造成大量的

---

① See Stephen Ellis and Gerrie Ter Haar, *Worlds of Power: Religious thought and Political Practice in Africa*, Oxford University Press, 2004.

② 《伊斯兰发展银行拟向尼日利亚提供 6.7 亿无息贷款》，http://www.musilin.net.cn/2012/0326/123096.html。

③ 《沙特计划在非洲租地种水稻》，http://news.xinhuanet.com/fortune/2009-08/04/content_11826016.htm。2011 年英国《观察家》杂志调查估计，在过去几年内，非洲至少有 5000 万公顷土地（相当于英国国土面积的两倍）出租或出售给外国政府和投资者。沙特、卡塔尔、科威特和阿联酋等国被认为是这些土地的最大买家。http://news.eastday.com/w/20110913/u1a6100903.html。

人员伤亡和严重的财产损失。2011 年，博科圣地对联合国驻尼日利亚机构大楼实施自杀式爆炸袭击。为此，尼日利亚政府不得不拨款 32 亿奈拉（2011 万美元）用于联合国大楼重建。而打击极端主义的迫切需求又加大了尼日利亚的军费预算和支出，国家由此背上了沉重的经济负担。据斯德哥尔摩国际和平研究所 2013 年发布的报告显示，自 2009 年以来，为打击以博科圣地为代表的各类极端势力，尼日利亚政府军费开支节节攀升。2012 年，尼日利亚军费支出 23.27 亿美元，在非洲排名第 6。[①] 2009—2012 年，尼日利亚每年年军费预算分别为 2330 亿奈拉、2540 亿奈拉、3480 亿奈拉和 3723 亿奈拉，4 年内增长 60%。[②] 军费的剧增挤压了教育、医疗等其他公共开支在总预算中的份额。此外，恐怖活动还损害了尼日利亚在国际社会中的形象，破坏了国家投资环境，令国内外投资者对尼日利亚经济发展的信心大为下降。[③]

在伊斯兰极端势力不断壮大的背景下，非洲部分国家既要进行经济改革，同时又不得不抽出更多的财力、物力和人力对付日益猖獗的恐怖活动，委实焦头烂额，疲于奔命。这些国家或许能在短期内维持社会稳定，但是由于基础非常脆弱，往往也很难经受住地区局势长期动荡的考验。[④] 而那些局面相对稳定的国家，除了得益于相对繁荣的经济外，更多的是建立在对本国伊斯兰主义运动的严格控制和对邻国外溢影响的严密防范上。

第三，伊斯兰教的快速传播在非洲教育文化与医疗卫生等民生改善过程中发挥了积极作用。

行善是伊斯兰教主要的教义教规。《古兰经》曾五次提到"安拉喜欢行善的人"，而且在《古兰经》中，安拉不是以"穆斯林"称呼伊斯兰

---

① 2012 年非洲国家军费支出前 5 名：阿尔及利亚 93 亿美元，南非 44 亿美元，安哥拉 41 亿美元，摩洛哥 34 亿美元，利比亚 29 亿美元。

② 《反恐支出增大，导致尼日利亚军费预算 4 年内增长 60%》，http://china. huanqiu. com/News/mofcom/2013-08/4293412. html。

③ 《尼日利亚安全形势令投资者信心下降》，http://www. mofcom. gov. cn/aarticle/i/jyjl/k/201205/20120508146692. html。

④ Jeffrey M. Bale, "Islamism and Totalitarianism," *Totalitarian Movements and Political Religions*, Vol. 10, No. 2, June 2009.

信徒，而是称其为"归信而且行善的人"或是"归信安拉而且行善的人"。因此，伊斯兰教提倡的乐善好施、扶贫济困、服务社会的优良传统千百年来已经成为穆斯林生活方式的重要组成部分，代代相传延续至今，并且伊斯兰教提倡助人不分民族和种族。20 世纪 90 年代以来，伊斯兰教及其非政府组织在非洲多国空前活跃，积极实施各种人道主义援助，帮助非洲解决在发展过程中所遭遇的教育文化、医疗卫生、贫困失业等民生问题。①

当代非洲伊斯兰教继续沿袭几个世纪以来兴办教育这一宣教方式，以扩大阿拉伯世界和伊斯兰教在非洲的影响。2000 年至 2008 年，非洲小学在校生数量从 8700 万人增加到了 1 亿 2900 万人，增幅为 48%，而中学和高等教育入学率同期增长了 60%。② 在基础教育的扩大与进步方面，伊斯兰教做出了重要贡献。

更具创新意义的是，"其办学逐步从以往的初等和中等教育向高等教育发展，即通过创办伊斯兰大学，提供现代化的教学设备，派遣教员，教授阿拉伯语等方式和手段来培养新一代穆斯林精英"③。乌干达伊斯兰大学（IUIU）是 1988 年由伊斯兰国家会议组织承办建成的非洲高等教育机构，是一所教学和学术水平都很高的大学。20 多年来，乌干达伊斯兰大学向非洲和世界各地输送了数以千计的合格毕业生，向非洲各国学术领域和伊斯兰教育界提供了世界级水平的高级学者，被誉为非洲伊斯兰之光灯塔。④ 高等教育方面，阿拉伯国家已经向非洲提供了数以万计的助学金及留学生名额。早在 1975 年，仅利比亚的班加西大学和的黎波里大学就提供了 800 个助学金名额。而 1977 年在开罗学习的非洲大学生达 10000 人之众。此外，苏丹的喀土穆（Khartoum）伊斯兰大学、塞内加尔达喀尔（Dakar）的伊斯兰研究中心、毛里塔尼亚布提利米特（Boutilim-

---

① *Islam and Muslim Politics in Africa*, Benjamin F. Soares and René Otayek ed, Palgrave Macmillan, 2007, p. 85.

② 《教科文组织报告：非洲加大教育投资取得了显著成果 但挑战依然存在》，http://www. un. org/chinese/News/story. asp？newsID = 15485。

③ 张宏明：《多维视野中的非洲政治发展》，社会科学文献出版社 2007 年版，第 264 页。

④ 《非洲之光乌干达伊斯兰大学》，http：//www. musilin. net. cn/2009/0701/21466. html。

it）的伊斯兰高等学术机构，以及尼日利亚的卡诺（Karo）伊斯兰教育中心都是非洲有名的伊斯兰学术机构，为非洲培养了大量人才。

尽管伊斯兰教育体系中的很多方面受到了部分穆斯林和非穆斯林的批评，但是它提供了一种独一无二的学习和生活途径。而且在过去所取得的成功，以及对未来非洲社会的贡献方面，伊斯兰教育体系也得到了很高的赞赏和评价。

在医疗卫生方面，由于伊斯兰教有关性行为的禁令对穆斯林行为产生的调节作用，在穆斯林占大多数的国家中，艾滋病感染率相对较低。[1]在对撒哈拉以南非洲艾滋病的相关调查显示：就艾滋病流行率和国家的主体宗教之关系来看，以基督教为主体的 26 个非洲国家平均艾滋病流行率为 9.5%，以伊斯兰教为主体宗教的 11 个非洲国家流行率为 1.39%。这些数据显示出的最明显的趋势就是，以穆斯林为主体的国家的艾滋病平均流行率明显低于以基督徒为主体的国家的比率。[2] 一个人的宗教信仰可以对其身份认同和价值观念产生潜移默化的影响，并在一定程度上决定他的意识、情感与行为。穆斯林反对婚前性行为和婚外性行为，这样在降低随意性性行为发生的同时也控制了艾滋病的传播和发展。塞内加尔 96% 的人口是穆斯林，他们在政治、社会和家庭中都有强大的影响力。[3] 塞内加尔的艾滋病感染率 20 多年来一直保持在 1.4%—1.8% 之间，是非洲比率最低的国家之一，这除了归功于政府措施得当，还受益于当地伊斯兰教的参与。

坦桑尼亚的穆斯林领导协会就曾向政府提出强烈建议，要求实行伊斯兰婚姻法制，制止艾滋病日益蔓延。在坦桑尼亚首都达累斯萨拉姆召开的艾滋病防治大会上，很多伊斯兰学者指出，艾滋病发生的根源来自性乱交，如果不从法制上着手，任何治表不治根的措施都不能奏效。政

①　Felicitas Becker, The Virus and the Scriptures: Muslims and AIDS in Tanzania. *Journal of Religion in Africa*, 2007, 37（1），pp. 16–40.

②　Amy S. Patterson, *The Church and AIDS in Africa: The Politics of Ambiguity*, FirstForum-Press, 2011, pp. 9–10.

③　Sarah S. Gilbert , *The Influence of Islam on Aids Prevention among Senegalese University students Aids Education and Prevention*, 2008, pp. 399–407.

府采用西方国家的方法，劝告民众要注意两性关系的"安全"，但这一措施在伊斯兰组织看来是一套以"自由"为幌子的虚假办法，并且他们认为在任何国家都没有取得成果。面对日益恶化的艾滋病蔓延形势，西方的专家学者都束手无策，而世界上凡是实行伊斯兰法制的国家和地区，艾滋病的发病率都很低，因为性乱交是伊斯兰信仰中的大罪过，要受到以乱石击毙的严重惩罚。因此，伊斯兰严格禁止一切不正常的男女性关系之婚姻制度，能够让有信仰的人遵循经典的教导，改变生活方式，遏制通奸和性乱交，从而可以从根本上杜绝艾滋病在全国的扩散和蔓延。

在西非国家冈比亚，全国伊斯兰协会在其发表的对抗艾滋病蔓延的申明中也强调，政府跟随其他非洲地区采用西方国家免费发放避孕套的办法，助长了性乱交和嫖娼卖淫业，尤其毒害了未成年青少年，因此对防止艾滋病毒的蔓延适得其反，这样的措施应该受到伊斯兰法制的禁止。防治艾滋病是非洲一场全民的教育运动，各社会团体都不同程度地参加并且提出了有效措施。在这场全民大行动中，伊斯兰组织也表明了他们的立场，并且要求所有的伊斯兰学者、阿訇和宣教工作者们积极行动，参与这个具有时代意义的保卫人类健康的运动。冈比亚伊斯兰协会认为，防治艾滋病行动是一个历史机遇，它能帮助非洲民众改变错误的生活方式，遵守天命的法制，走向正道。伊斯兰教教义要求信徒们节制性欲，夫妇双方要互相忠诚和保持贞节。首都班珠尔大伊玛目定·德拉迈说，"我们必须以我们的方式参加抗艾滋病的运动，我们的行动是宣传伊斯兰的教义和实行伊斯兰教法。我们反对向所有的人发放避孕套，这是变相鼓励买淫和乱交，助长不道德的行为。"他说，冈比亚的人口大部分是穆斯林，艾滋病的发病率比起其他国家相对较低，但是我们不可掉以轻心，照样要对民众做广泛的宣传，向人民敲响警钟，积极加入这个运动。伊斯兰协会向全国穆斯林组织、伊斯兰协会和各清真寺伊玛目发放文件，指导统一行动，发挥伊斯兰法制的有效作用。①

此外，穆斯林及其宗教非政府组织积极开办各类医院，为非洲百姓医疗和卫生条件的改善做出了重要贡献。非洲很多偏远地区艾滋病、疟

---

① 《非洲穆斯林参与抗艾滋病》，http://www.norislam.com/? viewnews-2858。

疾、昏睡病等流行疾病肆虐，但是却没有相应的医疗设施与服务，因此人们寿命很短，儿童夭折率很高。近年来，在这些政府忽视的偏远地区越来越多地出现了伊斯兰医疗诊所，这些诊所提供周全的服务。在乍得，伊斯兰教非政府组织在恩贾梅纳（N Djamena）、阿贝歇（Abeche）、萨尔（Sarh）等地设有很多诊所，这些诊所组织流动诊车，配备医生和护士，为全国各地提供灵活的移动性医疗服务。[①]

结　语

2009 年 10 月，皮尤研究中心在对 232 个国家和地区进行人口统计和对 1500 多份人口普查报告进行分析后得出：全世界 200 多个国家和地区的穆斯林人口总数已经超过 15.7 亿人，占世界 68 亿人口总量的 23%。[②]世界宗教人口网站最新调查资料则显示，至 2013 年，全世界穆斯林人口总数已达 20.4 亿人，预计 2014 年将达 20.8 亿人。[③] 尽管各个调查机构的数据可能会因为种种影响因素而存在差异，但毋庸置疑的是，伊斯兰教正在世界范围内广泛传播并得以迅速发展。当代非洲伊斯兰教基于其得天独厚的传统优势，立足政治和经济各方面援助的支撑，借助与伊斯兰世界的紧密联系，再凭借新媒体的现代传播手段在非洲迅猛发展，使非洲日益成为伊斯兰教发展的重镇。

作为非洲社会重要的文化形态和政治经济力量，今日伊斯兰教正以各种不同的方式对非洲社会及各阶层人们产生深刻而多元的影响。未来非洲伊斯兰教的发展将更加复杂，不仅其面临的内部分化和外部竞争会愈发激烈，少数极端势力和极端组织的存在也将进一步扭曲伊斯兰教在大众中的形象，并对非洲现代化和民主化进程带来冲击与破坏，尽管如

[①]　Mayke Kaag, "Aid, Umma, and Politics: Transnational Islamic NGOs in Chad", from *Islam and Muslim Politics in Africa*, Benjamin F. Soares and René Otayek ed, Palgrave Macmillan, 2007, p. 91.

[②]　"Mapping the Global Muslim Population", October 7, 2009, http: //www.pewforum.org/2009/10/07/mapping-the-global-muslim-population/.

[③]　"World Religious Population in 2014", http: //www.religiouspopulation.com/World/.

此，伊斯兰各种势力几乎都能在非洲找到生存的土壤。不管是基于非洲国家乃至世界的安全局势，还是着眼未来中非关系的发展，对非洲伊斯兰教的关注，对伊斯兰极端势力之根源及其影响的研究都显得尤为重要。

第 十 章

当代非洲新兴宗教的兴起

现代化在全球范围内的急剧发展引起了社会结构、生态环境和教育文化等各领域的巨大变化，宗教领域的发展也涌现出很多新的时代特点和趋势，其中新兴宗教（New Religions）的异军突起是一个引人注目的现象。作为现代化发展伴生的一种新的世界现象，新兴宗教的发展既反映了现代社会的时代变迁与特点，也从一定程度上映射出现代人在信仰和精神上的特定需要。

第一节 新兴宗教的缘起、内容与现状

新兴宗教大多指19世纪中后期以后兴起的有别于传统宗教，并至今活跃的宗教组织或运动。新兴宗教是宗教学上的一个分类用语，当代新兴宗教最早源于19世纪，20世纪六七十年代，新兴宗教以前所未有的速度大量涌现，80年代以后，新兴宗教逐渐发展为一种全球化的文化现象。因此，新兴宗教的出现是伴随着现代化的出现而产生的，从时间上来看，新兴宗教出现的时间较晚，更为新近。传统宗教大多有上千年的历史，佛教和基督教都有两千多年的历史，伊斯兰教也有一千多年的历史，新兴宗教中成立较长时间的巴哈伊教和摩门教至今却也不过一百多年。

从内容上来看，新兴宗教主要是相对传统宗教（如佛教、基督教、伊斯兰教、道教、印度教、神道教等）而言的。新兴的宗教思想大多是在对传统宗教及民间信仰的批判及吸纳或复合创新之基础上产生，很少是独立创新的。但是新兴宗教毕竟脱离了传统宗教的常规，掺杂各种现

代物质文化和多种宗教成分，在教义、教规、组织制度等方面与传统宗教有所不同，从而导致与传统宗教的分离，或遭传统宗教的排斥，以各自独立的面貌出现。① 因此，本书中的新兴宗教皆指 19 世纪中期以来出现的那些脱离传统宗教常规，拥有新教义、新教规的宗教团体。

学者一般认为，"新兴宗教"一词原本就是学者为了研究方便所创立的概括性词汇，很少有教派会自称为新兴宗教，而且新兴宗教常常被认为是异端。在日本，"新兴宗教"一词往往带有轻蔑意味。20 世纪 80 年代，日本宗教界与学术界抛弃了"新兴宗教"一词，改用"新宗教"，其理由是：事实上，新兴宗教不一定兴盛，所以"新兴宗教"的说法不够全面，而新宗教或者新教则表明了这类宗教在产生时间上的特征。西方学者对新兴宗教开始进行大量的学术研究始于 20 世纪 70 年代。比较著名的新兴宗教包括美国的摩门教、基督教科学派、耶和华见证会，日本的天理教、金光教、大本教，韩国的统一教、天道教等。上帝的儿女、大卫支派、人民圣殿教、天堂之门等邪教（destuctive cult）也属于新兴宗教，但并非所有的新兴宗教都是邪教。

当代新兴宗教运动和组织蓬勃发展，据《1990 年大百科年鉴》统计，新兴宗教的信众已占世界当时人口的 2.5% 以上。此外，根据《国际传教研究公报》统计，至 1997 年，世界新兴宗教信徒人数已达 1.484 亿，新兴宗教的组织有十几万个。自 20 世纪 60 年代以来，美国新增加的宗教团体就有 2500 个以上，其中 600 个较为活跃。欧洲 18 个国家有 1300 多个新兴宗教教派。日本新兴宗教第二次世界大战后发展迅猛，仅 1994 年登记的新兴宗教团体就有 2000 多个，在这些新兴教团中，百万信徒以上的就有 8 个，其中号称最有影响力的创价学会号称在国内外拥有会员近 2000 万人。在非洲撒哈拉沙漠以南地区相继出现 7000 多个新兴宗教教派，信徒人数达 3200 万。可见在全球，无论是发达地区，还是贫困落后地区，新兴宗教引人注目的飞速发展已成为一个世界性的问题。这一方面是因为现代世界急剧变化，人们的心理压力空前增大，宗教慰藉的需求空前旺盛；另一方面是由于某些传统宗教对世界发展变化反应迟钝，

① 参见戴康生主编《当代新兴宗教》，东方出版社 1999 年版，"前言"第 2 页。

缺乏积极回应而丧失了一些吸引力和感召力。

第二节　非洲新兴部族宗教运动

近代以来，新兴部族宗教运动在拉丁美洲、加勒比海地区、北美洲、欧洲、亚洲、太平洋等世界范围内不同部族中广泛地展开。在拉丁美洲的南美印第安人中，可以确认的新兴部族宗教运动就大约有 40 种。在北美，美国东部和中部的部族发动了 100 场左右的部族宗教运动，这些运动互不相同。在加拿大，有记载的新兴部族宗教运动共有 20 多个，这些运动源自 17—18 世纪东部米克马克人对罗马天主教传教活动的模仿。在亚洲，印度、菲律宾等国一直都有很多新兴部族宗教运动在活动。太平洋地区的新兴部族宗教也非常活跃，其中美拉尼西亚的部族宗教运动形式最具特色，大约有几十个船货崇拜运动，他们相信一批超自然货船的到来将会开启他们的新生活和新希望。欧洲的新兴部族宗教运动数目相对而言较小，最显著的例子是 19 世纪 70 年代伏尔加地区切利米人有关千禧年的"大蜡烛"运动。[①]

非洲是一个传统部族宗教社会，随着近代社会的开放以及与外界文化的交流，在传统宗教与异质宗教的碰撞与融合中，各种新兴的部族宗教运动纷纷出现。这些宗教运动一方面保留了本部族的古老传统，另一方面又吸收了新的宗教文化元素。

1968 年的统计显示，19 世纪 80 年代以来，撒哈拉以南非洲兴起的部族宗教运动已达 6000 个左右。撒哈拉以南非洲的新兴部族宗教运动最早可追溯到 17 世纪葡萄牙统治的古刚果王国。19 世纪初期，科斯霍沙部族先知有关千禧年的预言，使得该部族几乎濒临绝境，为了迎接 1875 年千禧年的到来，他们竟然毁灭了自己的牲口和粮食。在今日的博茨瓦纳境内，曾经出现一种强烈的排外主义、千禧年主义和反白人倾向的运动，这一运动后来被一些至今尚存的颇具教会性质的团体所替代。

除了尼日利亚全国教会，新兴部族宗教运动在西非地区并不让人瞩

---

① 戴康生主编：《当代新兴宗教》，东方出版社 1999 年版，第 292—296 页。

目。自 1948 年起，尼日利亚全国教会力图恢复对"非洲之神"的崇拜，但 20 世纪 20 年代以来，则主要是发展锡安山主义类型的教会。根据 20 世纪 70 年代的初步统计，新兴宗教团体在西非地区的数目为 600—700 个。

在非洲中部地区，部族宗教运动的表现也是五花八门，各不相同。喀麦隆自 1888 年土著浸礼会出现以后，又出现了几个正统的独立教会；乍得和中非共和国则自 20 世纪 50 年代以来出现了从新教差会分裂出来的派别；安哥拉在 1949 年后出现了"我主耶稣基督教会"（亦称红星教会）；在赞比亚，1908 年来出现了吉他瓦拉运动，之后在整个中非地区有着广泛的影响。

受地理位置的影响，东非地区传统宗教文化与外来宗教的相互影响和交融更加频繁，因此新兴部族宗教运动的情况也更为复杂。不仅有美国黑人教会、南非的埃塞俄比亚主义，还有"迪尼·雅·姆桑布瓦"（祖先的宗教）等混合着民族主义的排外复兴运动、强调医疗活动的玛利亚军团，以及一些仿效基督教的团体，这些新兴团体一创立就受到了大量信徒的追捧。例如 1945 年源于非洲内地传教会和救世军的"非洲兄弟会"到 20 世纪 80 年代，会员人数已达 6 万。

新兴部族宗教运动兴起的背后往往都有殖民主义的背景，通常是处于劣势的土著部族文化与处于优势的西方文化和基督教之间的碰撞，在两种文化的相互作用中，双方都会发生一定的转变，但处于劣势的部族文化受到的冲击更大，改变也更大，最终会在新文化中吸收部分元素，以新的形式表达对自身的肯定，并成为文化适应的载体。新兴部族宗教正是非洲传统部族宗教在与基督教的碰撞过程中自我革新的产物。当然，这种改变与革新并非完全被动，社会变迁导致个体环境方面的变化以及精神上的压力与徘徊使得他们抛弃传统的价值体系和行为标准，努力去寻找一种新的，强有力的文化和社会上的体系和制度，以满足他们对新生活的需求。

第三节　巴哈伊教在非洲的传播与发展

一　巴哈伊教概况

巴哈伊教，又称大同教、巴哈教、白哈教，是阿拉伯文 Bo Haiycth 的音译，意为"光辉、荣耀、容光焕发、漂亮"等。巴哈伊教是规模较大、历史相对较长的一种新兴宗教，由巴哈欧拉①创立于 19 世纪中叶的伊朗。19 世纪中叶是世界霸权大英帝国的鼎盛时期，穆斯林世界的大部分都是英国的殖民地，位于欧亚之间的伊朗有着悠久的历史文化和丰富的物产资源，是大英帝国虎视眈眈、垂涎欲滴的地方。英国的企图遭到了俄罗斯的对抗，英国因此与苏联为争夺伊朗展开了激烈的斗争。鹬蚌相争、渔翁得利，伊朗最终落入美国之手，伊朗巴达维政权成为最亲美的政权。正当英国最关心伊朗国情内幕时，出现了一场对抗伊朗传统什叶派伊斯兰的宗教起义，一个名叫米尔扎·侯赛因·阿里·努里（Mirzct Husayn Ali Nari）的人自称是新时代"先知"，他编写了一部经典《亚格达斯经》（*Kitab Al-Aqbas*），并于 1850 年 7 月 9 日宣布创立新教门代替伊斯兰，承认真主是万物之主，宣传"和平"和"世界大同"。他主张容纳全世界的人进入同一个宗教"巴哈教"（Bahai），做"安拉的奴隶"，全人类认同是兄弟姐妹，互相信任和宽容，取消斗争，绝对服从宗教领袖和现存政权。

新创的巴哈教遭到波斯国王政府镇压，教主遭到逮捕和杀害，教徒受迫害或被驱逐出境。但是英国政府出面收买了这个新宗教，因此，从诞生之日一直到现代，巴哈伊教都是英国扶持的宠儿，后者希望利用这一宗教在穆斯林中制造分裂。

巴哈伊教源自伊斯兰教什叶派的巴布教派，但由于巴布教派已经脱离了伊斯兰教，所以巴哈伊教不是伊斯兰教的任何一个支派，而是一种

---

① 巴哈欧拉（1817—1892），即米尔扎·侯赛因·阿里·努里，因为创建了一种新的教派，而被信徒称为巴哈欧拉，意为"上帝的荣耀"。他的宗派后来发展为巴哈伊教。巴哈欧拉用纸和笔记录了 100 多卷他所得的神圣启示，这些启示奠定了巴哈伊教的基础，并被他的追随者视为上帝的话语。

完全独立于伊斯兰教的新兴宗教。根据巴哈伊教信仰本身的解释，它并非为了重建或改良伊斯兰教而创立，而是自命其根本是源自上苍的新行动、新恩惠及新圣经。其信仰及法规之基础是巴哈伊拉所启示之新圣言，因此，巴哈伊信徒绝非是伊斯兰教徒。英国著名历史学家阿诺德·汤因比也认为"巴哈伊教是一个独立自主的宗教，如同伊斯兰教、基督教和其他受公认的世界宗教一样。巴哈伊教不是其他宗教的一个教派，而是另一种宗教，地位和其他受公认的宗教相同"。

巴哈伊教有自己的最高经典——《亚格达斯经》（即《至圣之经》），以及自己的最高管理机构，那就是 1963 年设立的世界正义院。在思想和教义上，巴哈伊教的著述言论构成了被认为是满足人类现阶段，即迈向成熟阶段之需要的最新启示体系。巴哈伊教的最高宗旨是创建一种新的世界文明，真正实现人类大同。巴哈伊经典强调要回归人的本性，抛弃偏见，认为人类原本是一家，虽然也是高度的多样化：种族和文化的多元化值得珍惜和宽容；而种族主义、民族主义、种姓制度和阶级制度的教条是人为的、妨碍人类团结的。根据巴哈伊的教诲，人类团结是现今世界宗教和政治的最重要问题。巴哈伊教三个核心教义可概括为"上帝唯一""宗教同源"和"人类一体"。

巴哈伊教没有神职人员和地方教堂，现在每个大洲建有一个灵曦堂，分别位于美洲的美国伊利诺伊州威尔米特、大洋洲的澳大利亚悉尼、非洲的乌干达坎帕拉、欧洲的德国法兰克福、中美洲的巴拿马、亚洲的印度新德里、太平洋的萨摩亚，另有一所在南美洲的智利圣地亚哥。每座灵曦堂都有九面，每面有一扇大门，代表可以从各个方向加入巴哈伊信仰。灵曦堂内不出售纪念品，不接受馈赠。宗教经费只来源于教徒的捐赠。巴哈伊教礼拜仪式非常简单，没有固定的地点，只是由一人朗诵巴哈欧拉的作品。由于巴哈伊教义和仪式的简单与普遍性，即使不传教，在世界各地发展也很迅速，是一种生机勃勃的宗教。

根据《不列颠年鉴》（*The Britannica Book of the Year*），以信徒所在国家数目统计，巴哈伊教是世界上分布第二广泛的宗教（仅次于基督教），出现在 247 个国家和地区，包括 2100 个人种、种族和部落团体，其圣典有 800 种文字翻译。其信徒数量及分布状况，根据《2004 年世界年鉴》（*The World Almanacand Book of Facts 2004*）："巴哈伊信徒主要生活在亚洲（360 万人），非洲（180 万人）和拉丁美洲（90 万人）。据估计，全世界最大的巴哈伊社区在印度，有 220 万人之众；其次是伊朗，有 35 万人；然后是美国，为 15 万人。除了这些国家，信徒人口数量差距很大。目前，没有一个国家的巴哈伊信徒占据人口多数，圭亚那是巴哈伊信徒占人口比例最高的国家（7%）。"

　　巴哈伊教积极参与世俗社会事务，其教义与行为规范对社会具有良好的道德启示和约束功能。巴哈伊禁止闭门修道，努力将精神休养根植于日常生活之中，他们不仅视从事的工作为必要，而且当作一种崇拜形式。巴哈欧拉禁止禁欲主义的生活方式，鼓励信徒们要"热切关注"社会的需要，在巴哈欧拉的著作中，更进一步地强调了自我努力和服务人类在灵性生活中的重要性，他说本着为人类服务的精神而工作在神看来如同祷告和崇拜一样。

　　"巴哈伊"是指接受巴哈伊信仰并按其准则生活的人，他们在提升和完善自身的同时也竭尽所能地促进他人及社会的福祉。巴哈伊教教义有很多行为规范，如禁止背后诽谤和议论他人、巴哈伊信徒不得饮酒或使用毒品除非有医生处方、性关系仅限于夫妇之间、不许可同性恋行为、严格禁止赌博。《亚格达斯经》中的一些律法到今日仍然有效，并且其管理机构会给予某种程度的强制，随着巴哈伊社区的扩大，《亚格达斯经》为更多其他律法的实施提供了一些循序渐进的方法。这些律法如果与信徒居住地的世俗法律无冲突，则信徒必须严格遵守，而祷告、禁食之类的个人宗教礼仪则完全依照个人自愿，因此对社会行为规范和道德教导有着重要的意义。

　　自 2001 年起，全世界的巴哈伊社区都鼓励儿童课程、信徒聚会和对巴哈伊宗教信仰的系统学习。2005 年 12 月始，新的重点目标关注于青少年，特别是 11 岁至 14 岁的年轻人。第二个五年计划于 2006 年 4 月发起，呼吁世界各地的巴哈伊信徒在 1500 个社区中实施先进的增长模式和社区发展计划，同时推进本土化的多级选举程序。系统的学习手段和社区发展是社团整合的主要方式，学习小组是其持续并自我生存之道。在导师的指导下，小组成员们完成一系列著作的学习，完成学习后便去辅导其他的学习小组。最受欢迎的学习课程叫作 Ruhi，是从哥伦比亚发展出来的，后来被其他地区广泛使用。初阶的学习包括三类：巴哈欧拉的著作，祷告文和其生死经历。后续课程包括儿童教育，巴孛和巴哈欧拉的生平，等等。

巴哈伊宗教在伊斯兰国家持续遭受迫害，尤其是在伊朗，1978 年至 1998 年，伊朗逾 200 名教徒被处决。2006 年 12 月 16 日，埃及最高法院判决，政府不承认巴哈伊宗教，其结果是，埃及的巴哈伊信徒无法取得政府签发的各种证明文件，包括身份证、出生证、死亡证、结婚证或离婚证、护照，以及其他需要列明宗教信仰的证件。同时，他们还失去被雇佣、受教育，甚至是接受医疗服务或投票的权利。

二　巴哈伊教在非洲的传播与发展

巴哈伊教在当代非洲的发展异常迅速。当前，肯尼亚、乌干达、刚果（金）、赞比亚、南非、坦桑尼亚等国家的巴哈伊人口都在 15 万以上。

在犹太教、印度教和锡克教等宗教相继进入非洲大陆后，为什么巴哈伊教能在非洲后来居上？这中间是有原因的，首先，巴哈伊教能在非洲迅速发展与其自身所具有的现代性、包容性、开放性和务实性有关。[①]其次，巴哈伊教所遵循的思想与非洲传统文化相契合，因而更能够得到非洲人民的认可与接受，非洲的土壤适合巴哈伊教的生存和发展。

（一）乌干达

1. 巴哈伊教在乌干达的传播与发展

巴哈伊教自 1950 年传入乌干达，迄今已有 60 多年的历史。按照巴哈伊教的国际规划，巴哈伊教要在世界各大洲建设一座灵曦堂，非洲的灵曦堂就位于乌干达首都坎帕拉外围的基卡亚山上（Kikaya Hill），被称为"非洲圣殿之母"。这座灵曦堂于 1958 年奠基，1961 年 1 月 13 日开始启用，可同时容纳 200 人。整个建筑物面积达 50 英亩，超过 39 米高，包含灵曦堂、花园、宾馆和行政中心。灵曦堂地基的圆周超过 100 米，圆顶高 37 米，直径为 13 米，地基深达 3 米，以预防在乌干达地区经常发生的地

---

① 参见蔡德贵《当代新兴巴哈伊教研究》，人民出版社 2002 年版。

震中被损坏。绿色的圆拱形顶部由来自意大利的精美马赛克瓷砖制成，屋顶底部的瓷砖来自比利时，灵曦堂的墙壁是由在乌干达矿井采到的矿石预制而成，墙板的彩色玻璃从德国采购，门和椅子的木材来自乌干达。室内的木器和彩色玻璃窗营造了一个深深浅浅的蓝、绿和白色交织的充满生气的礼堂。当九个入口大门同时打开时，室内，以及室外沐浴在阳光下的田野，连同蓝白色的天空融合在一起，提醒大家上帝创造万物的一体性。① 灵曦堂的选址及整个构造凸显了乌干达在非洲，乃至全球巴哈伊教中的重要地位。

乌干达巴哈伊教与世界其他国家的巴哈伊组织有着非常密切的联系，相关的合作活动有的在世界正义院的组织下展开，有的在各国灵体会之间展开，更多的则是各种民间组织之间的活动。坎帕拉的巴哈伊圣殿分别于 1958 年和 1967 年成为各大陆间巴哈伊会议的举办地，来自世界各地的代表共商宗教发展议题。

乌干达的巴哈伊教是一个非常注重参与各种世俗形式的社会交往之宗教团体，这从巴哈伊教的教义及建筑设计中可以看出。巴哈伊经典规定，灵曦堂周围应有一系列人文、教育、慈善机构建筑，如学校、医院、老人院、大学、收容所等，以服务所在地区。教义中设想的崇拜场所还拥有一些附属建筑，以满足社会、人文、教育和科学功能，尽管目前还没有一座灵曦堂能达到这样的要求。②

乌干达巴哈伊教起始于国际巴哈伊社团有计划的宣教活动。1950 年，美国、英国、埃及、伊朗等国的巴哈伊社团共同合作，派遣志愿者赴坎帕拉开始其传教计划。1951 年，三位乌干达人成为巴哈伊教徒。

此后，守基·阿芬蒂发起了为期两年的"非洲计划"（1951—1953 年）宣教工程，撒哈拉以南非洲的巴哈伊教巨变开始。1952 年，乌干达第一个地方灵体会在坎帕拉成立。1953 年，来自世界各地的巴哈伊志愿

① 《非洲乌干达坎帕拉灵曦堂》，http：//hk. bahai. org/？page_ id ＝190。

② See Momen, M, *A Short Introduction to the Bahá í Faith*, Oxford, UK; One World Publications, 1997; Abdu'l-Bahá, *Selections From the Writings of "Abdu`l-Bahá"*, Wilmette, llinois, USA：Bahái Publishing Trust, 1978 ; And Rafati, V, Sahba, F, Bahái temples, *Encyclopedia Iranica*, 1989.

者在 14 个地区成立了 17 个地方灵体会，将一些文献翻译成当地语言。紧随其后的"十年传教计划"（1953—1963 年）收效更为显著。乌干达作为英国的殖民地，对移民的限制很少，相比非洲其他地区，更有利于巴哈伊志愿者的宣教活动。1954 年，乌干达信徒人数已达 500 名，乌干达各地方灵体会直接受"中东非洲国家灵体会"指导。1957 年，坎帕拉的灵曦堂开建，1958 年，巴哈伊教得到政府部门的批准登记。①

经过 10 年的艰难开拓，乌干达巴哈伊教在 60 年代到 70 年代中期进入了快速发展时期。至 1963 年年底，已设有地方灵体会 554 个，各种巴哈伊组织 389 个。1977 年，乌干达已拥有非洲最大的巴哈伊社区。

1977 年 9 月，艾敏政府禁止巴哈伊教的各项活动，乌干达巴哈伊教的奠基者之一伊诺克·奥林伽被杀害，乌干达巴哈伊教强劲发展的势头戛然而止，并由此进入了被迫害时期。1979 年艾敏政府被推翻，巴哈伊教重新开始活动。1981 年，国家灵体会得以重建，在重建和巩固的同时，巴哈伊教组织以各种形式对外宣教。目前仍处于快速稳定的发展中。

根据乌干达政府的普查，2000—2002 年全国有 19000 名巴哈伊教徒，据世界宗教资料档案联合会（Association of Religion Data Archives）估计，乌干达巴哈伊教徒有 78500 人到 100000 人。②

2. 巴哈伊宗教组织与乌干达社会发展

除了被压迫时期，巴哈伊社团与乌干达政府保持着良好的关系。多位总统，都曾参观过巴哈伊圣殿，参加过巴哈伊活动。巴哈伊社团与各级政府部门也保持着密切的关系，配合政府管理，参与各种有利于社会发展的项目。此外，社团还与学术界关系良好，经常资助学术活动，开展宗教对话，宣传巴哈伊理念，探讨宗教问题。

乌干达巴哈伊教还致力于各宗教间的和平与对话，与其他宗教组织建立友好关系。隶属于巴哈伊教的许多组织和活动都欢迎其他宗教徒参加，巴哈伊开办的学校里还招募基督徒和穆斯林做教师，巴哈伊教希望通过扩大社会交往拓展生存与发展空间。但在与其他宗教的交往中，由

---

① 李维建：《乌干达巴哈伊教考察》，《世界宗教文化》2011 年第 2 期，第 35 页。

② http：//en. wikipedia. org/wiki/Bah% C3% AP% C3% AD_ Faith_ in_ Uganda.

于现实中存在的竞争关系，也会有一些矛盾和挫折，有些地方的社团甚至与其他宗教社团发生过激烈的冲突。

此外，巴哈伊教还积极参与乌干达社会建设，在教育、扶贫、防病治病等方面成效显著。乌干达各种热带疾病多发，巴哈伊组织的慈善活动致力于解决现实生活中的苦难，独立或与非政府机构合作，普及防病治病知识，提高民众生产生活技能。这些活动得到了民众和政府的普遍认可和支持。①

巴哈伊教还有着针对乌干达全国基础教育而开展的庞大的教育计划，对象包括儿童和成年人，主要着重于语言能力、数字能力、科学能力、社会服务能力的培养。旨在全面提高民众的文化水平和谋生技能，学生只需要付课本费。该教育计划因为其科学性、系统性和实用性，初步实施已取得成就。

巴哈伊社团还开办了许多的幼儿园和学校，包括周末学校、儿童班、青年会、巴哈伊骨干培训班等。此外，巴哈伊基金会还在偏僻的农村从事教育资助活动，而事实上，在这些偏僻乡村，受教育者多为基督徒和穆斯林。学生以儿童为主，也有少数成年人。同时，巴哈伊教育机构的教师并非都是巴哈伊教徒，还有很多高水平的其他宗教徒。

巴哈伊教在宗教同源的观念下承认各宗教皆为神圣的天启宗教，具有强烈的包容性。巴哈伊在祈祷时诵读的宗教经典不限于巴哈伊经典，可以是圣经、古兰经，也可以是印度教经典，甚至是《老子》中的选段。语言可以是英语、法语，乌干达当地语言或其他任何语言。尽管巴哈伊教的缘起最终可追溯到伊斯兰教，但总体上看，其宗教仪式及圣殿内的布局与基督教更相近些。

巴哈伊教强调"全球一家"。非洲的巴哈伊教是国外巴哈伊志愿者有目的、有计划宣教的结果，其信徒中外国人占有一定的比例，领导层尤其如此。在过去的60多年中，来自世界各地的巴哈伊志愿者深入非洲的各个城乡，哪怕是最偏僻的部落也留下了志愿者的足迹。许多志愿者家庭坚持在这里工作，与当地人通婚，甚至成为非洲公民。乌干达国家灵

---

① 李维建：《乌干达巴哈伊教考察》，《世界宗教文化》2011年第2期，第35页。

体会的 9 名核心成员中有 4 名是国际人士，而影响最大的巴哈伊基金会基玛尼亚（Kimanya）中，管理层都是国际人士。

国际资金在维持巴哈伊教的日常运作中发挥着重要作用。非洲经济落后，来自宗教信徒的奉献很少，国际巴哈伊社团的经济支持非常重要。这些资金主要投放在教育以及与国际巴哈伊社团的联系方面。国际资金支持下的巴哈伊教育对巩固巴哈伊信仰至关重要，不但能有效地防止信徒流失，还推动了社团的扩大，加强了各地社团之间的联系。如果在资金和人员方面失去了国际支持，非洲巴哈伊教未来堪忧。

3. 巴哈伊教在乌干达迅速发展的原因

当前，巴哈伊教作为外来新兴宗教存在于乌干达多元宗教并存的社会中。这种局面的形成有赖于多种因素的推动。

首先，就外部环境而言，除 20 世纪 70 年代的短暂迫害外，巴哈伊教一直处于乌干达宽容的社会环境中。政治环境对宗教基本持宽容和尊重态度，社会崇尚宗教自由，个人的改宗不会受到政府的干涉。

其次，巴哈伊教特点鲜明的宗教思想及其自身的努力是其快速发展的关键原因。巴哈伊教主张"宗教同源，全球一体"，各宗教应当和谐共存，这使一百多年来见证过无数宗教冲突的民众接触到了全新的理念。新宗教的包容性、现代性、国际性、世俗性、社会参与性特点吸引了一大批原本对宗教信仰已经失望且追求现代生活的年轻人。在巴哈伊社团看来，乌干达社会的发展与巴哈伊教的发展彼此相连，因而它以社会改革者与推动者的形象，而不仅仅是宗教形象广泛地参与社会，以实际行动改善社会，最终彼此受益。

最后，巴哈伊教虽然在规范和资金等方面不足以与基督教和伊斯兰教相提并论，但与同属外来小宗教的印度教相比有其自身的优势：不受民族身份的束缚，视野更开阔、收获也更丰富。包容性使得巴哈伊教对非洲本土文化充满了尊重，由此得到广大非洲人的认可与支持。

4. 巴哈伊教在乌干达面临的困境与挑战

尽管巴哈伊教在乌干达发展迅速，拥有了众多的信徒和宗教组织。但是在全球国际化和现代化浪潮的冲击下，其面临的困境与挑战也显而易见。

第一，如何巩固现有信徒的信仰。由于发展迅猛，部分巴哈伊新教徒的信仰并不稳固，一些信徒生活在偏远的部落地区，他们与外部巴哈伊社会的联系非常有限，因此，有部分信徒放弃信仰的现象。

第二，巴哈伊教的本土化受到挑战。一方面，巴哈伊教对本土文化持宽容态度；另一方面，其现代的全球化视野，甚至后现代式特立独行的观念，与某些传统观念产生冲突。巴哈伊意识到，完全的本土化可能会导致信仰的丧失，而对非洲传统文化的拒绝则会严重阻碍巴哈伊教在非洲的发展，因此，如何在两者之间保持平衡是非洲巴哈伊教发展要面对的长期问题。

第三，如何处理与基督徒、穆斯林的关系。巴哈伊教在寻求生存与发展的过程中，客观上已经与基督教和伊斯兰教形成了竞争，处于"夹缝中求生存"的状态。如何在宗教与社会层面上协调关系，是其发展中必须面对的问题。

第四，过度的国际化不利于乌干达巴哈伊教的可持续发展。巴哈伊教以超宗教、普世性的全球视野，在全球范围内调配人力和物力资源，促进宣教活动。国际力量主导着乌干达巴哈伊教的发展，使其形成依赖性，独立发展能力不足。

新兴宗教的魅力除了源自宗教哲学、观念、组织形式等自身的宗教性因素外，还源自其服务社会、解决信徒精神与物质需要的诚意与能力。乌干达巴哈伊教在发挥宗教灵性力量的同时，大力拓宽宗教社团的"物性功能"，给信徒以"看得见，摸得着"的实际帮助，从而巩固了信徒心中灵性的发展。这种"灵性"与"物性"并重，甚至"物性淹没灵性"的"推广策略"有一个底线：不干预政治、不干预个人事务。看似世俗，却重灵性；重视灵性，却又世俗，同时恪守宗教遵循政教分离与尊重个人尊严的原则，真诚地解决信徒的信仰与物质难题，这就是巴哈伊教在乌干达发展的动力所在。

在考察巴哈伊教时，现代性和世俗性通常被认为是重要的理解工具，世俗性是现代性的一个方面。而众所周知，世俗化是导致宗教衰落的一个重要原因，那么巴哈伊教与世俗化、现代化又存在着怎样的张力？巴哈伊教又是如何将现代性当作其自身的优势和利器呢？"事实上……在巴哈伊社团内部的宗教活动中带有浓厚的宗教氛围与宗教虔诚，并无多少'现代'痕迹。也就是说，巴哈伊教对灵性世界的追索并未改变，每位信徒正是因为对灵性生活的需要才加入进来。但是当远观巴哈伊社团时，我们又会感受到浓厚的现代性，似乎没有多少宗教色彩，多表现为教育机构、慈善团体、产业组织……从乌干达的情况看，巴哈伊教并未因为拥抱现代性而去宗教性，宗教的核心并未改变，改变的只是外在的部分。这种外部的改变使其具有了现代色彩与吸引力。"①

（二）埃及巴哈伊教的发展历史与现状

埃及的巴哈伊社团曾经是中东地区最有活力、最具生气的社团之一，在全国各地都建立了总会和地方分会，以及一系列颇具规模的行政、教育和社会机构。伊朗是巴哈伊教的发源地，而埃及社团则是最早在伊朗境外设立的社团之一。19世纪60年代，巴哈伊商人就已在亚历山大和开罗定居。

20世纪初期，开罗已出版了大量阿拉伯语的巴哈伊书籍。埃及成了西方巴哈伊教徒往来阿克里的中间站，当时的阿克里地处奥斯曼帝国的巴勒斯坦地区，是巴哈欧拉的儿子——阿博都·巴哈被监禁的地方。从监狱释放后不久，阿博都·巴哈于1910年9月访问埃及，并且在那里结识了许多知识分子和其他有影响力的人士。在此后的另外两次访问中，阿博都·巴哈总共在埃及度过了长达两年的时光。他成为当时有名的公众人物。1921年埃及国内对他的葬礼还进行了大量的新闻报道，充分印证了他的知名度。

19世纪末20世纪初到20世纪20年代中期，埃及巴哈伊社团一直处于稳定的发展期，吸收了众多来自少数团体的成员，如库尔德人、科普特人和亚美尼亚人。1924年，埃及巴哈伊国家总会成立，这是巴哈伊教在国家级别内设立的最高行政机构，标志着埃及巴哈伊教走向成熟。1934年，国家总会赢得了法人地位。由于当局认为巴哈伊教徒被埋葬在穆斯林墓地是不合法的，所以划分了四块土地作为巴哈伊墓地，分别位于开罗、亚历山大、塞得港和埃斯玛利亚。

---

① 李维建：《乌干达巴哈伊教考察》，《世界宗教文化》2011年第2期，第38页。

1944 年 5 月，在开罗刚刚竣工的总部大楼内，埃及巴哈伊社团庆祝了巴哈伊教的百年华诞。来自全国各地的 500 多位巴哈伊教徒参加了庆典，另外还有大约 50 位基督徒、穆斯林和犹太教客人。

20 世纪 40—50 年代，巴哈伊教的节日和公共集会在媒体上广为宣传，其定期集会也向公众开放。在官方公布的统计数据中，巴哈伊教被列入埃及国内最活跃的宗教之一。1955 年 4 月，社团在尼罗河两岸购买了大约 17000 平方米的土地，准备将来用于修建巴哈伊礼拜堂。到 50 年代晚期，有 13 个城镇设立了地方分会，其他 11 个地区也拥有了巴哈伊组织。

与此同时，巴哈伊教的发展令埃及社会中的宗教狂热分子极为不安。在 20 世纪 40 年代初期，就有总部大楼的管理员曾经遭到殴打，造成手臂骨折。

1960 年，在无任何警告或解释说明的情况下，总统加麦尔·阿卜杜勒·纳赛尔签署了一份只有六小段的极为简短的法令，宣布"所有的巴哈伊总会、分会和中心机构"将"从即日起被解散，并且中止所有活动。同时警告任何个人、团体和组织都不得参与任何相关活动"。所有巴哈伊教的财产，包括总部大楼、图书馆和墓地，以及一切资金和资产都被征用。时至今日，政府尚未归还这些财产和资金。

政府承诺，公民个人仍然拥有从事宗教活动的自由。埃及的巴哈伊教徒遵照服从政府的基本原则，立即正式地解散了他们的组织机构。教友们转而改以强调个人和家庭安静礼拜的方式，同时还从事一些有限的关注国内发展的社会和教育活动。但令人遗憾的是，他们一直面临着迫害，其个人、宗教和社会活动也不断遭到限制。[①]

当前，巴哈伊教在埃及的发展依然面临着巨大阻力。近年来，埃及一些亲西方的社会团体迫使政府接受巴哈教申请登记为正当宗教，他们认为，根据宪法原则，一切宗教都有自由。当埃及的巴哈伊信徒规划扩大发展，抗议埃及政府不尊重他们的"人权"时，得到了西方国家的积

────────────────

① 《中东地区一度最活跃的社团之一埃及巴哈伊社团面临着长期迫害》，http：//macaubahai. org/？ p ＝ 2504。

极响应与里应外合，然而埃及政府却为此左右为难。埃及宗教部长马赫穆德·扎克祖克说，埃及是一个以伊斯兰教为国教的国家，宗教问题必须尊重伊斯兰长老的意见。而爱资哈尔大学的长老却认为，巴哈伊教是现代人编造的宗教，不是天启宗教，如伊斯兰、犹太教和基督教，所以根据埃及宗教法，巴哈伊教无权享有宗教信仰自由待遇。①

对于埃及巴哈伊教的地位问题，2006 年 4 月埃及国会专门就此作了自由辩论。这一激烈辩论在埃及和整个阿拉伯世界引发了强烈的反响，从 4 月到 5 月的一个多月内，埃及和阿拉伯新闻媒体就这一案件及其相关后果发表了 400 多篇文章、介绍、评论，还有电视节目。在辩论中，大多数议员认为巴哈伊教是信仰异端，是极端主义的表现，对给予巴哈伊教正当合法地位表示反对。穆斯林兄弟会议员加玛尔·阿基尔坚持认为，巴哈伊教是伊斯兰的叛徒宗教，根据伊斯兰法制它们应当受到法律制裁，不论以色列和西方国家对埃及施加多大压力，也绝不许可其在伊斯兰国家有其立足之地。但埃及前执政党（国家民主党）女议员载娜伯·拉德旺提议，埃及政府应当承认巴哈伊教的合法地位，以体现埃及社会多元化和信仰自由。

在这宗备受关注的全国宗教自由辩论案件中，埃及高级行政法院宣布"根据穆斯林阿訇的一致认定和最高宪法法院的裁决，巴哈伊信仰并不能成为获得认可的宗教，任何来自伊斯兰教的巴哈伊追随者都应被视为背教者"。并于 2006 年 12 月 16 日最终宣布否决了巴哈伊教徒在政府文件中得到恰当身份认证的权利，对强迫巴哈伊教徒放弃国家身份证的政府政策表示了支持。2008 年，埃及法院再次作出判决，禁止巴哈伊教在埃及注册成为政府承认的合法宗教。② 在埃及，所有公民都必须在国家身份证和其他文件中填写自己的宗教关系，然而他们却只能从伊斯兰教、基督教或犹太教这三个官方认可的宗教中任选其一，因此，该政策事实上剥夺了埃及巴哈伊教徒获得接受教育、财务服务，甚至医疗护理等绝

---

① 《埃及限制巴哈伊教发展》，http：//tieba. baidu. com/f？kz = 99251496。
② 《埃及法院禁止巴哈伊教在埃及注册》，http：//www. norislam. com//viewnews-3314。

大多数公民权的途径。① 由于无法获得新的身份证，巴哈伊教徒正在逐步丧失作为公民的所有权利。②

（三）赞比亚巴哈伊组织的社会公益事业

赞比亚巴哈伊社团拥有 15000 多名成员，其组成的 145 个地方协理会分布在全国各地。这些地方组织经自由选举产生，负责监管本地巴哈伊社团的一切事务。赞比亚巴哈伊社团热爱当地社会公益事业，从 1987 年开始，巴哈伊社团就与赞比亚政府合作，致力于该国农村初级卫生健康服务，为志愿卫生辅导员提供免费培训，并运用巴哈伊地方组织网络选拔和培训本地的辅导员。从 1987 年起，有来自赞比亚全国各地约 132 名地方卫生辅导员在巴哈伊学习中心或通过其外展计划接受了培训。在 145 个地方协理会中，有 80 多个协理会参与了这项乡村卫生教育计划。

该计划是与巴哈伊地方社区网络挂钩的，这样能使辅导员获得基层群众的支持。"通过各巴哈伊地方协理会与当地村庄挂钩是这项计划的关键所在。"加拿大巴哈伊国际发展服务署的项目主持人阿伦·富勒说。该署负责为赞比亚的这项计划筹措资金和提供技术援助。"如此，本地居民不是为金钱利益，而是在为他人服务的价值观的激励下去工作，这项计划不仅由个人去做，还与整个社区密切相关，所以更有持续力。"

赞比亚的其他非政府组织也提供了类似的培训，但巴哈伊组织的初级卫生计划与众不同，它的培训内容不但包括专业的知识，还讨论服务与奉献等"道德"主题。这种方法有助于志愿工作者立志加倍努力。

"我们政府训练了大批卫生人员，但有很多人中途退出。"国家卫生部的一名护士凯特·布瓦拉说，她并不是一个巴哈伊信徒。"他们虽然是自愿参加培训，然而并未有全心全意服务的精神，他们的热心须有某些东西去支持，他们似乎还不清楚自己真正是在为谁服务，但巴哈伊培训出来的卫生人员就知道他们在为谁服务。"布瓦拉女士介绍，"在我看来，两个计划的不同之处在于精神价值观方面。我们在为政府培训的卫生人

---

① 《埃及法庭支持歧视性政策，否决巴哈伊教徒身份证权》，http：//macaubahai.org/? p = 2114。

② 《埃及巴哈伊教徒面临宗教认同和信仰挑战》，http：//www.macaubahai.org/? p = 2474。

员提供进修课程时，所讨论的总有许多是关于金钱报酬的，而巴哈伊课程的学员就没有提出这类的问题。"

如同其他巴哈伊项目一样，辅导员受训回来后的工作目标并不仅仅只是为巴哈伊信徒服务，而是要为全村人服务。受训或者以其他方式参加这项计划的人也不一定非得是巴哈伊信徒。例如，参加 1995 年 6 月举办的培训班的 24 人当中，只有 10 人是巴哈伊信徒。

这项计划现时每两年培训一批新的辅导员。在过去的两年里，有 26 名辅导员结业，还有 21 名以前受过培训的辅导员参加了进修班。据其中部分辅导员的汇报，他们做了 689 人次的家庭访问，在小学讲授了 192 次卫生常识课，对村民演讲 234 次，做了 372 次脱水时如何施行口服补液疗法的示范。另外他们还报告说，他们在家乡新建了 422 座厕所，463 个垃圾池，602 个餐具凉干架，还改良了 189 口水井。

"我们的计划并非只限于培训卫生辅导员，它还是一项综合性的保健教育计划。该计划的基础思想是：保健教育不仅传授知识与信息，还帮助大众将这些增进健康的知识运用到个人生活之中。"学习中心使用多种教材培训辅导员，其中有联合国儿童基金会、世界卫生组织、联合国教科文组织联合出版的《生命常识手册》和肯尼亚巴哈伊社团编写的《养育更健康的下一代》等小册子。课程内容包括简单生活卫生措施、急救办法、口服补液疗法、母乳喂养、营养、常见疾病预防和治疗等，整个课程强调疾病预防和思想沟通技巧。

妇女一旦获得卫生知识，对她们的孩子和家庭会十分有益，所以赞比亚巴哈伊计划的主要目标是达成男女平等，为此，学习中心的课程强调平等对待男女两性的重要性，注重向妇女教授母乳喂养、儿童免疫、口服补液疗法等常识。各村子也被鼓励选派本村妇女参加培训，但很多时候，由于交通困难和需要照料孩子，她们不能参加培训。即便如此，巴哈伊学习中心培训出的学员仍有 27% 是女性。①

除了医疗卫生教育计划，赞比亚还着力其他社会服务方案。2008 年，赞比亚巴哈伊社团组织了来自不同背景的共 2000 多名"青少年"参加了

---

① 《赞比亚农村卫生保健成绩斐然》，《天下一家》1995 年第 21 期。

一个致力于进行认知技能和道德培养的全新社会服务专案项目。2007 年
10 月希纳宗格韦地区一共有 38 个小型的"青少年"小组正式成立，这些
小组又与赞比亚其他地区的另外 130 个团体一起，组成了一个拥有 2000
名参与者的全国性网络。在这些参与者中，有的是巴哈伊信仰成员，但
是有四分之三都不是。

　　这个专案从一开始就要求青少年从自身的社会背景出发认识自己，
鼓励他们对自身所在的社会持主人翁态度。此外专案还强调，此次活动
的学习必须要具有服务导向，比如在一些村庄，年轻人前往乡村医院探
访病人，打扫卫生，并鼓励自发的服务行为。

　　当地社区领袖希纳宗格韦酋长认为，强调为他人服务的做法已经带
来了切实的成果，这个项目帮助年轻人培养了责任感。赞比亚巴哈伊国
家总会的苏恩古·马里汤加先生也认为，这个项目之所以成功，就在于
它促进了作为推动者的年长者和对这些推动者心怀尊敬的年轻人之间的
互动，学习与社会行动之间的谨慎平衡。

　　萨班图先生是一名巴哈伊教徒，一直生活在赞比亚南部。他说，自
从项目开展以来，他注意到了年轻人之间变得更为和谐，他说：以前本
地区的男孩大部分时间都是成群结队地放牛，有些时候这些小群体就会
成为小帮派，互相斗殴。"巴哈伊课堂带来的一个最直接的变化就是，自
从带头的男孩加入了小组以后，他们之间的斗殴很快就停止了，他们之
间出现了更多的互动与和谐。男孩和女孩不仅在学校里面相互合作，在
社区里同样如此。"①

---

　　①　《赞比亚青少年共同参与服务专案》，http：//www.macaubahai.org/？p=1663。

第十一章

未来非洲宗教面临的机遇与挑战

21 世纪以来，国际形势风云变幻，世界格局也有了重大调整，非洲的政治、经济发展日益加快，对外开放有了很大提升，非洲正卷入市场经济与全球化的发展大潮，经济秩序与价值规范正在重建，社会转型迅速加剧。从宗教社会学的角度来看，越是转型变革的时刻，思想文化的活跃性和影响力越是空前和深远。在失去精神重心和价值依托的时候，人们尤其需要超越性宗教精神的滋润。因此，世界形势和非洲国情的深刻变化将不可避免地对非洲宗教的发展产生复杂而深远的影响。当前，非洲宗教可谓机遇与挑战并存，困难与希望同在。

第一节　宗教文化多元化带来的机遇

当今世界，多种宗教、多元文化的共生共存是毋庸置疑的事实。倡导世界宗教和文化的多样性，在不同的异质文化中求同存异已成为当代社会的一个趋势。

关于宗教多元化的观点，大抵为"不同的甚至相反的宗教信仰和行为可能且应当共存，并和平相处"。斯旦雷·沙玛塔（Stanley Samartha）认为："多元论并不使真理本身相对化，但对人们由于历史和文化条件不同而对真理形成的不同反应，多元观点是会起到相对化的作用的。对真理的任何一种认知自命为绝对正确，多元论是会加以排斥的。"波士顿大学世界宗教与文化研究所所长彼得·博格（Peter Berger）也认为，多元化就是不同的世界观可以和平共处。这就意味着，在宗教多元论的框架下，任何一种宗教都无权宣传自己就是真理的掌握者。如果一种宗教信仰因为在社会上占据主流地位，而排斥甚至否定其他宗教或教派的合法性，并将之挤压到社会边缘，那么宗教多元性也就无从谈起。

在多元化的社会中，人们必须认识到，自身之外还存在着形形色色具有不同认知的人群，而且必须理解这些不同认知的共存是有必要、有意义的。不管是基督徒、穆斯林、佛教徒，还是巴哈伊教徒、传统宗教信徒，他们都有自己的宗教经验和宗教信条，这些宗教的存在许多个世纪以来指导了他们的生活。全球化在促进各宗教相互接触、相互了解的同时，也唤醒了他们的自我意识和个性，从而使宗教的多元化显得异彩纷呈。信仰上的分化使得没有任何一种宗教可以统摄一切，君临天下，不同民族和地区中的本土化文化和宗教被重新引发关注。在这种大背景下，非洲诸宗教的发展亦迎来了新的春天。

一　国际宗教呈回潮趋势

人类社会发展的规律表明，当人类的物质需求达到一定程度的满足，就会开始寻求超越物质层面的精神追求。因此，在物质主义和消费主义日益兴盛的同时，人们对超越性和神圣性的追求往往也与日俱增。在不同的时代，不同的国家，人们追求的方式或许不同，例如通过诗歌、文学作品、艺术表达等来获得生命的意义与存在感，但是，宗教信仰始终是整个社会发展史上人类抵御焦虑、不安，并赖以获得精神安慰和心理满足，表达自身意义的重要方式。

尽管现代化在某些特定区域内造成了宗教信仰一定程度上的衰退，但当前全球整体宗教信仰正呈现出回潮趋势，信徒人口数量的显著增长为此提供了强大的说服力。全球基督教研究中心（Study of Global Christianity）一项新的研究报告显示，世界范围内，有宗教信仰的人口比例正持续增长，1970 年，世界宗教人口比例大约为 70%，到 2010 年，这一比例增加到 80%，预计到 2020 年，届时全球宗教人口比例将接近 90%。而这种持续增长在很大程度上要归结于非洲宗教的回潮，非洲是国际宗教回潮的主要地区之一。国际宗教回潮大背景下，宗教在个人、社区和公共领域的作用将变得越来越凸显，所有这些都将加强宗教在当代非洲社会的发展与影响。

二　政教分离已成为不可逆转的国际潮流

宗教与政治、经济的关系突出地表现为宗教与国家的关系。政教分离指宗教权力和国家、政府统治权力的分割，是国家机器与教会的分离。政教分离源于欧洲，摆脱宗教控制的科学革命、启蒙运动、文艺复兴、宗教改革，是现代政治学上的基本原则和欧美政治学中的主流观点。美国以立宪的方式对政教关系作了规范。1791 年，美国的"权利法案"首次在宪法上承认了多元宗教并存的合法性，并在第六条规定："在美国，宗教测试不得作为任何公职或公众信誉的资格证明。"《美国宪法第一修正案》也明文规定："国会不得制订关于设立国教或禁止宗教自由之法律。"

20 世纪以来，政教分离更是成为不可逆转的国际潮流。1923 年，土耳其成为伊斯兰世界首个成立政教分离共和政体的国家，并以法律的形式加以确认。在世界范围内，不管是学术界还是宗教内部，都明确反对宗教过分地依附世俗，提出让神圣归于神圣，世俗归于世俗。尽管在当前非洲一些国家，尚难做到真正意义上的政教分离，但是，在世界大趋势的影响和带动下，非洲宗教终将获得更大程度的自由，重新树立宗教的主体地位，改善非洲宗教的形象，同时确保不同宗教有自己的发展空间，从而可以缓解宗教间的矛盾与冲突。

三　经济改革为宗教发展奠定社会基础

全球化背景下，非洲大陆正迈入世界经济一体化与全球文化交流合作的格局中。近年来，非洲通货膨胀势头有所遏制、吸引外国投资数目不断增加、经济保持稳步增长，各项经济指标都处于上升趋势，增长速度在世界也处于领先地位。根据世界银行 2014 年的统计，2013 年，全球经济增长为 2.4%，非洲 GDP 增长则为 4.8%，大约是全球平均水平的两倍。在《经济学家》统计的 2013 年经济增长前 10 名的国家中，非洲有 4 个国家位居其中：利比亚（第 3 名）、莫桑比克（第 8 名）、卢旺达（第

9 名)、加纳(第 10 名)。① 2014 年,全球经济增长率为 2.6%,非洲经济增长率达 4.5%,仅次于南亚的 5.9%,位居世界第二。② 2014 年,在全球外国直接投资下降的形势下,非洲吸引外国直接投资达 540 美元。非洲经济的稳步增长是内外因合力的结果,内部因素除区域经济一体化速度的加快外,还有就是经济结构转型取得成效,主要表现为农业在国民经济中基础地位的确立和工业化进程的推进。

经济体制的改革在扫除传统制度残余的同时将为宗教带来新的发展生机与活力,并将改变宗教的存在形式。在世界范围内,人们越来越意识到宗教与现代化并非不相容,甚至在某种条件下能相互促进。"现代化本身产生的问题会增长对宗教的需求""宗教乃是减轻现代化带来压力的一种可能方式。"③ 非洲是一个有着很强宗教性的大陆,宗教在人们的生活中占据着非常重要的位置,但是,由于宗教的发展一直受制于贫困落后的经济,非洲宗教不但硬件设施差,在活动资金上也严重依赖外援,因此,现有经济的良好发展态势必将大大改善非洲宗教的生存状况,增强其自主发展与管理的能力。

四 宗教政治化向宗教社会化转变

20 世纪下半叶,由于社会变迁和现代化的加速,宗教世俗化的进程也得到快速发展并成为现代社会中的一个重要特征。世俗化背景下,不管是传统的部族宗教还是世界性的一神教,都为适应社会变迁而在价值观念、教义教规或是行为规范方面不同程度地作出各种调适,并在政府机构、行政决策等政治领域让渡空间。同时,各宗教尤其是基督教和伊斯兰教开始摆脱外围社会的小型团体或边缘化组织,逐步进入主流社会,

---

① See AFDB, OECD, UNCD, ECA, "African Economic Outlook 2013", http://www. africaneconomicoutlook. org/ fileadmin/uploads/aeo/pdf, p. 7; Fastest Growing Economics in 2013, http://www. economist. com/2013/2013/01/fastest-growing-economics – 2013;舒运国:《非洲经济继续稳步增长(2013—2014)》,载刘鸿武主编《非洲地区发展报告 2013—2014》,中国社会科学出版社 2014 年版。

② UNECA, "Economic Report on Africa 2015: Industrializing Through Trade", Addis Ababa, 2015, p.2.

③ 苏为德:《现代化与宗教的辩证关系》,《世界宗教资料》1992 年第 4 期。

并造就了各自既接受了现代教育,同时又具有宗教倾向的新的社会精英阶层。这些精英阶层显现出更明显的带有本宗教色彩的存在与诉求,他们会同普通的信徒与宗教组织,致力于医疗、卫生、法律救助等社会服务,以及银行、投资、学校等经济和教育项目。据统计,宗教团体共为撒哈拉以南非洲地区提供了 40%—70% 的健康服务。由于宗教团体和社群具有纽带关系,它们是非洲公民社会中最被信任的团体。在对 19 个国家的相关调查中,76% 的受访者表示对这些团体有信心,而仅有 44% 的受访者表达了对政府的信心。①

  宗教及其组织由此获取了稳定的社会民意基础,并通过参政议政的方式取得了一定的成果和胜利。他们或以政治反对派的角色挑战执政党,或以内阁成员的身份参与国事,提出意识形态化的政治观点与宗教口号,或是以普通公民的身份批判社会问题,从而一定程度上实现逐步以宗教结构改变社会的目标。近年来,在北非地区,无论是埃及的穆斯林兄弟会还是突尼斯的伊斯兰复兴党,都越来越多地表现出将伊斯兰教与现代化进行调和的价值取向。在现代社会发展的道路上,它们审时度势,正试图重新定位,以超越自身的伊斯兰主义属性,向"非神权"的现代民主政治相融合的"公民政党"转变。② 通过合法参政的各项运动,穆斯林兄弟会和复兴党作为伊斯兰组织都曾经分别成为埃及和突尼斯十分重要的执政势力。

  此外,全球化带来的城镇化发展也对宗教的未来发展有着复杂影响。以基督教为例,首先,城市化进程的推进明显加快了城镇教会的发展,这一方面表现在教堂、学校、医院等教会的硬件设施得到了较大改善;另一方面表现为城镇教会新受洗的信徒不管在性别比例、年龄结构、受教育程度、职业范围等方面都较之前有了显著变化,信徒素质有了很大提升。其次,神学思想建设也使得教会工作更具处境化,他们从以往关注自我,以及相对封闭狭隘的状态,逐渐转向社会,并积极融入社会、

---

  ① Amy S. Patterson, *The Church and AIDS in Africa: The Politics of Ambiguity*, First Forum Press, 2011, p. 17.

  ② 马恩瑜:《非洲宗教发展报告 2011》,《非洲地区发展报告 2011》,中国社会科学出版社 2012 年版,第 431—432 页。

服务社会，努力在社会发展中发挥积极作用，从更宽泛更多元的视野完成范式转换，从而加强教会的积极社会形象及正面影响力。随着非洲各国综合国力的提高及非洲宗教自主能力的加强，非洲教会参与普世教会的能力也逐渐增强，对外交往不断扩大。

第二节　全球化提出的挑战

20 世纪 80 年代以来，全球化趋势的日益增强对世界文明和人类社会生活的发展产生了深刻影响，宗教运动作为全球化体系中的一部分，正是对这种影响的情景互动。"全球化"是 20 世纪 50 年代出现，80 年代在世界范围内开始流行的一种新现象。① 全球化最早发生在经济领域，随后才在政治和文化领域展开。为此，1977 年国际货币基金组织在一份报告中将其定义为"全球化是指跨国商品服务贸易及国际资本流动规模和形式的增加，以及技术的广泛迅速传播，使世界各国经济的相互依赖性增强"。可以肯定的是在一体化世界中，所有的国家、民族和个体都有获得发展的机会。科技、资本以及商品在全球范围内的频繁流动推动了世界经济的迅速发展，落后的民族国家可以借助全球化实现跨越式前进、民族国家政治可以更加民主化、文化交流愈发多元化和自由化，所有这些都是全球化给人类带来的福音。

但是，全球化在带来机遇的同时，也提出了新的挑战，全球化的迅速发展在政治、经济、文化等领域带来了一系列前所未有的新问题：频繁的国际冲突、跨国的犯罪组织、全球性的金额危机，以及不断蔓延的极端主义。由于这些现象在全球很多国家普遍存在，这些问题的解决也需要国际社会的共同努力，因此统称为"全球问题"。全球化对非洲宗教的挑战主要表现在以下方面：首先是宗教极端主义的威胁，其次是全球化背景下，非洲宗教如何打破世俗化与神圣化的两难困境，在两者之间取得平衡。

---

① *Encyclopedia of Globalization*, Jan Aart Scholte and Roland Robertson eds, Routledge, 2007, Vol. I, p. 1.

一　严峻的宗教极端主义威胁

如前所指，全球化为文化的多元化创造了条件和一个平等的平台，但是，它同时也推动了文化的一元化和同质化，从而对民族国家的文化安全构成了严重威胁。亨廷顿从文化的角度指出，"全球化"就是西方文化（尤其是美国文化）的"普遍化"，在此过程中西方文化势必遭到"非西方文化"的抵抗，其结果便是引发"文明的冲突"。后现代主义也从思想观念的层面强调，全球化是以世俗化的科技或工具理性为特征的西方文化压迫其他非现代文化的过程。① 上述观点得到的辅证是，近年来被美国等西方国家判定为恐怖组织的团体，它们的文化背景基本都属于"非西方"文化体系。② 极端主义在一定意义上是处于相对弱势的非西方文化对强势的西方文化的一种极端化逆反与反击。事实上，很多非西方文化在当今世界都面临着一定程度的生存危机，当它们必须在以西方文化为主流载体的全球化进程中证明自身的价值时，势必与西方文化产生冲突与矛盾。

在非洲，除了日益集结蔓延的伊斯兰极端势力，基督教极端势力也在非洲呈抬头趋势。非洲基督教极端势力尽管在"9·11"之前就已经存在，但是范围很小、势力甚微。近年来，伊斯兰极端势力猖獗的恐怖活动刺激了基督教极端势力的复苏，不管在思想上还是行动上，基督教极端势力正不断增强，在思想上，极端分子努力从圣经中寻找解释，以证明其暴力和杀戮的神圣性与合法性；在行动上，一方面成立各种极端势力组织，另一方面加强同世界其他基督教极端组织的联系。

乌干达的"圣灵抵抗军"（Lord's Resistance Army）成立于1987年，是一支活跃在乌干达北部的反政府武装，同时也是在非洲活跃时间最长的基督教极端组织。"圣灵抵抗军"领导人约瑟夫·科尼反对乌干达穆塞韦尼的统治，宣称要在"十诫"和阿乔利人传统习俗的基础上建立一个政教合一的神权国家。但是自成立以来，"圣灵抵抗军"在乌干达境内制

---

① *Encyclopedia of Globalization*, Routledge, 2007, Vol. II, pp. 529 – 530.

② Ibid. , p. 1138.

造了大量屠杀，使乌干达长期陷于政治动荡与经济衰败的泥泞。20 世纪 90 年代以后，"圣灵抵抗军"开始走出乌干达，将暴力与冲突带入南苏丹、刚果（金）和中非共和国等国家和地区。

在近 20 年的武装叛乱中，该组织在乌干达北部造成数万人死亡，近 200 万人沦为无家可归的难民。根据联合国提供的数据，仅 2008 年 9 月到 2009 年 6 月，"圣灵抵抗军"就在刚果（金）频繁袭击平民，造成至少 1200 人死亡，23 万人流离失所，被绑架者超过 1400 人，其中包括 600 名儿童和 400 名妇女。在长期的叛乱活动中，"圣灵抵抗军"不仅绑架平民、强奸妇女、实行大规模屠杀，还俘虏了 3 万多儿童，并强迫训练这些儿童成士兵，使其成为战争与杀人的机器。2005 年，国际刑事法庭以危害人类罪、战争罪等 33 项罪名向圣灵抵抗军一号头目科尼发出逮捕令，2006 年，国际刑警组织也向其发出通缉令。

在肯尼亚和坦桑尼亚，基督教极端势力也呈上升趋势，宗教暴力袭击稳步增长。中非共和国基督教极端主义的狂热程度已造成了该国的政治危机。布基纳法索的宗教冲突也有引发内战的可能，此外，索马里、乌干达等国的恐怖活动也有增无减。西利尔斯表示，宗教极端势力抬头造成的宗教冲突及极端主义活动已成为非洲安全和发展的重要威胁。与此同时，非洲极端主义组织的联系正日益加强，呈现出相互呼应、联手行动的趋势。非洲各个地区极端组织的不断活跃与相互配合将促使恐怖活动在非洲大陆的不断升温。

非洲极端势力有增无减，恐怖活动层出不穷的背后，凸显的是非洲严峻的政治与经济问题。政治上，一方面，非洲大陆政治发展水平较低，大部分国家和民族还处于建构过程中，政府治理水平低下、管理能力薄弱、施政腐败；另一方面，由于传统部族权力结构影响力的下降，一些非洲国家的政客需要借助宗教组织和思想作为动员机制和意识形态体系。这为宗教极端势力发展提供了难得的机会，也使其成为体制外政客实现其政治抱负的首选。① 经济上，非洲经济落后、民生凋零、人民生活贫困

---

① 苑基荣：《非洲宗教极端主义呈蔓延趋势》，http://world.people.com.cn/n/2014/0514/c1002-25017371.html。

问题长期得不到解决是极端主义盛行的重要原因。贫穷落后历来是极端主义滋生的温床，非洲极端落后的经济状况，加上社会资源分配的严重不均，失业率居高不下，很多人被排斥在财富和机会的门外，享受不到国家与社会发展带来的实惠。走投无路的广大民众不得已转向宗教寻求精神的慰藉和物质上的帮助，宗教极端组织正好利用这一点，轻而易举地将众多生活无依无靠的年轻人招募进来。

滋生极端主义的这些政治经济上的原因是非洲国家固有的，短时间内很难消除。但与此同时，频繁的恐怖袭击事件不但给非洲的安全形象带来了损害，对民众的心理也产生了严重冲击，并且这些消极影响将长期存在。

未来非洲国家急需解决的执政难题是：如何改善本国的国际形象以吸引外资、振兴经济，同时应对宗教极端主义威胁不断扩大的新形势。要解决这个难题，首先，非洲国家不能把希望寄托于外部力量，而应该依靠自身的努力。外部的干预有时候不但于事无补，反而会带来新的麻烦，这在北非反恐活动中已经得到显现。其次，非洲国家应该互相联合起来，建立维护和平的区域力量与组织，这种合法的维和力量对于打击跨地区的、多发的恐怖活动十分重要。① 最后，非洲各国只有从根本上找到适合本国发展的政治体制，提升能力建设，发展经济，解决人民的就业难题，改善长期贫困的生活环境，才有可能缓解或消除目前非洲极端主义带来的威胁与危害，并从根源上铲除极端主义滋生的土壤。但是要做到以上这些，对于非洲大多数国家来说，依然是任重而道远，因而，宗教极端势力和极端组织构成的挑战与威胁依然是未来非洲宗教面临的一大严峻问题。

二　世俗化与神圣化的两难困境

现代化发展使得宗教世俗化成为必然的社会现象，甚至在某些方面愈演愈烈，宗教日益强调走出自身，融入社会，并且在这个社会化、大众化的过程中表现出越来越强的主体性、社会性和策略性特征。面向世

---

① 《非洲三大恐怖组织呈合流之势》，《北京青年报》2013 年 2 月 8 日。

界、面向社会、面向个体人生是当代世界宗教的显著特点。在全球化进程中，宗教已经不可能再像过去那样回避社会与现实，保持"出世"和"隐居"的状态，世俗化、公民化和现代化已成为当代世界宗教发展的主要趋势。世俗抑或神圣，如何在两者之间把握尺度，保持平衡，这是世界宗教在当代所面临的特殊的现代化问题，也是非洲宗教在当代社会变革与发展的运动中面对全球化和现代化的一个难题。

"世俗化"（Secularization）最初是一些宗教社会学者如马克斯·缪勒等人的用语，意为"与宗教、鬼神脱离关系"，指个人和社会的思想行为方式摆脱以宗教和神学为基础的世界观及曾被教会所组织、统治和渗透的社会政治生活方式的过程。世俗社会意味着人们在认知宇宙不同事物的关系时将逐渐摆脱神学的解释，并将超自然的因素尽可能地从中去除，从而实现传统神圣观念的"祛魅"。在宗教社会学上，"世俗化"是与"神圣化"（Regularization）相对应的。在西方社会或是受西方影响较大的社会，世俗化往往更普遍。

在世俗化口号下，还有观点提出人们通过观察就可以认识自我和周围的世界。这种对世俗化的描述将宗教活动完全排除出社会发展历史之外。我们必须承认，人类在一定的历史时期会专注于某些特定的艺术形式，或是战争、商业、生产，抑或是其他活动，但是在某些历史时期，又会专注于宗教活动。宗教作为整个文化的一部分本身就是流动变化的，但是宗教的松懈期并不等于世俗化。

随着非洲工业化和公民社会的发展，世俗化将成为伴生现象必然存在。在非洲大多数国家刚刚独立的60年代，就有观点指出：非洲的社会生活将日益变得世俗化，原因在于世俗化是现代政治国家发展不可避免的结果。[1] 耶稣会神父托马斯也担忧："非洲现在的情况很好，但一旦现代化了，会是什么样呢？一旦有了大购物中心，有了有线电视，有了所有那些新鲜东西，人们教育程度更高，那时会是什么样呢？"[2]

---

[1]　William J. Samarin, "Religion and Modernization in Africa", *Anthropological Quarterly*, Vol. 39, No. 4, 1966, p. 288.

[2]　《天主教在非洲迅速发展》，http：// www. chinacath. org/news/kuanpin/2013-04-02/20598. html。

在人类文明发展的历史过程中，宗教以其神圣性与神圣化区别于其他文化形态，并往往为此与现实世界和社会存在形成冲突与对峙。神性是宗教的本质与最基本的观念与思想，一旦丧失或是被过度的淡化，势必将失去其作为此文化形态的特质而走上衰微。而世俗化强调的就是去神圣化，前者试图以理性化、现实化和还原化解释来取代后者所强调的宗教意象、神秘化和神话化解释，以价值神圣破除偶像神圣，从而实现人类精神世界的重建。① 因此，"非神圣化"语境下，未来非洲宗教的发展如何在关注物质现实的同时，谋求对个体人生境界和灵魂世界的提升；在积极入世和现实关切中如何保持宗教的寓意与本真，保留宗教的价值体系，这种平衡尤为重要。化世俗而不为世俗所化，是非洲宗教面临的长期挑战。

此外，未来非洲宗教的发展还面临着如下诸多问题：一些既不符合宗教原则又不符合时代进步的极端保守思想依然还有市场。由于各国经济发展的不平衡，非洲教会的发展也呈现出地域性差异。很多地方教会组织不健全、管理体制及制度不完善、缺乏监督机制、凝聚力和影响力下降。部分教会负责人灵性素质较差，腐败问题长期得不到解决。如何开阔眼界，启迪智慧去解决这些难题，使宗教适应非洲社会转型是未来非洲宗教应该努力的方向。

结　语

当今世界全球化趋势锐不可当，科学技术的发展日新月异，整个世界正日益紧密地联系在一起成为所谓的"地球村"。宗教作为一种源远流长的社会文化现象，在人类社会形成与文明发展的历史长河中曾经发挥过重要作用与影响，并且这种作用与影响将在未来继续存在。

在非洲宗教的未来发展趋势中，存在着太多不确定的因素和因国家、民族多元化而带来的差异。但是，在人类社会全球化转型的大背景下，旧的政治和社会模式正在被新的思考和处世方式所取代，而那些长期积

---

① 卓新平：《全球化与当代宗教》，《世界宗教研究》2002 年第 3 期。

淀的历史和文化基础继续在塑造着世界。全球化发展所产生的世界性影响没有在全球，甚至地区创造出同质的或标准的结果，相反，结果是地方的一种独特的全球化表述。在作为地方生活全球化和全球化进程地方化的相互作用中，一个复杂系列的多元化现代化形成，而在此其中，宗教担当着重要的角色。①

当代非洲宗教面临来自极端主义、全球世俗化和城市化等一系列问题的挑战，如何解决这些问题要因地因时制宜，不可盲目照搬外国的做法。非洲宗教要想发展就必须改革，既要继承古代基督教、伊斯兰教和传统宗教的思想精华，同时又要借鉴国外基督教世界和伊斯兰世界的改革成果。

一方面，非洲宗教必须回应世俗化的挑战，调整在信仰、社会、文化三大圈层中的关系，使信仰素质、组织规模和文化品位三者保持均衡发展；另一方面，未来宗教要秉持宽容的精神，选择和平与对话。宗教本身之间无法对话，对话只能在信徒中开展，因此宗教对话的首要前提是要意识到如何尊重他人的尊严。英国基督教联合会曾经就宗教对话提出过四种基本的观点：第一，对话必须在对话者实际接触后才能展开；第二，对话需要相互间的理解和信任；第三，对话能使对话者携起手来为大众服务；第四，对话能成为可靠的见证手段。② 这些观点可以为大多数宗教与社会所借鉴。

在宗教多元化的时代背景下，宗教宽容和平等互信应该作为基本的理念加以确立，唯其如此，多元化宗教和宗教对话才拥有共同的根基。对人类思想而言，只有相互间的接触、对话和调和才是正确的出路，宗教同样如此，在对话的过程中，不同的宗教传统可以选择改革和与时俱进，建立开放的宗教架构，分享彼此的经验，坦诚相见、彼此尊重，并从相互了解中逐渐寻找出共同点。

---

① 周燮潘：《当代伊斯兰教发展趋势的多维透视》，《世界宗教研究》2014 年第 6 期。

② ［日］小山晃佑：《宗教多元化现象的神学思考》，丁光训、李婉君译，《金陵神学志》2000 年第 1 期。

附　　录

表1　　　　　　　　2014 年非洲各国穆斯林人口数量及比例　（单位：百万,%）

国家	人口总数	穆斯林人口比例	穆斯林人数总数
阿尔及利亚	38.3	99.7	38.19
安哥拉	21.6	2.5	0.54
贝宁	9.6	24.4	2.34
博茨瓦纳	1.9	3	0.06
布基纳法索	18	60.5	10.89
布隆迪	10.9	10	1.09
喀麦隆	21.5	24	5.16
佛得角	0.5	6	0.03
中非共和国	4.7	15	0.71
乍得	12.2	50	6.10
科摩罗	0.8	98	0.78
刚果共和国	4.4	2	0.09
刚果民主共和国	71.1	10	7.11
吉布提	0.9	96	0.86
埃及	84.7	95	80.47
赤道几内亚	0.8	2	0.02
厄立特里亚	5.8	50	2.90
埃塞俄比亚	89.2	50	44.60
加蓬	1.6	12	0.19
冈比亚	1.9	90	1.71
加纳	26.1	45	11.75

续表

国家	人口总数	穆斯林人口比例	穆斯林人数总数
几内亚	11.8	85	10.03
几内亚比绍	1.7	50	0.85
科特迪瓦	21.1	38.6	8.14
肯尼亚	44.2	33	14.59
莱索托	2.2	5	0.11
利比里亚	4.4	35	1.54
利比亚	6.5	99	6.44
马达加斯加	22.5	15	3.38
马拉维	16.3	36	5.87
马里	15.5	90	13.95
毛里塔尼亚	3.7	100	3.7
毛里求斯	1.3	16.6	0.22
马约特岛	0.2	97.85	0.2
摩洛哥	33.6	99	32.26
莫桑比克	24.3	20	4.86
纳米比亚	2.4	3	0.07
尼日尔	16.9	95	16.06
尼日利亚	173.6	70	121.52
卢旺达	11.1	15	1.67
留尼旺	0.8	2	0.02
圣多美和普林西比	0.2	3	0.01
塞舌尔	0.1	1.1	0.00[①]
塞内加尔	13.5	94	12.69
塞拉利昂	6.2	60	3.72
索马里	10.4	100	10.4
南非	53	3	1.59
苏丹	34.2	97	33.17
南苏丹	9.8	18	1.76

---

① 塞舌尔的穆斯林人数为 900 人。"Seychelles Population", www. historycentral. com. Retrieved 2 March 2013.

续表

国家	人口总数	穆斯林人口比例	穆斯林人数总数
斯威士兰	1.2	10	0.12
坦桑尼亚	49.1	55	27.01
多哥	6.2	50	3.10
突尼斯	10.9	99	10.79
乌干达	34.5	35	12.08
赞比亚	14.2	15	2.13
津巴布韦	13	10	1.30
总数	1097.1		581.89

资料来源：http://www.muslimpopulation.com/africa/，整理人：周海金。

表2　　　　　　**2014年非洲各国基督徒人口数量及比例**　（单位：百万,%）

国家	人口总数	基督徒人口比例	基督徒人口数量
阿尔及利亚	38.3	0.6	0.23
安哥拉	21.6	75	16.20
贝宁	9.6	30	2.88
博茨瓦纳	1.9	50	0.95
布基纳法索	18	23.2	4.18
布隆迪	10.9	65	7.09
喀麦隆	20.5	40	8.60
佛得角	0.5	93	0.47
中非共和国	4.7	50	2.35
乍得	12.2	25	3.05
科摩罗	0.8	0.75	0.01
刚果共和国	4.4	50	2.20
刚果民主共和国	71.1	80	56.88
吉布提	0.9	1	0.01
埃及	84.7	6	5.08
赤道几内亚	0.8	69	0.55
埃雷特里亚	5.8	40	2.32
埃塞俄比亚	89.2	40	35.68

国家	人口总数	基督徒人口比例	基督徒人口数量
加蓬	1.6	73	1.17
冈比亚	1.9	9	0.17
加纳	26.1	24	6.26
几内亚	11.8	8	0.94
几内亚比绍	1.7	5	0.09
科特迪瓦	21.1	30	6.33
肯尼亚	44.4	60	26.54
莱索托	2.2	80	1.76
利比里亚	4.2	40	1.76
利比亚	6.5	1	0.07
马达加斯加	22.5	41	9.23
马拉维	16.3	50	8.15
马里	15.5	5	0.78
毛里塔尼亚	3.7	0.14	0.01
毛里求斯	1.3	32.2	0.42
马约特岛	0.2	3	0.01
摩洛哥	33.6	0.05	0.02
莫桑比克	24.3	42	10.21
纳米比亚	2.4	90	2.16
尼日尔	16.9	0.34	0.06
尼日利亚	173.6	40	69.44
卢旺达	11.1	84	9.32
留尼旺	0.8	86	0.69
圣多美和普林西比	0.2	97	0.19
塞舌尔	0.1	96	0.10
塞内加尔	13.5	5	0.68
塞拉利昂	6.2	30	1.86
索马里	10.4	0	0.00
南非	53	68	36.04
苏丹	34.2	1.5	0.51
斯威士兰	1.2	55	0.66

续表

国家	人口总数	基督徒人口比例	基督徒人口数量
坦桑尼亚	49.1	50	24.55
多哥	6.2	29	1.80
突尼斯	10.9	0.2	0.02
乌干达	34.5	65	22.43
赞比亚	14.2	85	12.07
津巴布韦	13	70	9.10
总计	1051.4		420.18

资料来源：African Religious Population in 2014, http://www.religiouspopulation.com/africa/，整理人：周海金。

表3　　　　　　　　全球六大洲的基督教徒人口总数　　　　（单位：人）

洲名	1970 年	2000 上半年	2014 年上半年	2025 年
非洲	115629000	361515000	520119000	680388000
亚洲	91331000	271288000	368174000	463833000
欧洲	467008000	546417000	561023000	555782000
拉丁美洲	262792000	476812000	562571000	616745000
北美洲	168372000	209301000	229190000	238547000
大洋洲	14464000	21107000	24747000	27684000
全球基督教徒总数	1228616000	1985420000	2375619000	2700343000

资料来源：Todd M. Johnson, Peter F. Crossing, "Christianity 2014 Independent Christianity and Slum Dwellers", *International Bulletin of Missionary Research*, Vol. 38, No. 1, 2014。

表 4　　　　　　　**2005 年巴哈伊教的国家分布、信徒人数与**

人口比例　　　　　　（单位：人，%）

序号	国家	信徒人数	百分比	序号	国家	信徒人数	百分比
1	伯利兹	7776	2.5	93	多米尼加共和国	7106	0.1
2	玻利维亚	217553	2.2	94	韩国	33302	0.1
3	毛里求斯	23703	1.8	95	马耳他	269	0.1
4	圭亚那	13045	1.7	96	波多黎各	2877	0.1
5	赞比亚	224215	1.7	97	斯里兰卡	15065	0.1
6	瓦努阿图	3380	1.4	98	瑞典	6452	0.1
7	阿联酋	59343	1.3	99	中国台湾	16494	0.1
8	巴巴多斯	3138	1.2	100	加纳	14073	0.1
9	特立尼达和多巴哥	16003	1.2	101	挪威	2722	0.1
10	巴拿马	41066	1.2	102	联合王国	37589	0.1
11	肯尼亚	429010	1.1	103	阿富汗	15333	0.1
12	莱索托	18423	0.9	104	巴勒斯坦	92869	0.1
13	巴布亚新几内亚	60158	0.9	105	瑞士	3848	0.1
14	留尼旺	7200	0.9	106	亚美尼亚	1173	0.1
15	乍得	96845	0.8	107	爱沙尼亚	495	0.0
16	博茨瓦纳	16227	0.8	108	加蓬	652	0.0
17	冈比亚	14370	0.8	109	格鲁吉亚	1588	0.0
18	苏里南河	3586	0.7	110	哈萨克斯坦	6400	0.0
19	刚果（布）	24062	0.6	111	马尔代夫	119	0.0
20	所罗门群岛	3248	0.6	112	荷兰	6688	0.0
21	委内瑞拉	170187	0.6	113	尼日尔	5664	0.0
22	马提尼克	2124	0.5	114	塔吉克斯坦	3180	0.0
23	赤道几内亚	3552	0.5	115	西撒哈拉	218	0.0
24	多哥	34219	0.5	116	阿根廷	13994	0.0
25	洪都拉斯	37668	0.5	117	比利时	2704	0.0
26	纳米比亚	10652	0.5	118	厄立特里亚	1418	0.0
27	南非	240191	0.5	119	埃塞俄比亚	26581	0.0
28	斯威士兰	5414	0.5	120	芬兰	1668	0.0

序号	国家	信徒人数	百分比	序号	国家	信徒人数	百分比
29	萨尔瓦多	27350	0.4	121	爱尔兰	1593	0.0
30	越南	394029	0.4	122	吉尔吉斯斯坦	1462	0.0
31	刚果（金）	290899	0.4	123	中国澳门	178	0.0
32	坦桑尼亚	191263	0.4	124	墨西哥	37949	0.0
33	巴哈马群岛	1387	0.4	125	索马里	2685	0.0
34	法属圭亚那	924	0.4	126	西班牙	13379	0.0
35	新喀里多尼亚	955	0.4	127	土耳其	22087	0.0
36	瓜德罗普岛	1668	0.4	128	奥地利	1951	0.0
37	阿曼	10427	0.4	129	阿塞拜疆	1638	0.0
38	科威特	10061	0.3	130	巴西	42211	0.0
39	津巴布韦	40123	0.3	131	布基纳法索	2829	0.0
40	文莱	1262	0.3	132	丹麦	1251	0.0
41	卢森堡	1548	0.3	133	几内亚比绍	289	0.0
42	伊朗	228614	0.3	134	中国香港	1122	0.0
43	哥斯达黎加	13402	0.3	135	尼日利亚	38172	
44	利比里亚	11691	0.3	136	葡萄牙	1995	0.0
45	菲律宾	272685	0.3	137	沙乌地阿拉伯	4913	0.0
46	乌干达	96155	0.3	138	塞尔维亚	1268	0.0
47	斐济	2192	0.3	139	斯洛文尼亚	316	0.0
48	喀麦隆	50799	0.3	140	突尼斯	2075	0.0
49	中非共和国	11174	0.3	141	土库曼斯坦	1119	0.0
50	法属波利尼西亚	677	0.3	142	阿尔及利亚	3304	0.0
51	约旦	16375	0.3	143	安哥拉	2051	0.0
52	马来西亚	66390	0.2	144	孟加拉国	10619	0.0
53	海地	23055	0.2	145	不丹	72	0.0
54	马拉维	36145	0.2	146	保加利亚	598	0.0
55	塞拉利昂	13691	0.2	147	古巴	1139	0.0
56	阿尔巴尼亚	7047	0.2	148	捷克共和国	958	0.0
57	巴林	1811	0.2	149	埃及	7227	0.0
58	老挝	13960	0.2	150	法国	4442	0.0
59	乌拉圭	7393	0.2	151	德国	11743	0.0

序号	国家	信徒人数	百分比	序号	国家	信徒人数	百分比
60	冰岛	616	0.2	152	印度尼西亚	22115	0.0
61	牙买加	5137	0.2	153	伊拉克	3776	0.0
62	尼加拉瓜	10981	0.2	154	意大利	5088	0.0
63	塞内加尔	24703	0.2	155	日本	15650	0.0
64	卢旺达	18952	0.2	156	利比亚	655	0.0
65	新西兰	7406	0.2	157	立陶宛	261	0.0
66	美国	525046	0.2	158	马里	1079	0.0
67	缅甸	83083	0.2	159	毛里塔尼亚	337	0.0
68	伊斯兰	11786	0.2	160	摩尔多瓦	527	0.0
69	巴拉圭	10633	0.2	161	莫桑比克	2879	0.0
70	佛得角	786	0.2	162	尼泊尔	4350	0.0
71	智利	26415	0.2	163	罗马尼亚	1869	0.0
72	哥伦比亚	70512	0.2	164	俄罗斯	18990	0.0
73	科特迪瓦	33137	0.2	165	斯洛伐克	680	0.0
74	印度	1880707	0.2	166	苏丹	2687	0.0
75	卡塔尔	2330	0.2	167	也门	1339	0.0
76	加拿大	46587	0.1	168	白俄罗斯	100	0.0
77	危地马拉	19881	0.1	169	波黑	0	0.0
78	秘鲁	41912	0.1	170	中国	5964	0.0
79	新加坡	6756	0.1	171	克罗地亚	0	0.0
80	贝宁	12114	0.1	172	希腊	186	0.0
81	柬埔寨	17737	0.1	173	几内亚	155	0.0
82	厄瓜多尔	16971	0.1	174	匈牙利	290	0.0
83	塞浦路斯	933	0.1	175	朝鲜	0	0.0
84	摩洛哥	33036	0.1	176	科索沃	0	0.0
85	澳大利亚	18707	0.1	177	拉托维尔	0	0.0
86	科摩罗	608	0.1	178	马其顿	0	0.0
87	吉布提	760	0.1	179	蒙古	54	0.0
88	黎巴嫩	3929	0.1	180	黑山共和国	0	0.0
89	马达加斯加	17844	0.1	181	波兰	989	0.0
90	泰国	64172	0.1	182	叙利亚	474	0.0

续表

序号	国家	信徒人数	百分比	序号	国家	信徒人数	百分比
91	东帝汶	1075	0.1	183	乌克兰	227	0.0
92	布隆迪	6889	0.1	184	乌兹别克斯坦	810	0.0

资料来源：表格中的数据是从各种来源综合而来，包括美国人口普查局国际数据库、美国国务院国际宗教自由报告、联合国人口发展报告及其他，http：//www. thearda. com/QuickLists/QuickList_ 40. asp，整理人：周海金、王凯。

表 5　　　　　　　　被联合国列入基地组织制裁名单的非洲组织

参考号	名称	所在国	列入时间
QE. A. 2. 01.	伊斯兰团结组织 （Al-Itihaad al-Islamiya）	索马里	2001. 10. 6
QE. A. 3. 01.	埃及伊斯兰圣战组织 （Egyptian Islamic Jihad）	埃及	2001. 10. 6
QE. A. 6. 01.	伊斯兰武装小组 （Armed Islamic Group）	阿尔及利亚	2001. 10. 6
QE. L. 11. 01.	利比亚伊斯兰战斗组织 （The Libyan Islamic Fighting Group）	利比亚	2001. 10. 6
QE. T. 14. 01.	伊斯兰马格里布基地组织 （Organization of Al-Qaida in the Islamic Maghreb）	阿尔及利亚	2001. 10. 6
QE. R. 70. 02.	振兴伊斯兰遗产协会 （Revival of Islamic Heritage Society）	阿富汗	2002. 1. 11
QE. A. 72. 02.	哈拉曼伊斯兰基金会（索马里） （Al-Haramain Islamic Foundation）	索马里	2002. 3. 13
QE. M. 89. 02.	摩洛哥伊斯兰战斗小组 （The Moroccan Islamic Combatant Group）	摩洛哥	2002. 10. 10
QE. T. 90. 02.	突尼斯战斗团 （Tunisian Combatant Group）	突尼斯	2002. 10. 10
QE. A. 105. 04.	哈拉曼基金会（肯尼亚） ［Al-Haramain Foundation （Kenya）］	肯尼亚	2004. 1. 26
QE. A. 106. 04.	哈拉曼基金会（坦桑尼亚） ［Al-Haramain Foundation （Tanzania）］	坦桑尼亚	2004. 1. 26

参考号	名称	所在国	列入时间
QE. G. 91. 02.	哈拉曼基金会埃塞俄比亚分会 （Al-Haramain：Ethiopia Branch）	埃塞俄比亚	2004. 7. 6
QE. G. 91. 02.	哈拉曼基金会（科摩罗联盟） ［Al-Haramain Foundation（Union of the Comoros）］	科摩罗	2002. 10. 12
QE. M. 134. 12.	争取西非唯一性与圣战运动 （The Movement for Oneness and Jihad in West Africa）		2012. 12. 5
QE. A. 135. 13.	安萨尔埃丁 （Ansar Eddine）	马里	2013. 3. 20
QE. G. 91. 02.	穆罕默德·贾迈勒网络 （MJN）	埃及	2013. 10. 21
QE. G. 91. 02.	博科圣地 （Jama'atu Ahlus-Sunna Lidda'Awati Wal Jihad）	尼日利亚	2014. 5. 22

资料来源：http：//www. un. org/chinese/sc/committees/1267/entities_ other_ groups_ under-takings_ associated_ with_ Al-Qaida. shtml，整理人：周海金。

主要参考文献

一 英文著作

1. A, Uthman S. Ismail, *Some Aspects of Islam in Africa*, Ithaca Press, 2008.

2. Asante, Molefi Kete and Ama Mazama. *Encyclopedia of African Religion*. A SAGE Reference Publication, 2009.

3. Ajah, Miracle, *Tithing in the old Testament: Theological Perspectives and Implications for Africa*, LAP LAMBERT Academic Publishing, 2010.

4. Atterbury, Anson P., F. F. E. llinwoood. *Islam in Africa: Its Effects; Religious, Ethnical and Social*; Upon the People of the Country, cbe rnickerbocker Press, 2011.

5. Baur, Hohn. 2000 *years of Christianity in Africa: An African Church History*. Nairobi, Kenya: Paulines, 1998.

6. Beasley, Thomas W. *Poverty in Africa*. Nova Science Publishers, 2009.

7. Becker, Felicitas. *Becoming Muslim in Mainland Tanzania*, 1989 – 2000, Oxford University Press, 2008.

8. Blakely, Sandra. *Myth, Ritual, and Metallurgy in Ancient Greek and Recent Africa*, Cambridge University Press, 2006.

9. Brown, Duncan. *Religion and Spirituality in South Africa: New Perspectives*, University of Kwazulu-Natal Press, 2009.

10. Donkor, Anthony Ephirim. *African religion defined: A Systematic Study of Ancestor Worship among the Akan*, University Press of America, 2010.

11. Ezigbo, Victor I. *Re-Imagining African Christologies*, Pickwick Publications, 2010.

12. Geoffrey, Parrinder. *African Traditional Religion*. New York: Harper&Row, 1962.

13. J, Peter *Religion and Poverty: Pan-African Perspectives*. Duke University Press, 2009.

14. Jr, Phillips Stevens. *Anthropology of Religion*. Routledge, 2011.

15. Hanretta, Sean. *Islam and Social Change in French West Africa: History of an Emancipatory Community*, Cambridge University Press, 2009.

16. Haar, Gerrie ter. *How God Became African: African Spirituality and Western Secular Thought*, University of Pennsylvania Press, 2009.

17. Hanciles, Jehu J. *Beyond Christendom: Globalization, African Migration, and the Transformation of the West*, New York: Orbis Books, 2008.

18. Hoshele, Stefan. *Christian Remnant – African Folk Church*, Brill, 2007.

19. Kalu, Ogbu U. *African Christianity: An African Story*, African World Press, Inc, 2007.

20. Kasomo, Rt. Rev. Daniel W. *Africa is the Cradle of Christian Religion: The Cradle of Christian Religion*. VDM Verlag Dr. Muller, 2011.

21. *History of Christianity in Africa Made Simple: History of the Church in Africa*. LAP LAMBERT Academic Publishing, 2011.

22. Kombo, James Henry Owino. *The Doctrine of God in African Christian Thought*, Leidon: Brill, 2007.

23. Lugira, Aloysius M. *African Traditional Religion*, Chelsea House Publishers, 2009.

24. Maiga, Mariame. *Gender, AIDS and Food Security*, Wageningen Academic Publishers, 2010.

25. Maina, Wilson Muoha. *Historical and Social Dimensions in African Christian Theology: A Contemporary Approach*, Wipe & Stock, 2008.

26. Marable, Manning and Hishaam D. Aidi. *Black Routes to Islam*, Palgrave Macmillan, 2009.

27. Moon, W. Jay. *African Proverbs Reveal Christianity in Culture*, Eugene: Pickwick Publication, 2009.

28. Matthews, Donald H. *Honoring the Ancestors*: *An African Cultureal Interpretation of Black Religion and Literature.* Oxford University Press, 2008.

29. Na`Allah, Abdul-Rasheed. *African Discourse in Islam*, *Oral Traditions*, *and Performance*, Routledge, 2010.

30. Ngong, David Tonghou. *The Holy Spirit and Salvation in African Christian Theology*, Peter Lang, New York, 2010.

31. Osella, Filippo and Benjamin Soares. *Islam*, *Politics*, *Anthropology*, Wiley-Blackwell, 2010.

32. Orji, Cyril. *Ethnic and religious conflict in Africa*, Marquette University Press, 2008.

33. Oden, Thomas C. *How Africa Shaped the Christian Mind*: *Rediscovering the African Seedbed of Western Christianity*, IVP Academic Publisher, 2010.

34. Patterson, Amy S. *The Church and AIDS in Africa*: *The Politics of Ambiguity*, First Forum Press, 2011.

35. Q, King, Noel. *Religions of Africa.* New York: Harper&Row, 1970.

36. Rabasa, *Radical Islam in East Africa*, RAND Cooperation, 2009.

37. Soares, Benjamin F. and Rene Otayek. *Islam and Muslim Politics in Africa*, Palgrave Macmillan, 2008.

38. Twesigye, Emmanuel K. *Religion*, *Politics and Cults in East Africa*, Peter Lang, 2010.

39. Wamagatta, Evanson N. *The Presbyterian Church of East Africa*, Peter Lang, New York, 2009.

40. Wilson, Monica. *Religion and the Transformation of Society*: *A Study in Social Change in Africa*, Cambridge University Press, 2009.

二　中文著作及论文

1. 联合国教科文组织编：《非洲通史》八大卷，中国对外翻译出版公司 1993 年版。

2. 何芳川、宁骚主编：《非洲通史》（全三卷），华东师范大学出版社 1995 年版。

3. 艾周昌、舒运国主编：《非洲黑人文明》，福建教育出版社 2008 年版。

4. 刘鸿武：《非洲文化与当代发展》，人民出版社 2014 年版。

5. ［英］帕林德：《非洲传统宗教》，张治强译，商务印书馆 2004 年版。

6. 李维建：《西部非洲伊斯兰教历史研究》，社会科学文献出版社 2011 年版。

7. 张宏明：《多维视野中的非洲政治发展》，社会科学文献出版社 2007 年版。

8. 李保平：《传统与现代：非洲文化与政治变迁》，北京大学出版社 2011 年版。

9. 李安山：《非洲古代王国》，北京大学出版社 2011 年版。

10. 刘文鹏、吴宇虹：《古代西亚北非文明》，福建教育出版社 2008 年版。

11. 刘鸿武、姜恒昆：《列国志：苏丹》，社会科学文献出版社 2008 年版。

12. 肖玉华：《当代埃塞俄比亚政治进程研究》，浙江人民出版社 2014 年版。

13. 钟伟云：《列国志：埃塞俄比亚厄立特里亚》，社会科学文献出版社 2006 年版。

14. ［英］宾格汉姆：《精彩非洲艺术与文化》，吴静译，天津教育出版社 2009 年版。

15. ［德］汉斯·昆：《世界宗教寻踪》，杨煦生译，生活·读书·新知三联书店 2007 年版。

16. ［尼日利亚］钦努阿·阿契贝：《神箭》，陈笑黎译，重庆出版社 2011 年版。

17. ［英］J. G. 弗雷泽：《金枝——巫术与宗教之研究》，汪培基等译，商务印书馆 2012 年版。

18. 《祖先的声音：非洲神话》，李汉平译，中国青年出版社 2003 年版。

19. ［美］布鲁斯·L. 雪莱：《基督教会史》，刘平译，上海人民出版社 2012 年版。

20. 吕大吉：《宗教学通论新编》，中国社会科学出版社 1998 年版。

21. ［英］朱利安·鲍尔迪：《黑色上帝》，谢世坚译，广西师范大学出版社 2004 年版。

22. 金宜久：《伊斯兰教史》，江苏人民出版社 2006 年版。

23. 戴康生主编：《当代新兴宗教》，东方出版社 1999 年版。

24. 陈燮君：《博物馆之友：非洲的艺术与文化》，译林出版社 2013 年版。

25. ［英］麦格拉思：《基督教概论》，马树林、孙毅译，北京大学出版社 2003 年版。

26. 周展等编：《文明冲突、恐怖主义与宗教关系》，东方出版社 2009 年版。

27. 周海金：《苦难及其神学问题研究》，浙江人民出版社 2014 年版。

28. ［美］列奥纳多·斯威德勒，保罗·莫泽：《全球对话时代的宗教学》，朱晓红、沈亮译，四川人民出版社 2014 年版。

29. 周海金：《伊斯兰教在当代非洲社会的传播与影响》，《世界宗教研究》2014 年第 4 期。

30. 周海金、刘鸿武：《论文化的互通性与差异性对中非关系的影响》，《浙江社会科学》2011 年第 6 期。

31. 史静、周海金：《尼日利亚乔斯地区宗教与族群冲突探析》，《国际论坛》2014 年第 4 期。

32. 刘鸿武、杨广生：《尼日利亚"博科圣地"问题探析》，《西亚非洲》2013 年第 4 期。

33. 张宏明：《传统宗教在非洲信仰体系中的地位》，《西亚非洲》2009 年第 3 期。

34. 李维建：《乌干达巴哈伊教考察》，《世界宗教文化》2011 年第 2 期。

35. 李维建：《解读"博科圣地"：宗教研究的视角》，《西亚非洲》2015 年第 2 期。

36. 李文刚：《非洲伊斯兰教的现状与发展趋势》，《西亚非洲》2010 年第 5 期。

37. 郭佳：《基督教会在非洲民主化进程中的角色探析》，《西亚非洲》2010 年第 3 期。